十七大以来科学发展观的新发展研究丛书

总主编　祝黄河

十七大以来科学发展观新发展研究论纲

祝黄河　著

人民出版社

国家社会科学基金重大招标项目

“十七大以来科学发展观的新发展研究”（项目批准号：10ZD&002）资助

序

本套丛书系2010年由我作为首席专家承担的国家社科基金重大招标项目——“十七大以来科学发展观的新发展研究”（项目批准号：10ZD&002）的最终研究成果。全面系统地研究党的十七大以来科学发展观的新发展问题，是一项艰巨而复杂的任务，它涉及政治、经济、文化、社会、生态、党建等各个领域。本课题从申请立项到完成结题再到5本书稿付梓出版，甘苦自知。对于主持国家社科基金重大招标项目的感受，现在可以感慨地道一声：拿得到手固然欣喜，拿得出手更是诚惶诚恐。3年多来，经过课题组全体成员共同努力、辛勤劳动、集体攻关，课题的研究任务才得以全部完成。在此基础上，又经过无数次的修改、调整、补充、完善，形成了现在5本专著。它是一个集体智慧的结晶。由此，我真诚感谢每一位参加课题研究和书稿撰写的团队成员，尤其是周利生教授、赖亦明教授、王员教授、冯霞教授等四位子课题负责人。

科学发展观是一个宏大、开放、与时俱进的理论体系，具有鲜明的时代性、科学性和实践性。党的十七大以来，中国特色社会主义不断深入发展，理论指导着实践，实践也在检验并不断丰富着理论。在新的历史时期，以新的视野，从理论和实践的结合中深化科学发展观的研究，将使中国特色社会主义理论体系更加丰富、更加清晰，也将使当代中国马克思主义放射出更加灿烂的真理光芒。

课题的研究紧紧围绕党的十七大以来科学发展观的新发展这一核心命题，从理论、实践、规律三大视角，以历史、现实、未来为基本线索，从

“科学发展观对马克思主义发展理论的新贡献”、“科学发展观对党的三代中央领导集体发展思想的新贡献”、“科学发展观在当代中国经济社会实践中的新发展”、“科学发展观对三大规律认识的丰富与发展”等方面进行了比较系统的研究，在党的十八大召开之前，发表了近20篇论文，形成了一批具有代表性的研究成果。比如：《现状与展望：科学发展观与马克思主义社会发展理论关系研究》，从多维度的视角，梳理了科学发展观与马克思主义社会发展理论的关系，系统探讨了科学发展观与马克思主义社会发展理论的继承性和创新性；《十七大以来科学发展观的新发展》，科学阐释了“十七大以来科学发展观新发展研究是理论自身发展的内在需要，是实践发展的客观需要，是高举旗帜的现实需要”；《科学发展观：对人类社会发展规律认识的丰富和发展》，以历史唯物主义为指导，系统阐述了科学发展观是人类社会发展规律在当代中国的具体体现，为马克思主义关于人类社会发展规律的认识增添了新的内容和新的表现形式；《不断深化十七大以来科学发展观新发展研究》，鲜明指出“科学发展观必然同马克思列宁主义、毛泽东思想、邓小平理论、‘三个代表’重要思想一道，必将成为我们党长期坚持的指导思想”等系列前瞻性的观点；《生态文明建设：十七大以来科学发展观新发展的重要内容》，科学阐释了生态文明建设是实现经济社会科学发展的必然选择，是中国特色社会主义的应有之义，也是中国特色社会主义建设的必由之路，并明确提出“将生态文明建设与经济建设、政治建设、文化建设、社会建设并列，五位一体地建设中国特色社会主义”等前瞻性的论断。此外，在致力于马克思主义基础理论研究的同时，我与课题组全体成员一道，紧紧围绕科学发展观在江西的认识与实践这一主题，立足江西经济社会发展实际，以重大理论和现实问题为主攻方向，科学分析江西的经济社会发展态势，撰写了一批应用对策调研报告，为江西经济社会科学发展提供了重要参考。

我清楚地知道，自己的学术水平和这几本书稿的学术价值与学术界的同仁相比，还有许多差距。正视不足，勤奋努力，是我们的必然选择。

课题于2013年4月通过国家社科基金办公室免于鉴定结题。从申请立项到完成结题，得到国家社科规划办的关心和帮助，得到国家社科基金重大招标项目评审专家的支持和鼓励。此外，江西省社科规划办、江西师范大学及社科处等也给予了大力支持，在此一并致以诚挚的谢意！

作为一名学者，在30多年的理论研究与教学过程中，我一直致力于马克思主义社会与人的全面发展问题研究，一直关注当代中国社会发展问题的研究。淡泊明志、宁静致远。在今后的学术生涯中，阅读与思考将伴随我继续前行！

是为序。

祝黄河

2014年2月18日

第一章　绪　　论

党的十八大报告指出，十七大以来我国经济社会发展取得的重大成果，“最重要的就是我们坚持以马克思列宁主义、毛泽东思想、邓小平理论、‘三个代表’重要思想为指导，勇于推进实践基础上的理论创新，围绕坚持和发展中国特色社会主义提出一系列紧密相连、相互贯通的新思想、新观点、新论断，形成和贯彻了科学发展观。”① 深入研究党的十七大以来科学发展观的新发展，“从科学的角度不断充实和丰富科学发展观……为科学发展观提供坚实的科学理论基础”②，是进一步贯彻落实科学发展观、坚持和发展中国特色社会主义的重要任务。

第一节　研究背景与意义

一、研究背景

（一）发展问题是世界性难题

当今世界正处在大变革大调整之中，发展仍然是时代的主题。世界多极化、经济全球化深入发展，文化多样化、社会信息化持续推进，科技革命孕育新突破，全球合作向多层次全方位拓展，新兴市场国家和发展中国

① 胡锦涛：《坚定不移沿着中国特色社会主义道路前进　为全面建成小康社会而奋斗——在中国共产党第十八次全国代表大会上的报告》，人民出版社2012年版，第7页。

② 《十六大以来重要文献选编》（中），中央文献出版社2006年版，第115页。

家整体实力增强，国际力量对比朝着有利于维护世界和平方向发展，保持国际形势总体稳定具备更多有利条件。但是世界仍然很不安宁。国际金融危机影响深远，世界经济增长不稳定不确定因素增多，全球发展不平衡加剧，霸权主义、强权政治和新干涉主义有所上升，局部动荡频繁发生，粮食安全、能源资源安全、网络安全等全球性问题更加突出，严重威胁到世界各国的发展。在这一背景下，发展问题仍然成为当代世界的主题。

世界各国在传统发展观的指导下，曾经取得前所未有的经济增长成就。但是，世界各国的发展实践也遭遇着种种危机，特别是从 20 世纪的六七十年代开始，世界各国的发展出现了各种各样的问题。发展不可持续问题日益突出，传统发展观在理论上陷入困境，对发展理论的研究成为世界各国极为重视的热点难点问题。随着人们对发展问题认识的逐步深入，以人为中心的发展、全面发展、协调发展、可持续发展等观念在实践中越来越被世界各国所重视、所推崇。科学发展观的提出，是中国共产党人以宽广的世界眼光观察世界、敏锐把握当今国际发展形势、科学总结历史发展经验教训、积极借鉴当代人类文明有益成果的具体体现，为解决当代世界性难题提供了思想尝试，引起世界各国的普遍关注。随着中国的不断强大、地位上升，尤其是中国发展模式的成功探索，对科学发展观的深入研究必将彰显其重大而深远的世界意义。

（二）发展问题是中国最大的问题

当代中国正在发生广泛而深刻的变革，机遇前所未有，挑战也前所未有，机遇大于挑战。新世纪新阶段，一方面，我国处于并将长期处于社会主义初级阶段的基本国情没有变，人民日益增长的物质文化需要同落后的社会生产之间的矛盾没有变，中国作为世界上最大的发展中国家的地位没有改变。另一方面，我国面临许多新情况新挑战。国际上，世界多极化和经济全球化趋势深入发展，综合国力竞争日趋激烈，国际力量对比出现新的消长，全球金融危机给世界带来深刻影响，世界经济不稳定、不确定性因素进一步增多。各种思想文化相互激荡，发达国家在经济科技上占优势的压力长期存在。国际风云激荡、挑战纷呈，矛盾错综复杂，可以预见和难以预见的风险增多。在国内，随着改革开放向纵深不断推进，随着经济体制深刻变革、社会结构深刻变动、利益格局深刻调整、思想观念深刻变化，我国经济社会发展呈现出许多新的阶段性特征。

这些阶段性特征，是社会主义初级阶段基本国情在新世纪新阶段的具体表现，反映了我国经济社会发展面临的新形势、新矛盾和新问题。对此，胡锦涛指出："发展是解决中国一切问题的'总钥匙'，发展对于全面建设小康社会、加快推进社会主义现代化，对于开创中国特色社会主义事业新局面、实现中华民族伟大复兴，具有决定性意义。"① 这表明，中国特色社会主义进入了发展的关键时期和社会矛盾的凸显期。一方面，中国特色社会主义的发展既有着巨大潜力和广阔空间，另一方面也面临许多新情况和各种潜在的压力，需要我们"从理论和实践上作出回答并加以解决"。科学发展观，就是中国共产党人在深刻把握当代中国基本国情和我国发展阶段性特征、适应我国发展的新要求、解决我国发展面临的新矛盾和新问题的基础上提出来的。随着实践的深入，我们只有不断根据新的事实研究新的情况，才能使我们的思想理论与时代同步。深入研究科学发展观的新发展，成为深刻把握我国发展面临的新课题新矛盾的客观需要。

（三）发展问题是理论与实践发展的重大课题

改革开放以来，我们找到了一条符合中国实际的社会主义发展新路，取得了巨大的发展成就。但是，随着时代的发展，我们也面临着许多影响和制约经济社会进一步发展的深层次问题：一是如何进一步坚持科学发展，加快转变经济发展方式，把经济结构战略性调整作为加快转变经济发展方式的主攻方向，破除一切妨碍科学发展的思想观念和体制机制，把科学发展和转变经济发展方式贯穿到经济社会发展全过程和各个领域，实现经济社会又好又快发展；二是如何按照中国特色社会主义事业的总体布局，更加注重以人为本，更加注重全面协调可持续发展，更加注重统筹兼顾，更加注重保障和改善民生，更好地把握和统筹国内与国际两个大局，全面推进经济建设、政治建设、文化建设、社会建设和生态文明建设，更加注重经济、政治、文化和社会体制"四位一体"改革的协调配套，更

① 胡锦涛：《努力把贯彻落实科学发展观提高到新水平》，《求是》2009 年第 1 期。

加注重社会主义政治文明、物质文明、精神文明和生态文明的协调发展；三是如何更好地处理改革、发展、稳定的关系，把发展的硬道理、稳定的硬任务与社会的和谐稳定结合起来，实现改革发展稳定的统一，更好地把改革的力度、发展的速度和社会可以承受的程度有机结合起来，着力构建充满活力、富有效率、更加开放、有利于科学发展的体制机制；等等。这些既是时代提出的新要求，也是中国特色社会主义发展面临的新问题。

理论实现的程度取决于现实需要它的程度。新的时代产生新的理论，新的理论指导新的实践，新的实践又丰富新的理论。实践永无止境，创新永无止境。十七大以来，以胡锦涛为总书记的党中央准确把握国际形势和世界发展趋势发生的深刻变化，按照十七大提出的全面建设小康社会、加快推进社会主义现代化的新要求，紧紧围绕新阶段继续推进中国特色社会主义事业的发展这个主题，立足于研究新情况、解决新问题，在经济建设、政治建设、文化建设、社会建设和生态文明建设的实践中进一步回答了实现什么样的发展、怎样发展等重大理论问题，进一步丰富和发展了马克思主义社会发展理论以及党的三代中央领导集体关于发展的思想，进一步丰富和发展了对共产党执政规律、社会主义建设规律、人类社会发展规律的创新性认识。这些新的理论贡献需要我们及时从理论上作出全面概括，中国特色社会主义的实践发展也需要我们不断总结实践经验。在新的历史时期，以新的视野、新的角度，从理论和实践的结合中深化科学发展观的研究，将使当代中国马克思主义放射出更加灿烂的真理光芒。

二、研究意义

（一）进一步丰富和发展了马克思主义理论

科学发展观是马克思主义同当代中国实际和时代特征相结合的产物，是马克思主义关于发展的世界观和方法论的集中体现。通过本书的研究，有助于进一步揭示科学发展观在马克思主义中国化进程中的历史地位，有助于揭示作为马克思主义中国化最新理论成果的科学发展观对马克思主义理论的进一步丰富和发展。

1. 科学发展观丰富和发展了马克思主义哲学基本理论

马克思主义哲学是关于人类社会发展一般规律的科学，辩证唯物主义和历史唯物主义是指导人类社会发展的世界观和方法论。社会发展理论是马克思主义理论的重要组成部分，对各国经济社会发展具有普遍指导意义。由于各国的国情千差万别，所以它没有也不可能指出每一个民族和国家的具体发展道路，尤其不可能对无产阶级取得政权以后的社会主义国家如何发展提出具体的、完整的设想。历史已经证明，只有把马克思主义哲学所蕴涵的基本原理与方法论同各国具体实践相结合，才能找到适合本国发展的具体道路，才能取得社会主义革命和建设的胜利。历史也是这样昭示的，分别以毛泽东、邓小平、江泽民为核心的党的历代中央领导集体，在实践中运用马克思主义哲学的基本原理，逐步形成了中国特色的社会主义发展理论，不断丰富和发展了马克思主义哲学的基本理论。特别是进入21世纪后，以胡锦涛为总书记的党中央领导集体结合当前实际，进一步提出了以人为本，全面、协调、可持续的科学发展观。

科学发展观建立在坚实的马克思主义哲学基础之上，有着深刻的哲学意蕴和内涵，是新时期对马克思主义哲学的新发展。科学发展观的"以人为本"这一本质特征，把人与社会的全面和谐发展高度统一起来，确立人在社会形态中的中心地位；把人看作是社会发展的中心，并作为马克思主义群众观的本质要求；把人的全面发展作为党的最高价值目标，这就充分体现了科学发展观对马克思主义唯物史观的新解读、新贡献。

2. 科学发展观丰富和发展了马克思主义政治经济学基本理论

社会主义社会是人类历史上迄今为止最先进的社会形态，理应比资本主义社会具有更优越的经济制度和相应的经济体制，为经济发展和生产力进步提供制度和体制保障。社会主义在经济文化比较落后的国家取得了胜利后，如何在较短的时间内发展经济、巩固政权，各国执政的共产党都进行了积极的探索，也留下了宝贵的经验。中国共产党人以其独特的智慧，坚持把马克思主义的基本原理同中国的实际相结合，通过艰辛的经济建设实践与理论探索，不断丰富和发展了马克思主义的政治经济学基本理论。在新中国成立初期，我国顺利完成了对农业、手工业和资本主义工商业的社会主义改造，确立了社会主义基本制度。但后来，我们也走过了一段弯路。1978年党的十一届三中全会以后，我们党坚持解放思想、实事求是的思想路线，坚持改革开放，加强社会主义经济理论的探索，逐步提出社会主义市场经济理论。回顾改革开放的历程，我们已经清晰地看到，中国逐步建立和完善社会主义市场经济体制的过程，也就是马克思主义政治经济学基本理论在中国社会主义建设实践中运用和发展的过程。科学发展观深化了并将继续深化对社会主义市场经济规律的认识。

科学发展观提出以人为本，经济、社会、人与自然协调和谐发展的思想，突出强调在坚持以经济建设为中心、发展社会主义市场经济的进程中，要立足全局，统筹兼顾；要深化改革，创新机制体制；要更加注重质量，注重效益；要科学地指导社会主义与市场经济的有效结合，使二者优势互补、相得益彰。科学发展观在理论上升华了社会主义的本质要求，在实践上为不断完善社会主义市场经济体制提供了科学指导，体现了马克思主义政治经济学基本原理在当代中国的运用与发展。

3. 科学发展观丰富和发展了科学社会主义基本理论

和平与发展是当今世界的时代主题。维护世界和平，促进共同发展，是各国人民的普遍愿望，也是不可阻挡的历史潮流。世界多极化和经济全球化趋势的发展，给世界和平与发展既带来机遇，也带来严峻挑战。面对机遇与挑战，中国如何既坚持科学社会主义基本原则，又走出一条符合中国国情、具有中国特色的社会主义道路，备受全世界关注。我们党正确研判国际形势和时代主题，在总结我国发展实践的基础上，深切关注并尊重各国人民所选择的发展理论、发展道路、发展模式和发展实践，认真借鉴其经验教训，郑重提出科学发展观。科学发展观的提出及其对中国特色社会主义理论的发展，充分体现出我们党与时俱进的创新精神。这也推进了马克思主义中国化的一次新的飞跃，对科学社会主义理论的发展作出了新的贡献。

科学发展观从发展的角度，进一步回答了中国特色社会主义建设中“什么是发展”、“为什么发展”、“靠谁发展”、“怎样发展”等一系列重大理论与实践问题，从而进一步深化了对“什么是社会主义、怎样建设社会主义”这一基本问题的认识，是对社会主义发展模式多样性、人类文明发展丰富性的卓越贡献，是对科学社会主义理论与实践的新丰富、新发展。

（二）进一步丰富和发展了中国特色社会主义理论体系

科学发展观是中国特色社会主义理论体系的最新成果。通过本书的研究，进一步深化对科学发展观的历史地位、精神实质、实践要求及其内在关系的认识，进一步深化对中国特色社会主义发展规律的认识，不断丰富和发展中国特色社会主义理论体系。

1. 科学发展观进一步深化了对人类社会发展规律的认识

马克思主义不仅揭示了人类社会发展的普遍规律，为人类社会发展指明了方向，更重要的是它所提供的基本原理和认识方法，为各国探索不同时代社会发展的特殊规律、确立符合本国要求的社会发展道路指明了方向。同时，人类社会的发展是一个持续运动的过程，人类对客观世界及其发展变化规律的认识，也是一个在实践基础上不断深化的过程。历史经验证明，即使是历史唯物主义所揭示的有关人类社会发展规律的基本原理及其认识方法，也必须结合新的历史条件和实践要求加以新的阐述、运用和发展，赋予其鲜明的时代特征，注入新的实践经验和思想内涵，才能永葆生机和活力。科学发展观在坚持唯物史观的基础上，立足于国内外形势的新变化和中国特色社会主义实践发展的新要求，运用马克思主义基本原理，在不断总结我国经济社会发展经验、汲取人类文明发展有益成果的基础上，把人类社会发展的普遍规律与中国特色社会主义发展道路的特殊性相结合，形成新的规律性概括，为马克思主义关于人类社会发展规律的认识增添了新的内容和新的表现形式，是科学发展观对人类社会发展规律认识丰富发展的重要体现。

2. 科学发展观进一步深化了对社会主义建设规律的认识

科学发展观是关于中国社会主义建设规律的最新理论成果。社会主义建设规律是社会主义建设实践中成功经验的总结，是社会主义建设理论与社会主义国家客观现实相结合的理性认识。科学发展观是以胡锦涛为总书记的党中央领导集体针对新的发展形势和任务，从考虑解决当前实际问题入手，在总结新中国特别是改革开放以来现代化建设的历史经验，并充分吸取发达国家和发展中国家现代化的经验教训的基础上，对中国社会主义现代化建设规律的新认识，对社会主义现代化指导思想的一次新发展。科学发展观在发展动力、发展内涵、发展方式、发展道路等方面进行的系统理论创新，丰富和完善了我们党关于社会主义建设的指导思想、开拓了社会主义发展的新思路、完善了社会主义的发展模式、创新了中国特色社会主义的发展理论，指明了中国特色社会主义的发展道路。

（三）进一步丰富和发展了科学发展观

科学发展观是科学、开放的理论体系，将随着实践的发展而不断丰富。党的十七大以来，我们党提出了一系列关于科学发展观的新观点、新论断、新思想。深入系统研究十七大以来科学发展观的新发展，将进一步推进科学发展观自身的不断深化和发展。

1. 科学发展观在指导我国经济社会发展的实践中得到新发展

十七大以来，面对大发展大变革大调整的世界形势，以胡锦涛为总书记的党中央站在时代发展潮流的前列，科学回应我国经济社会发展新阶段的新要求，成功应对来自世界金融危机的严峻挑战、来自国内发展方式转变的挑战、来自我国社会急剧变革与转型压力的挑战，立足中国特色社会主义事业“五位一体”总体布局，确立了坚持以科学发展为主题、以加快转变经济发展方式为主线的正确思路，妥善处理经济社会实践中的一系列重大关系，全面推进经济、政治、文化、社会、生态文明和党的建设，取得历史性伟大成就。同时，党中央高度重视我国与世界的双向互动，积极主动参与全球化进程，在相互尊重的基础上，加强与世界各国进行贸易往来和文化交流；正确处理与世界各国的关系，既借鉴人类文明发展的共同成果，又以中国科学发展的实践及其经验为世界和平与共同发展、为人类文明进步作出了重大贡献。

人类的认识与科学理论的发展，是随着社会实践的发展而不断发展的。“实践发展永无止境，理论创新永无止境。”党和人民进行的中国特色社会主义实践不断前进，指导这种实践的理论也要不断前进，理论如果“不结合这些事实和过程去加以阐明，就没有任何理论价值和实际价值。”① 十七

① 《马克思恩格斯文集》第10卷，人民出版社2009年版，第548页。

大以来中国特色社会主义的实践发展既对科学发展观提出了理论创新的要求，又为科学发展观的丰富和完善提供了深厚的土壤和实践源泉，使我们党能够从实践中不断深化对科学发展的认识，为科学发展观的新发展积累了经验、提供了方法、创造了条件，使理论创新成为现实的可能。

顺应理论自身发展的内在逻辑，依据“生动的实际生活”和“现实的确切事实”①，及时总结十七大以来科学发展的经验，把十七大以来党的理论创新性成果集中起来，把党经历的新考验、获得的新经验、引发的新思考、得出的新结论给予科学概括总结和理论提升，对科学发展观进行更为深刻的科学阐释，有利于进一步丰富、完善和发展科学发展观的理论体系。

2. 有利于进一步贯彻和落实科学发展观，坚持和发展中国特色社会主义

实践性是科学发展观的本质属性。党的十八大报告指出，“必须把科学发展观贯彻到我国现代化建设全过程、体现到党的建设各方面。”② 通过本课题的研究，阐明深入贯彻落实科学发展观是一场深刻的社会实践革命，对于高举中国特色社会主义伟大旗帜，推动中国经济社会发展，开拓中国特色社会主义广阔前景，坚定不移地走中国特色社会主义道路，坚持和发展中国特色社会主义，实现“两个一百年”的奋斗目标，实现“国家富强、民族振兴、人民幸福”的“中国梦”具有重大的现实意义。

第二节　国内外研究现状述评

科学发展观自 2003 年 10 月正式提出以来，国际国内理论界、学术界对其展开了广泛的研究。

① 《列宁专题文集·论马克思主义》，人民出版社 2009 年版，第 169 页。

② 胡锦涛：《坚定不移沿着中国特色社会主义道路前进　为全面建成小康社会而奋斗——在中国共产党第十八次全国代表大会上的报告》，人民出版社 2012 年版，第 8 页。

一、国外研究现状述评

（一）国外科学发展观研究概述

在国外，科学发展观作为一种不同于西方发展理论的观点，受到国际舆论、国外政要和学者的广泛关注和肯定，特别是随着近年来中国经济的飞速发展、综合国力和国际地位的上升，以及中国在金融危机中的表现和作为，科学发展观进一步受到国际社会的关注并得到了广泛而深入的研究。

由于政治制度、经济基础、发展环境、话语体系等的差别，国外对科学发展观的研究，主要集中于“发展理念”、“发展模式”等方面，以“北京共识”、“中国模式”、“中国道路”等语言形式展现和研究。一直关注中国改革和发展的美国学者傅士卓先后发表的《推进科学发展观》（2004 年）和《论“中国模式”》（2011 年）等研究文章，对科学发展观的提出、推进进程以及“中国模式”的中外研究总体状况进行了较系统的研究；另一位资深的中国政策研究专家沈大伟发表的《有中国模式吗?》（2010 年），则强调“中国模式”的中国特色而非普世性。卡瓦吉特·辛格发表的《从“北京共识”到“华盛顿共识”》（2002 年），最早将中国发展模式和发展道路称为“北京共识”；雷默的《北京共识：提供新模式》（2004 年），全面详细地阐述了中国发展道路和发展模式。郑永年在《中国模式：经验与困局》（2010 年）一书中，从国际发展视野中的中国经验、国内改革道路中传统儒家思想的创造性转化、中国模式的丰富内涵等进行了系统的研究。随着中国崛起，曾经提出“历史终结论”命题（1989 年）的福山也修正了自己的观点，认为所谓“历史终结论”有待进一步推敲和完善。还有约瑟夫·奈、约翰·奈斯比特以及季塔连柯等对科学发展观、对中国道路的世界影响力以及中国模式与西方模式的比较进行了系统的探讨。中共十八大之后，西蒙·罗宾诺维奇、凯利·布朗则对最近十年科学发展观指导下的中国发展成就和中国共产党执政的历史性功绩进行了述评。

（二）国外科学发展观研究的重点

国外学者关于科学发展观及相关内容的研究涉及面很广泛，总体来看，研究的重点主要集中在以下几个方面：

1. 从“中国模式”的内涵认识视角进行研究

多数学者认为改革开放特别是近十年来，中国通过主动创新和大胆实践，摸索出了一个适合本国国情的发展模式，“中国模式”是正确和成功的。“中国模式”是中国改革开放政策的产物、是中国崛起之后的世界发现；“中国模式”是一个在自身经验教训的累积中不断反思和超越的发展模式，它既追求速度，又保持平稳；既保护先富，又注重均衡；这种自我调整、不走极端、善于化危为机的智慧是对传统儒家思想的创造性转化；“中国模式”不能用西方理论来解释，也不能加以教条式的理解；“中国模式”跳出了“发展悖论”的陷阱，避免了种种预言中的风险，创造了快速发展的中国奇迹，持续的改革和社会转型给中国崛起奠定了基础。“中国模式”最重要的原则是经济改革优先，这既解放了官方意识形态，又给经济和社会松了绑；中国的发展模式并不以降低政府的作用为条件，中国的成就与其说是建立在经济自由化上，不如说是建立在经过深思熟虑的社会经济战略之上。“中国模式”的优越之处在于不拒绝一切先进的东西，而是把西方和他国成功的经验融合进自己的模式，这使得“中国模式”对发展中国家有特别的吸引之处。“中国模式”的意义在于开拓了一条不同于西方价值观的现代化道路；随着中国国家竞争力的增强，世界的走向不再单纯由美国和欧洲所决定。有学者还提出，“中国模式”不应只是经济发展的模式，也应当是精神价值模式，就是要使富裕起来的中国人精神充实、崇尚道德、遵守法律，有民族自豪感。另一种观点认为，在中国的发展实践过程中，大量地把从国外引进的各种元素移植、嫁接到国内的各个领域，从而产生了一种独特混合体和折中系统，这种系统尽管也有一些独特的方面，但更多的是展现了其灵活的适应性特征，还不能构成一个综合和清晰的“模式”。

2. 从“中国道路”的世界影响视角进行研究

“中国道路”不走“邪路”：西方世界很久以前就开始推行自身的发

展模式，认为这是唯一正确并具有普世价值的方式，但中国没有采取西方的发展模式，而是开辟了一条符合其自身国情的新道路，并取得了辉煌的成就。“中国道路”可以效仿：中国的经济增长不仅让发展中国家获益巨大，中国特殊的发展模式和道路也被一些国家视为可效仿的榜样……更重要的是将来，中国倡导的政治价值观、社会发展模式和对外政策做法，会进一步在世界公众中产生共鸣和影响力，正因为中国不是关起门来而是大开国门的情况下打造“中国模式”的，其模式具有普世性；这种发展道路不仅适合中国，也是发展中国家效仿的榜样，人类思想宝库需为中国传统留有一席之地。“中国道路”影响世界：客观事实证明，西方自由民主可能并非人类历史进化的终点，中国的快速发展，导致一些西方理论正在被质疑，所谓“历史终结论”有待进一步推敲和完善，中国正在创造一个崭新的社会、经济和政治体制，中国道路将以难以置信的力量影响整个世界，一种新版的马克思主义理论正在颠覆西方的传统理论；另外一种观点认为，“中国发展道路”虽然成功，但“不容易转移到国外”，尽管存在模式的竞争，除了一些受到中国文化影响很深的国家比如越南之外，中国经验是建立在其独特的历史基础之上的，在本质上是不可出口的，因此“这一点其他国家基本无法模仿”。

3. 从“科学发展观”的巨大成就视角进行研究

“科学发展观”推进中国发展：中国领导层将国家的政治和经济精英团结在更新后的国家发展学说的周围，这首先是构建社会主义和谐社会和科学发展观，后者的含义是国家逐步转向高效的经济增长模式，通过提高经济增长的质量指标、缓解社会问题的尖锐度，来突破资源和生态方面的瓶颈；科学发展观对中国的发展至关重要，中国共产党以战略远见和智慧，科学规划中国的发展之路，带领中国人民克服各种困难，应对种种挑战，在短时间内取得了长足发展，大幅提高了综合国力和人民生活水平，堪称其他发展中国家的榜样。“科学发展观”创造中国奇迹：近十年“科学发展”的惊人之处在于中国在相对稳定的政治环境中保持了较快增长，这样一个占世界人口 1/5 的曾经贫困的国家，能够取得如此持续的发展本身就是一个奇迹；从近五年看，就在世界上大多数人都经历了一个失去的五年的时候，中国却实现了令人瞩目的增长，无论以任何国家、任何时代的标准来看，中共十七大以来的五年都是一个值得肯定的五年，特别是在全球金融危机背景下，中国的“科学发展”和经济增长记录就更显非凡；从长远看，完全可以得出这一时期取得了巨大成功的结论，它使中国真正地成为一个富有和重要的国家，设法建立起了民族自尊心和自豪感。“科学发展观”引领中国道路：中国共产党提出科学发展观，是对中国现实问题的关切和回应；科学发展观以人为本，激励人们努力工作，大力发展经济，同时使中国的发展更加均衡、全面和可持续，进一步完善了中国特色社会主义理论体系和实践体系，给中国发展指出了一条正确的道路；科学发展观提出了一种新的发展方式，对当今世界具有很大的借鉴意义；相比而言西方的各类民主模式则衰落了，在金融危机中所有自称是民主国家的都遭受了失败，而中国经济却仍保持上升姿态，为此应该学习中国的经验模式。也有学者认为，“中国模式”是建构在复杂的国情和国家治理难度较大的现实之上的，法治经验严重不足，发展与稳定、繁荣与公平、民主与和谐的矛盾十分突出，并从中国当前发展面临的巨大风险和挑战（政治改革、经济放缓、生态恶化等）的角度对科学发展观、中国模式、中国道路等提出了质疑。

由于西方社会发展理论与马克思主义发展理论和科学发展观有着本质的区别，加上西方学者对中国情况缺乏全面深入了解等原因，他们对科学发展观的研究也受到一定的局限，更不可能就科学发展观的历史地位、精神实质和实践要求进行深入的研究。但是他们一些颇具特色的观点和新颖的研究角度，对我们的研究工作仍有一定的借鉴意义。

二、国内研究现状述评

（一）国内科学发展观研究的主要成果

在国内，关于科学发展观的研究始终是学界的热点，研究的选题主要涉及社会发展观的历史考察、马克思主义发展观的理论梳理、科学发展观的现实依据、哲学基础、思想渊源、基本内涵、理论核心、理论贡献、理论体系、理论定位、实践运用等方面。学者们分别从不同的角度进行了大量的研究，形成了一批重要的学术著作和一系列的研究论文。

1. 关于科学发展观理论基础问题

主要的研究成果有俞可平的《马克思主义与科学发展观》，李崇富、李建平的《科学发展观与历史唯物主义》，李崇富的《论科学发展观的哲学基础》，王伟光的《唯物史观和科学发展观》等。其中俞可平的《马克思主义与科学发展观》分析了科学发展观与马克思主义社会发展理论的内在联系，肯定了科学发展观是对马克思主义社会发展理论的新发展。

2. 关于科学发展观与现实问题

主要的研究成果有冷溶的《科学发展观与中国特色社会主义》，赵曜的《科学发展观与中国特色社会主义发展道路》，吴元梁的《论科学发展观的基本要求及其现实根据》等。其中赵曜的《科学发展观与中国特色社会主义发展道路》一文认为，科学发展观的提出，使我们党对中国特色社会主义发展道路又有了新认识。

3. 关于科学发展观内容体系问题

主要的研究成果有俞吾金的《科学发展观》，秦宣的《正确把握科学发展观的科学内涵》，邱耕田的《科学发展观：一种代价论视角的分析》等。其中秦宣的《正确把握科学发展观的科学内涵》一文提出要从科学发展观的基本内涵、概念逻辑、精神实质、理论来源、创立基础、价值指认、基本特征、理论贡献等方面全方位地理解和把握科学发展观。

4. 关于科学发展观历史地位问题

主要的研究成果有刘云山的《科学发展观的历史地位和指导意义》，包心鉴的《论科学发展观的历史地位和时代价值》，徐崇温的《科学发展观推进了人类发展理论的创新发展》。其中刘云山的《科学发展观的历史地位和指导意义》强调科学发展观是我们党必须长期坚持的指导思想，要坚定不移把科学发展观贯彻到我国现代化建设全过程、体现到党的建设各方面。

5. 关于科学发展观精神实质问题

主要的研究成果有陈志尚的《论科学发展观的实质和意义》，郭芳丽的《浅析科学发展观的精神实质》，卢得志的《从思想路线高度把握科学发展观的精神实质》等。其中郭芳丽的《浅析科学发展观的精神实质》一文提出科学发展观的精神实质就是求真务实的精神。

6. 关于贯彻落实科学发展观问题

主要的研究成果有程恩富、侯惠勤的《学习实践科学发展观若干重大现实问题解析》，闫志民、王寿林的《科学发展观重大理论和实践问题研究》，冷溶的《科学发展观与社会主义市场经济》，王伟光的《全面贯彻落实科学发展观　大力推进中国特色社会主义伟大事业》等。其中王伟光的《全面贯彻落实科学发展观　大力推进中国特色社会主义伟大事业》一文认为在贯彻落实科学发展观上，要从政治高度、全局高度等五个方面认识科学发展观，增强贯彻落实科学发展观的自觉性和坚定性。

（二）国内科学发展观研究的重点问题

10 多年来，理论界围绕科学发展观的形成条件、重要意义、基本内涵、理论体系、历史地位、精神实质、实践要求等许多深层次的理论问题和实践课题，进行了多学科、多角度、多方位的深入研究和理性探讨，深化了对“什么是科学发展观”、“如何深入贯彻落实科学发展观”等基本理论问题和重大实践问题的科学理解及理性认识，取得了大量阶段性的研究成果和理论共识。

1. 关于科学发展观的基本内涵

理论界依据十七大的阐述，对科学发展观内涵进行了不同角度解读。有的学者认为科学发展观的基本内涵概括为经济发展、人本发展、全面发展、协调发展、可持续发展、和平发展、和谐发展。有的学者重点强调了“发展”与“科学发展”在科学发展观中的核心地位，构成了科学发展观的基本内涵。还有的学者强调科学发展观的基本内涵有广义和狭义之分，广义的科学发展观是指十六大以来我们党的所有理论创新成果，其标准表述是“科学发展观等重大战略思想”；狭义的科学发展观主要是指以人为本、全面协调可持续发展的发展观。

2. 关于科学发展观的理论体系

对科学发展观理论体系的研究主要体现在三个方面：一是探讨科学发展观的层次结构，二是探讨科学发展观的理论架构，三是探讨科学发展观内在各要素之间的关系。理论界普遍认为，科学发展观是一个完整的科学思想体系。但这个体系究竟由哪些内容组成，观点不一，众说纷纭。有的学者认为，科学发展观汇集了党的十六大以来我们党的一系列重大理论创新成果，是一个包容性很强的理论体系，其中科学发展观处于这个理论体系的顶端；有的学者认为，科学发展观的理论体系由发展目的论、发展中心论、发展整体论等 10 个方面的内容组成，简称“十论”；有的学者把科学发展观理论体系的基本框架概括为科学发展观的主题、科学发展观的价值目标、科学发展的规律、科学发展观的基本内容；还有的学者把科学发展观理论体系的基本轮廓概括为“四个一”，即一条主线就是科学发展，一个核心就是以人为本，一个基本要求就是全面协调可持续发展，一个根本方法论就是统筹兼顾。

3. 关于科学发展观的历史地位

理论界主要对科学发展观的理论定位给予充分肯定，一方面认为科学发展观在十六大以来理论创新成果中处于核心地位，另一方面认为科学发展观直接继承和发展了邓小平理论和“三个代表”重要思想中关于发展的思想，是对马克思主义关于发展思想的继承与创新，是马克思主义中国化的最新理论成果，是指导我国经济社会发展的重要指导思想。

4. 关于科学发展观的精神实质

理论界对此一直没有形成统一的认识。一部分学者认为“以人为本是科学发展观的精神实质”；有的学者认为“以人为本的可持续发展观是科学发展观的精神实质”；也有学者认为“又好又快发展、全面协调可持续发展是科学发展观的精神实质”；还有人认为科学发展观的精神实质和科学内涵是相同的。更有学者提出从理论、政治、实践三个层面去把握科学发展观的精神实质，认为求真务实的精神就是科学发展观的精神实质。

5. 关于科学发展观的实践要求

对于如何贯彻和落实科学发展观，理论界有以下几种观点：有“观念先导”说；有“制度建设”说；有“模式转变”说；还有“文化导向”说；等等。集中认为在贯彻落实科学发展观上，要从政治高度、全局高度、意识形态高度、改革创新的高度、战略的高度上，围绕思想观念和体制机制的转变、经济社会发展的具体领域，在解放思想开拓创新上有新认识、在改革开放上有新突破、在国际战略上有新举措。

三、国内外研究存在的不足及本书研究的空间

10 多年来国内外特别是国内关于科学发展观理论与实践的研究，呈现出由点到面、由浅到深、由表及里的研究历程，既有广度又有深度，为深入贯彻落实科学发展观提供了坚实的科学理论基础。但研究成果中也存在着一些明显的不足，主要表现为：一是单一性研究比较多，整体性研究少；二是作为理论指导联系工作实际的多，作为研究指南进行学理分析和学术研究的少；三是简单重复的内容多，系统创新的成果少；四是传统意义上研究科学发展观的多，研究十七大以后科学发展观新发展，特别是结合党的十八大精神研究科学发展观的新发展的少。党的十八大提出科学发展观是“中国特色社会主义理论体系最新成果”，“把我们对中国特色社会主义规律的认识提高到新的水平”，“开辟了当代中国马克思主义发展新境界”①。党的十八大对科学发展观的新阐述，为我们展开研究提供了新的思路、开辟了新的视野、拓展了新的空间。

1. 在理论的新发展上。党的十八大指出，科学发展观是马克思主义同当代中国实际和时代特征相结合的产物，是中国特色社会主义理论体系的最新成果。站在新的理论起点上，如何从历史的发展轨迹和现实变化以及未来发展需求的角度，从理论、实践和价值的维度，进一步深化对科学发展观的研究，更好地贯彻落实科学发展观，是理论工作者的重大责任，也为本书的研究提供了广阔的空间。

2. 在实践的新要求上。党的十八大提出要把科学发展观贯穿现代化建设的全过程，体现在党的建设各方面，实现全面建成小康社会的奋斗目标。新的奋斗目标、新的时代特征、新的发展战略，对科学发展观的实践提出了新要求，为本书研究提供了巨大空间。

① 胡锦涛：《坚定不移沿着中国特色社会主义道路前进　为全面建成小康社会而奋斗——在中国共产党第十八次全国代表大会上的报告》，人民出版社 2012 年版，第 8 页。

3. 在规律的新认识上。科学发展观深化了对党的执政规律、社会主义建设规律、人类社会发展规律的认识。面对十七大以来国际国内新的发展环境、新的情况、新的问题，科学发展观在三大规律的认识上也不断得到深化与发展。科学发展观对三大规律内容的新丰富、认识的新发展，为本书研究提供了理论探索空间。

第三节　研究的总体框架与主要内容

一、总体框架

胡锦涛指出，“要从科学的角度不断充实和丰富科学发展观”，“为科学发展观提供坚实的科学理论基础”。本书紧紧围绕党的十七大以来科学发展观的新发展这一核心命题，从理论、实践、规律三大视角，以历史、现实、未来为基本线索，以“科学发展观对马克思主义社会发展理论的新发展”、“科学发展观对党的三代中央领导集体发展思想的新贡献”、“科学发展观在当代中国经济社会实践中的新发展”和“科学发展观对三大规律认识的丰富与发展”等方面的研究建构起本书研究的总体框架。

1. 从理论的视角出发，本书围绕科学发展观与马克思主义社会发展理论、党的三代中央领导集体发展思想之间关系这一主题，从理论上揭示马克思主义社会发展理论是科学发展观的理论基础，党的三代中央领导集体的发展思想是科学发展观的直接理论来源。科学发展观既依据马克思主义社会发展理论、来源于党的三代中央领导集体的发展思想，又丰富和发展了马克思主义的社会发展理论和党的三代中央领导集体关于发展的基本思想。

2. 从实践的视角出发，本书将论述党的十七大以来，科学发展观在指导我国政治、经济、文化、社会、生态文明建设等各个领域的实践中形成的一系列新观点和新思想，深刻揭示科学发展观既源于实践，又指导实践，并在中国经济社会发展实践中得到检验、丰富和发展这一马克思主义真理发展的科学之路。

3. 从规律的视角出发，本书将研究科学发展观与共产党执政规律、社会主义建设规律、人类社会发展规律的相互关系。科学发展观作为马克思主义发展理论的新形态，是在对经济社会发展实践进行全面的经验总结和理论概括中得到新发展的。科学发展观的发展既遵循规律，又进一步丰富和发展了我们党对三大规律的认识。

二、预期目标

1. 全面梳理党的十七大以来科学发展观新发展的主要体现。本书将全面梳理科学发展观对马克思主义社会发展理论、党的三代中央领导集体发展思想以及三大规律认识的丰富和发展，全面梳理党的十七大以来，科学发展观在我国经济社会建设实践中的新发展。

2. 深刻揭示科学发展观的理论价值和实践意义。通过全面梳理和概括党的十七大以来科学发展观的新发展，深刻揭示科学发展观的理论价值和实践意义，坚定不移地高举中国特色社会主义伟大旗帜、走中国特色社会主义发展道路，进一步丰富和发展中国特色社会主义理论体系。

3. 全面理解科学发展观在我国经济社会发展中的历史地位。党的十七大以来科学发展观的新发展，是马克思主义中国化的最新理论成果，丰富和发展了马克思主义社会发展理论和党的三代中央领导集体的发展思想，极大地推进了马克思主义的中国化。科学发展观既是当前我国经济社会发展的重要指导方针，又必然和邓小平理论、“三个代表”重要思想共同成为我们党必须长期坚持的指导思想。

三、主要内容

（一）科学发展观对马克思主义社会发展理论的新贡献

从马克思主义与时俱进的理论品质出发，根据历史与逻辑相统一的方法，在梳理和研究马克思、恩格斯、列宁等经典作家的社会发展理论的基础上，总结科学发展观坚持和运用马克思主义社会发展理论所取得的新成果，提炼科学发展观对马克思主义社会发展理论的新贡献及其时代意义。通过对科学发展观与马克思主义社会发展理论之间的传承与发展关系进行全面分析，揭示科学发展观是马克思主义社会发展理论的最新形态，是与时俱进的开放的理论体系，论证科学发展观是当代中国发展必须长期坚持的指导思想。

1. 科学发展观与国外发展模式的比较创新

通过考察传统农业社会向现代工业社会演进过程中形成的多种发展模式以及传统社会主义苏联发展模式，指出科学发展观结合了中国发展的实际情况，是适合基本国情的发展理论。在国际金融危机暴露出经济全球化条件下资本主义长期积累的深层次矛盾的背景下，中国共产党从宏观战略层面对世界主要发展模式作出了一系列精辟分析和重要判断，从而不断深化着对科学发展的认识。

2. 科学发展观在发展主体思想上对马克思主义社会发展理论的丰富与发展

西方人本主义和中国传统民本思想对于发展主体思想的形成具有重要的意义，为当代发展主体理论提供了丰富的思想源泉。传统发展观由于忽视人在社会发展上的主体性，而使社会发展成为无主体的发展。科学发展观在发展主体思想上的新发展主要体现在以下几个方面：在发展主体的范围上，既强调人的个体、群体、类的统一，又特别突出个人主体的主观能动性；在发展为了人民问题上，更关注主体的各方面需要；在发展主体的能动性上，强调要发挥人民的主人翁精神；在强调发展主体共享发展成果的问题上，更加重视发展主体间的公平正义。

3. 科学发展观在发展本质思想上对马克思主义社会发展理论的丰富与发展

马克思主义唯物史观以生产劳动为基点，揭示了社会发展的最普遍的本质和规律。中国共产党三代中央领导集体从社会运行层面分别阐释了社会发展的本质：毛泽东思想从社会矛盾的角度阐述了社会发展的本质，邓小平理论从社会主义本质论的角度阐述了社会发展的本质，“三个代表”重要思想从党的建设与社会发展的关系的角度反映了社会发展的本质；科学发展观在继承这些有益成果特别是马克思主义关于人的发展理论的基础上，突出社会发展的主体性，阐明了社会发展最深刻本质——社会发展的实质就是人的发展，强调只有能够实现最广大人民的根本利益的社会发展才是真正的发展，将发展本质论推向新的高度。

4. 科学发展观在发展动力思想上对马克思主义社会发展理论的丰富与发展

马克思主义认为，社会基本矛盾、阶级斗争以及科学技术是社会发展的动力。在科学发展观的视域下，化解矛盾、走向和谐共同推动着社会发展，社会主义和谐社会的构建实际上就是一个不断化解矛盾而又不断产生新的矛盾的持续过程；科学技术是第一生产力，在创新型国家建设中发挥推动力；改革开放是决定当代中国命运的关键抉择，是发展中国特色社会主义、实现中华民族伟大复兴的必由之路。

5. 科学发展观在发展目标思想上对马克思主义社会发展理论的丰富与发展

马克思主义认为，社会发展的直接目的是满足社会化的人的需要，社会全面进步是社会发展的总体要求和基本目标，世界整体发展是社会发展的最终结局和实现共产主义的必要途径，人的自由全面发展是社会发展的最高目标和价值取向。科学发展观将马克思主义的发展目标思想在新的时代条件下进一步具体化为全面建成小康社会、建设社会主义和谐社会、走共同富裕的道路、构建和谐世界，等等。

6. 科学发展观在发展保障思想上对马克思主义社会发展理论的丰富与发展

从先进政治制度、先进生产力和先进文化等方面，分析马克思主义经典作家关于发展保障基本思想，认为全面深化改革是科学发展的最重要的动力保障；加强党的建设为推动科学发展提供坚强政治保障，使党的工作和党的建设更加符合科学发展观的要求；转变经济发展方式是深入贯彻落实科学发展观的战略保障。

7. 科学发展观在发展评价思想上对马克思主义社会发展理论的丰富与发展

马克思主义关于社会发展的评价标准是一个由生产力标准、制度标准、人的发展标准构成的多维发展标准评价体系。科学发展观不断拓展社会文明标准，并使社会发展评价标准更加具体化和更具操作性，即以什么为标准来评判中国特色社会主义有没有发展、发展方向是否正确、发展的速度程度是否合理等发展过程中的理论问题与实践问题，对马克思主义发展理论作出了新贡献。

（二）科学发展观对党的三代中央领导集体发展思想的新贡献

党的三代中央领导集体关于发展的重要思想是科学发展观的直接理论来源。本书从理论的视角，以新中国成立以来我国社会主义现代化建设为历史背景，深入阐述中国共产党人在不同历史时期对发展问题的理论思考和实践探索，揭示科学发展观同分别以毛泽东、邓小平、江泽民为核心的党的三代中央领导集体关于发展的重要思想之间的内在关系，阐明党的三代中央领导集体关于发展的重要思想是科学发展观的直接理论来源，而科学发展观是对党的三代中央领导集体关于发展的重要思想的继承与创新。

1. 科学发展的内涵、本质

发展是人类社会永恒的主题，当今世界和中国的发展在取得巨大成就的同时，都面临着一系列严峻的问题。为解决这些问题，人们进行了不懈探索，形成了各种各样的发展观。科学发展观是对人类社会发展规律的深刻把握，是对国内外发展经验的科学总结，是适应新的发展要求的理论自觉。

2. 党的第一代中央领导集体关于发展的重要思想

以毛泽东为核心的党的第一代中央领导集体坚持以马克思主义发展理论为指导，紧密结合中国具体实际，积极探索，勇于实践，形成一系列关于发展的重要思想：不发展就要被开除“球籍”；新中国要有“新政治、新经济、新文化”；发展的目标是实现“四个现代化”；要以农、轻、重为序发展国民经济；要“多快好省”建设社会主义；要“统筹兼顾、适当安排”；要“一切依靠群众，一切为了群众”；等等。虽然在探索过程中经历了严重曲折，但党的第一代中央领导集体在社会主义建设中取得的独创性理论成果和巨大成就，为新的历史时期开创中国特色社会主义新局面提供了宝贵经验、理论准备和物质基础。

3. 党的第二代中央领导集体关于发展的重要思想

以邓小平为核心的党的第二代中央领导集体，深刻总结我国社会主义建设正反两方面的经验教训，站在和平与发展的时代高度，围绕“什么是社会主义、怎样建设社会主义”这个基本问题，提出了一系列关于发展的重要思想，包括发展地位、发展目标、发展战略、发展动力、发展路线、发展方法、发展道路、发展机遇、发展规律、发展主体等，为科学发展观奠定了坚实的理论基础。

4. 党的第三代中央领导集体关于发展的重要思想

自党的十三届四中全会至党的十六大，以江泽民为核心的党的第三代中央领导集体，高举邓小平理论伟大旗帜，在推进社会主义现代化建设实践中，紧紧围绕如何坚持和发展中国特色社会主义这个根本问题，在关于发展地位、发展时机、发展主体、发展动力、发展战略、发展模式、发展目的等方面提出了一系列新观点，并在实践中取得巨大成就，把中国特色社会主义成功推向 21 世纪。

5. 科学发展观是关于发展的科学理论体系

新世纪新阶段，以胡锦涛为主要代表的中国共产党人从党和国家事业发展全局出发，立足社会主义初级阶段基本国情，深入分析我国发展的阶段性特征，认真总结我国发展实践，准确把握世界发展趋势，并积极借鉴国外发展经验，郑重提出科学发展观。本课题在具体分析科学发展观的基本内容、提出依据、践行途径等基础上，对促进和谐发展、维护社会公平正义、坚持和平发展的基本内涵、重要意义、实践要求等进行了具体阐述，指出科学发展观是关于发展的科学理论体系，是中国特色社会主义理论体系最新成果，是指导党和国家全部工作的强大思想武器。

6. 科学发展观和党的三代中央领导集体发展思想的继承与发展关系

分别以毛泽东、邓小平、江泽民为核心的党的三代中央领导集体关于发展的重要思想是科学发展观的直接理论来源。科学发展观在理论基础、发展道路、价值取向、政治保障等方面与党的三代中央领导集体的发展思想是一脉相承的。在新世纪新阶段，科学发展观深刻总结了新中国成立以来的发展经验，紧密结合当今中国的发展实际和世界发展趋势，在发展内涵、发展理念、发展核心、发展要求、发展方法、发展目标等方面又进一步丰富和发展了党的三代中央领导集体关于发展的重要思想，把我们党对社会主义建设规律、共产党执政规律、人类社会发展规律的认识推向了新境界。

（三）十七大以来科学发展观在中国经济社会实践中的新发展

党的十七大对科学发展观进行了系统全面的阐述，明确了科学发展观是我国经济社会发展的重要指导方针。从根本上说，科学发展观的产生源于经济社会发展实践的需要。胡锦涛指出，科学发展观的提出是新世纪新阶段中国特色社会主义实践发展提出的新要求，是在总结长期以来我国经济社会发展实践经验的基础上形成的。新的时代呼唤新的理论，新的理论指导新的实践，新的实践又不断发展理论。党的十七大以来，我们党在运用科学发展观指导当代中国社会发展实践中，不仅极大地推动了中国特色社会主义经济建设、政治建设、文化建设、社会建设与生态文明建设又好又快的发展，取得了巨大的历史性成就；而且在实践中使科学发展观理论自身得到了检验，并在实践中提出一系列新思想、新观点，使科学发展观得到进一步丰富和发展。

1. 十七大以来科学发展观新发展的历程与理论审视

十七大以来，以胡锦涛为总书记的党中央准确把握国际形势和世界发展趋势发生的深刻变化，适应十七大提出的全面建设小康社会、加快推进社会主义现代化的新要求，紧紧围绕新世纪新阶段继续推进中国特色社会主义事业发展这个主题，立足于研究新情况、解决新问题，着眼于丰富发展内涵、创新发展观念、拓展发展思路、破解发展难题，在经济、政治、文化、社会和生态文明建设的实践中进一步回答了实现什么样的发展、怎样发展等重大理论问题，赋予马克思主义发展理论以新的时代内涵和时代要求，使科学发展观得到了进一步的丰富和发展。分析十七大以来科学发展观新发展的基本条件和历史进程，并从理论上作出全面概括，有助于从整体上准确把握科学发展的理论体系。

2. 科学发展观在经济建设实践中的新发展

党的十七大报告全面论述了科学发展观的理论基础、精神实质，阐述了科学发展观在我国经济社会发展中的重要战略地位，指出科学发展观是“我国经济社会发展的重要指导方针，是发展中国特色社会主义必须坚持和贯彻的重大战略思想”。十七大以来，随着国际国内发展环境的不断变化，科学发展观在指导我国经济建设的实践中得到了检验、丰富和发展，科学发展观的理论基础更加扎实、内涵更加丰富、体系更加完整。

3. 科学发展观在政治建设实践中的新发展

十七大以来，面对国内外政治环境的复杂变化和各种重大风险挑战，我们党团结带领全国各族人民，紧紧抓住发展这个党执政兴国的第一要务，深入贯彻落实“以人为本”的科学发展观，有效应对各种政治风险的严峻考验，充分发挥社会主义政治制度的优势。在科学发展观的指导下，我国政治建设取得了许多新成就，中国特色社会主义民主政治制度建设不断完善，行政体制改革不断深入，基层民主政治建设不断推进。同时，科学发展观在指导我国政治建设的实践中，其理论自身也得到了新的发展，从而丰富了马克思主义民主政治建设理论。

4. 科学发展观在文化建设实践中的新发展

文化是一个民族的根、一个民族的魂，是民族凝聚力和创造力的重要源泉。党的十七大报告以“推动社会主义文化大发展大繁荣”为题，阐述了文化的战略地位，指出了社会主义文化建设的功能和作用，部署了今后一段时期的社会主义文化建设的主要任务。这是以胡锦涛为代表的中国共产党人，提出、强调并践行文化科学发展的纲领性文件，是对我们党关于文化建设理论的坚持、运用和发展。党的十七大以来，在科学发展观的指导下，党中央立足中华民族文化的现实，科学应对世界文化发展的新情况和新问题，中国特色社会主义文化发展的理论与实践取得丰硕成果。中国特色社会主义文化发展成就既是在科学发展观指导下取得的，同时又推动了科学发展观在文化领域的新发展。

5. 科学发展观在社会建设实践中的新发展

党的十六届四中全会正式提出“社会建设”以来，中国特色社会主义建设的总体布局由原来的经济建设、政治建设、文化建设的三位一体，变为包括社会建设在内的四位一体新格局。党的十七大报告首次以“加快推进以改善民生为重点的社会建设”为题，对“社会建设”进行了系统论述，“社会建设”日益成为中国特色社会主义建设总体布局的重要方面。十七大以来，社会建设坚持以人为本、以民生为核心、以加强和创新社会管理为基础，在各个领域都取得了巨大的成就。同时，十七大以来我国社会建设的新进展，以其新的思想、新理念、新判断、新成果推动了科学发展观在社会建设领域获得新发展。

6. 科学发展观在生态文明建设实践中的新发展

面对经济发展过程中不断出现的新问题、新情况，党的十七大报告明确提出了“生态文明”的战略任务，十七届三中全会进一步提出将“生态文明建设”与经济建设、政治建设、文化建设和社会建设并列为五大建设，十八大正式提出“五位一体”的中国特色社会主义建设事业总体布局。“生态文明建设”主题的提出与发展，说明科学发展观在理论深化与实践探索中有了进一步丰富和发展。科学发展观在生态文明建设上的实践既是对科学发展理念的现实检验，又为科学发展观本身进一步丰富与发展提供了现实基础。

（四）科学发展观对三大规律认识的丰富和发展

唯物史观认为，人类社会发展遵循着一定客观规律，人们可以按照客观规律的要求选择正确的社会发展道路和发展方式。实践证明，我们党不断深化对人类社会发展规律、社会主义建设规律和党的执政规律的认识是中国现代化建设事业不断取得胜利的根本保证。党的三代中央领导集体坚持以马克思主义为指导，以中国社会主义革命和建设为实践舞台，对人类社会发展规律、社会主义建设规律和党的执政规律进行了艰辛探索，把对三大规律的认识提到新水平。科学发展观是新的历史条件下以胡锦涛为总书记的党中央对三大规律认识的最新成果。科学发展观由发展目的论、发展中心论、发展整体论、发展协调论、发展持续论、发展动力论等一系列相互联系的基本观点构成的科学思想体系，把对三大规律的认知引向新境界。科学发展观所包含的科学发展、和谐发展、和平发展理论，将三大规律有机结合起来，形成一个系统整体，创新和发展了马克思主义发展观。在科学发展观指导下，中国道路、中国模式、中国经验的成功探索，有力彰显了中国共产党人认识规律、把握规律、运用规律的实践精神。

1. 科学发展观丰富发展了党的执政规律的认识

在党的三代中央领导集体对党的执政规律探索成果的基础上，以胡锦涛为总书记的党中央紧密结合治国理政实践，围绕“建设什么样的党、怎样建设党”这个重大课题，继续进行探索，在执政目的、执政本质、执政阶段性任务和要求、执政环境和考验、提高党的建设的科学化水平等方面进一步深化了对共产党执政规律的认识。“在社会主义国家，一个真正的马克思主义政党在执政以后，一定要致力于发展生产力，并在这个基础上逐步提高人民的生活水平。”① 胡锦涛进一步指出，“全心全意为人民服务是党的根本宗旨，党的一切奋斗和工作都是为了造福人民”“做到发展为了人民、发展依靠人民、发展成果由人民共享”②。这些观点阐明了马克思主义政党执政的目的不仅要通过发展生产力来满足人民日益增长的物质与文化需要，而且要真正做到让所有人共享发展成果，并最终实现人的自由而全面发展，充分体现出我们党对共产党执政的本质与目的认识的深化。

党的十七大指出，“必须把发展作为党执政兴国第一要务”、“必须把提高党的执政能力、保持和发展党的先进性，体现到领导科学发展、促进社会和谐上来，落实到引领中国发展进步、更好代表和实现最广大人民的根本利益上来，为科学发展提供可靠的执政和组织保障”，这不仅阐明了社会发展对党执政的根本要求和根本任务，而且进一步指明了现阶段党执政的具体要求和具体任务，体现了对共产党执政的要求和任务认识的深化。正是在对党执政的目的、现阶段执政的任务、执政的要求认识深化的基础上，对新形势下加强党的自身建设的重要性、紧迫性，以及加强党自身建设的科学方法等方面有了全新的认识。党的十七届四中全会指出，一个党过去先进不等于现在先进，现在先进不等于永远先进；党的领导核心地位不是一劳永逸的，过去拥有不等于现在拥有，现在拥有不等于永远拥有。面对当今世界正在发生的广泛而深刻的变化，面对当代中国正在发生

① 《邓小平文选》第3卷，人民出版社1993年版，第28页。

② 《十七大以来重要文献选编》(上)，中央文献出版社2009年版，第12页。

的广泛而深刻的变革，党的建设正面临着许多前所未有的新课题新考验，管党治党的任务比过去任何时候都更为繁重和艰巨，党面临的执政考验、改革开放考验、市场经济考验将是长期的、持续的，也是复杂的、严峻的。为此，我们党及时提出新时期要以改革创新的精神加强党的建设，建设马克思主义学习型政党，提高党的建设科学化水平，推动党的建设创新，形成了作为马克思主义执政党加强自身建设的基本经验，充分体现了我们党抵御风险能力、应对挑战能力的提高，进一步体现了我们党与时俱进、始终保持党的先进性的高度自觉。

2. 科学发展观丰富发展了社会主义建设规律的认识

马克思指出，人的全面发展与社会的全面发展相辅相成、相互促进，社会的发展成果最终体现为人的全面发展。科学发展观把坚持以人为本作为核心理念，对“为谁发展”和“靠谁发展”作出了新的科学回答，进一步深刻阐明社会主义建设的根本动力和根本宗旨，集中体现了社会主义社会发展与人的发展相互促进的客观规律。社会的全面发展是在生产力和生产关系、经济基础和上层建筑的矛盾运动中实现的，人类社会中人与人、人与社会、人与自然以及社会各个因素、各个领域、各个方面都存在着普遍联系、相互影响的关系。因此，必须注意社会各要素和各领域之间协调、均衡和全面发展。科学发展观在深刻总结国内外发展的经验教训、基本规律以及积极吸收世界各国文明发展理念的基础上，明确把全面发展作为我国经济社会发展必须遵循的准则和根本要求，创造性回答了实现“什么样的发展”，丰富和发展了社会主义社会全面发展的根本规律。社会主义社会必须协调平衡社会各阶层利益关系，妥善解决人民利益矛盾，保持社会稳定和谐。科学发展观提出必须遵循社会主义社会利益规律的内在要求，必须统筹兼顾，采取切实措施实现好、发展好广大人民的根本利益，解决好各种利益矛盾。可见，科学发展观和社会和谐是内在统一的关系，这深化了社会主义的本质认识。马克思认为人的解放只能是在对自然规律认识的基础上，通过调整人的社会存在属性与积极顺应自然才能实现。科学发展观明确地提出了建设社会主义生态文明的根本要求，是对社会主义现代化建设规律认识的新飞跃，深刻揭示了人与自然协调发展的基本规律。

3. 科学发展观丰富发展了人类社会发展规律的认识

以胡锦涛为总书记的党中央坚持和运用马克思主义的立场、观点和方法，考察和分析新时期世界经济社会发展进程中的新变化，正视世界文明的差异性以及世界不同文明的交流与共同发展，不断汲取和借鉴人类社会发展的共同文明成果，倡导走科学发展、和谐发展、和平发展之路，围绕人类社会发展的终极价值目标、人类社会主体的活动和地位、人类社会发展道路和发展模式的多样性、人的发展和社会发展及自然生态发展之间的关系、社会整体的有机联系和内在作用、人类文明发展的丰富性多样性、当代社会主义和资本主义的关系等问题，提出一系列新思想新观点，将人类社会发展规律的认识引向新境界。

中国特色社会主义的成功实践充分验证了科学发展观丰富和发展了对人类社会发展规律的认识。中国特色社会主义的目标是建设富强、民主、文明、和谐的社会主义现代化国家，在本质上代表了人类社会文明进步的方向，中国特色社会主义的成功实践，使这种符合人类社会发展规律的现代化进程，得到了实践的验证。中国特色社会主义的成功实践，其根本之处就在于顺应了人类社会发展规律，引领了社会发展趋势，推动了社会进步。中国特色社会主义的发展道路和发展理念不仅彰显了社会主义这一社会制度的强大生命力和优越性，也再次证明了人类社会发展的丰富性和人类文明的多样性，每个民族都有权利从自身的实际出发，选择适合本国国情的社会制度和发展道路。科学发展观指导下的中国经验、中国道路，既为人类解决当代的发展问题提供了新借鉴和新思路，也为人类社会发展规律的认识增添了新内容和新思想。

第四节 研究的基本思路与研究方法

一、基本思路

本书围绕着十七大以来科学发展观的新发展，努力从科学角度深入研究科学发展观。在研究时遵循如下三个思考逻辑：科学发展观既来源于实践，又反过来指导实践，并在实践中得到理论自身的丰富和发展；科学发展观既依据马克思主义社会发展理论与党的三代中央领导集体的发展思想，又丰富和发展了马克思主义社会发展理论与党的三代中央领导集体的发展思想；科学发展观既遵循共产党执政规律、社会主义建设规律、人类社会发展规律这三大规律，又在实践中丰富和发展了三大规律。从这一逻辑出发，本书将系统研究四个问题：十七大以来科学发展观在指导当代中国经济社会发展的新实践中如何实现自身的理论创新？即从马克思主义真理发展规律的维度论述科学发展观在指导中国经济建设、政治建设、文化建设、社会建设、生态文明建设的过程中提出了哪些新观点、新成果；十七大以来科学发展观在哪些方面丰富和发展了马克思主义社会发展理论？即从马克思主义与时俱进的理论品质论述科学发展观坚持和运用马克思主义社会发展理论取得了哪些新成果、新贡献；十七大以来科学发展观在哪些方面丰富和发展了党的三代中央领导集体关于发展的思想？即科学发展观在哪些方面与党的三代中央领导集体的发展思想一脉相承，又在哪些方面与时俱进地提出了新观点、新贡献；十七大以来科学发展观怎样体现了对三大规律认识的丰富和发展？即科学发展观对共产党执政规律、社会主义建设规律、人类社会发展规律有哪些创新性认识。按照这个基本思路进行深入研究，由此得出必然的结论，即科学发展观是马克思主义中国化的最新形态，是中国特色社会主义理论体系的最新成果，是发展中国特色社会主义伟大事业必须长期坚持的指导思想。

二、主要创新点和特色

（一）本书的立论新颖

这主要体现在研究的整体设计和研究思路、内容结构的安排上。本书的创新之处首先表现在我们将党的十七大以来科学发展观的新发展抽象为四个方面，每个方面的内容又单独成书。通过对这四个方面内容的研究和论证来彰显科学发展观理论发展的新成果。四方面内容之间既相互独立，又有着内在的逻辑联系。这种逻辑联系体现在科学发展观“一脉相承、与时俱进”的理论品格，具体体现为马克思主义社会发展理论是科学发展观的理论基础；党的三代中央领导集体的发展思想是科学发展观的直接理论来源；科学发展观是当今中国经济社会发展新实践的理论抽象；科学发展观进一步丰富和发展了我们党对三大规律的认识等四个方面。

（二）本书的研究视角新颖

从理论、实践与规律的多维度视角，全面梳理、阐释和概括党的十七大以来科学发展观新发展的主要表现，揭示出科学发展观在我国经济、社会、政治、文化和生态文明建设实践中如何得到新的丰富和发展，科学发展观如何丰富和发展了马克思主义社会发展理论、如何丰富和发展了党的三代中央领导集体的发展思想、如何丰富和发展了我们党对三大规律的认识。在对理论、实践与规律的审视中，进一步揭示出科学发展观既是当代中国经济社会发展的重要指导方针，又必然和邓小平理论和“三个代表”重要思想一样，成为中国特色社会主义建设必须长期坚持和贯彻的指导思想。

（三）本书的研究路径新颖

本书的研究既遵循于历史，又立足于现实、着眼于未来，具有鲜明的现实性和突出的时代性。从历史演进的维度看，党的十七大以来科学发展观丰富和发展了马克思主义社会发展理论和党的三代中央领导集体的发展思想；从现实推动的维度看，党的十七大以来科学发展观在我国政治、经济、社会、文化和生态文明建设等各个领域得到广泛实践，成为当代中国经济社会发展的重要指导方针；从未来发展的维度看，党的十七大以来科学发展观的新发展，不仅深化和丰富了我们党对三大规律的认识，也充分体现了科学发展观是一个内涵丰富而又开放的理论体系。

三、研究方法

（一）理论与实际相统一的方法

在进行文本解读、概念诠释和经验总结的基础上，着眼于科学发展观指导当代中国社会发展的新实践，系统梳理十七大以来科学发展观在理论创新方面的新成果、新贡献，深刻揭示科学发展观的科学特征，既对科学发展观理论的新发展进行学理探讨，又对其指导中国特色社会主义的具体实践进行深入分析。

（二）历史与逻辑相统一的方法

从对科学发展观对马克思主义社会发展理论及党的三代中央领导集体关于发展思想的继承和发展的理论梳理，揭示科学发展观既与马克思主义社会发展理论及党的三代中央领导集体关于发展思想一脉相承，又体现了其与时俱进的理论品质，是一个完全符合真理发展规律的客观历史过程。

（三）事实分析与价值分析相统一的方法

立足于十七大以来我国经济社会发展取得的新成就，揭示科学发展观这一马克思主义中国化最新成果的理论价值和实践意义，是发展中国特色社会主义必须长期坚持和贯彻的指导思想。

（四）比较分析与综合分析相统一的方法

将科学发展观的研究置于十七大以来的新发展这一论阈，既分而述之，又综合归纳。既分别阐述科学发展观对马克思主义社会发展理论与党的三代中央领导集体发展思想的继承发展，又综合分析了科学发展观是当代马克思主义中国化的最新成果；既分别阐述科学发展观在中国特色社会主义实践中的具体运用，又综合分析了科学发展观在实践中对自身的丰富与发展；既分别阐述我们对共产党执政规律、社会主义建设规律、人类社会发展规律的新实践、新探索，又综合分析了十七大以来科学发展观对这三大规律认识的不断深化。

第二章　科学发展观与马克思主义社会发展理论

马克思主义是科学的思想理论体系，社会发展理论是其重要的组成部分。科学发展观是马克思主义关于发展的世界观和方法论的集中体现，是我国经济社会发展的重要指导方针，是发展中国特色社会主义必须坚持和贯彻的重大战略思想。全面梳理马克思主义社会发展理论的科学内容，深刻把握科学发展观对马克思主义社会发展理论的坚持、继承和发展关系，对于进一步认识科学发展观的理论基础和精神实质，增强贯彻落实科学发展观的自觉性和坚定性，从而引领科学社会主义在当代中国的新实践，无疑有着十分重要的意义。

第一节　马克思主义社会发展理论的基本内容

马克思主义社会发展理论是科学发展观的理论基础和思想源泉。马克思主义作为科学的理论体系，在本质上是关于社会与人发展的学说。马克思主义社会发展理论有着十分丰富的内容，深刻把握这些基本内容对于正确认识和贯彻科学发展观具有重要的理论价值。

一、马克思主义本质上是关于社会与人的发展的学说

马克思主义是一个内容丰富的科学理论体系。一般认为，马克思主义的理论内容由哲学、政治经济学和科学社会主义三部分组成。马克思主义

阐明了发展的世界观和方法论，揭示了人类社会发展的客观规律，确立并追求人的全面发展的最高理想。可以说，马克思主义本质上是关于社会与人发展的学说。

辩证唯物主义从哲学上阐明了发展学说，提供了关于发展概念的总体性理解和最一般规律。马克思恩格斯创立的唯物辩证法认为，世界是物质的，物质是运动变化的。发展是在运动、变化的基础上进一步揭示物质世界运动的整体趋势和方向性的范畴，反映着事物由一种质态向另一种质态的飞跃，或从一种运动形式中产生另一种运动形式的过程。发展范畴从总体上概括了世界由低级到高级、由简单到复杂、由无序到有序的前进运动。唯物辩证法研究并揭示了自然、社会和思维发展的一般规律，其中基本规律有三：对立统一规律揭示了事物发展的源泉、动力和实质内容，“它提供理解一切现存事物的‘自己运动’的钥匙”①，是人们认识世界和改造世界的根本原则；质量互变规律揭示了事物变化发展的状态和形式，一切事物的变化发展都表现为由量变到质变和由质变到量变的质量互变过程；否定之否定规律揭示了事物变化发展的趋势和道路，一切事物的发展都是前进性和曲折性、上升性和回复性的统一，呈螺旋式上升趋势。列宁曾经指出，唯物辩证法是“最完备最深刻最无片面性的关于发展的学说”②，是马克思主义中具有决定意义的东西。这一学说是“马克思主义的活的灵魂”③、是“它的根本的理论基础”④。

唯物辩证法为我们提供了理解一般意义上的发展范畴以世界观和方法论的指导，但马克思主义并不意于建立一个形而上学的哲学体系，其伟大创新之处在于把唯物辩证法运用和贯彻到社会历史领域，为人类社会与人的发展探寻正确的出路。马克思恩格斯创立了唯物史观，揭示了人类社会发展的本质及其规律。马克思指出：“社会不是由个人构成，而是表示这

---

① 《列宁专题文集·论辩证唯物主义和历史唯物主义》，人民出版社 2009 年版，第 149 页。

② 《列宁专题文集·论马克思主义》，人民出版社 2009 年版，第 68 页。

③ 《列宁专题文集·论马克思主义》，人民出版社 2009 年版，第 293 页。

④ 《列宁专题文集·论马克思主义》，人民出版社 2009 年版，第 157 页。

些个人彼此发生的那些联系和关系的总和。"[1] 这些关系包括经济关系、政治关系、思想关系等多个方面，其中生产关系是基础。"生产关系总合起来就构成所谓社会关系，构成所谓社会。"[2] "每一个社会中的生产关系都形成一个统一的整体。"[3] 马克思主义把社会看作是由人组成的相互联系、相互作用的有机整体，是由多要素组成的、处在不断发展变化中的复杂系统。其中，物质生活的生产方式制约着整个社会生活、政治生活和精神生活的过程。在此基础上，马克思阐明了社会历史发展的一些最基本观点，包括社会历史的前提与基础、社会生活的本质、社会发展与人的活动、社会发展中的主客体关系、社会发展的动力、社会发展的内在矛盾及其运动规律、社会形态的划分与演进等等。恩格斯曾经指出，唯物史观就是"关于现实的人及其历史发展的科学"[4]。

马克思把唯物辩证法的三大规律彻底地贯彻和运用到社会历史领域，揭示了社会历史发展的客观规律。根据对立统一规律，马克思揭示了社会发展的根本动力在于社会基本矛盾，即生产力和生产关系、经济基础和上层建筑的矛盾运动，阶级社会发展的直接动力是阶级斗争，此外，改革、社会革命、科学技术和社会交往等都是社会发展的动力；根据质量互变规律，马克思揭示了社会从量变到质变再到新的量变的发展状态和形式，提出了五种社会形态划分法和三种社会形态划分法，并阐明了两者间的内在联系；根据否定之否定规律，马克思揭示了社会历史发展的演进规律，阐明了社会进步是人类历史进程的总趋势，揭示了社会发展过程的决定性和选择性、社会发展道路的统一性和多样性等。

马克思主义不仅在科学层面探究人类社会发展的规律，而且在价值层面始终深切关注人的发展，关注全人类的前途和命运。马克思恩格斯把人的发展问题提到了重要地位，科学论述了人的全面发展的必然性及其对于社会发展的重要意义。恩格斯指出："不言而喻，要不是每一个人都得到

① 《马克思恩格斯全集》第30卷，人民出版社1995年版，第221页。
② 《马克思恩格斯文集》第1卷，人民出版社2009年版，第724页。
③ 《马克思恩格斯文集》第1卷，人民出版社2009年版，第603页。
④ 《马克思恩格斯文集》第4卷，人民出版社2009年版，第295页。

解放，社会也不能得到解放。”① 在他们看来，社会发展的核心是人的发展，离开了人的发展就谈不上社会的发展，人的发展与社会发展是有机统一的。针对资本主义私有制社会所造成的人的片面、畸形的发展，马克思主义强调，未来共产主义社会的基本特征就是要实现人的全面发展，也就是符合人的本质和需要的发展，就是让每个人的创造能力和价值得到充分的体现。追求人类彻底解放，实现人的自由全面发展，是马克思恩格斯终生奋斗的社会理想。他们把人的全面发展作为社会发展的核心和最高目标，创立了人的全面发展学说，成为科学社会主义理论的精髓所在。

辩证唯物主义和历史唯物主义是马克思主义全部理论的基础和核心内容。马克思主义把发展提到了宇宙观这样最根本的理论高度，揭示了自然界发展、社会历史发展和人的发展的本质和规律。可以说，马克思主义就是以研究人类社会发展为主题的理论体系，其在本质上是关于社会与人发展的学说。

二、马克思主义社会发展理论的主要内容

马克思主义社会发展理论的内容十分丰富，学术界对此多有研究，并从不同的角度对其内容构成作出了不同的归纳和理解。② 我们认为，马克思主义社会发展理论的内容可以从以下三个层面加以归纳和分析。

（一）对社会历史发展规律的深刻揭示

马克思主义社会发展理论的重要组成部分，就是从唯物史观的角度深刻揭示了人类社会历史发展的客观规律，为人们正确认识社会历史及其发展确立了正确的方法论。

1. 社会历史发展有着不以人的意志为转移的客观规律

马克思恩格斯创立的唯物史观认为，社会是人的社会，人是社会历史活动的主体。虽然参与社会历史活动的都是有意识、有目的的活生生的人，但对于多数人来说这些目的都不能如愿以偿，这说明社会历史发展的

---

① 《马克思恩格斯文集》第 9 卷，人民出版社 2009 年版，第 310 页。

② 本书所指的马克思主义社会发展理论是指马克思恩格斯创立的关于社会发展的学说。

过程和结果既不取决于个人意志，又不取决于某个阶级或集团的意志，而是受到隐藏在人们意识和目的背后的客观动因的支配。以往的唯心主义思想家在认识社会历史现象时，或者只看到参与社会活动中的人的思想动机，而不去探究他们思想动机背后的动因；或者拔高历史发展过程中偶然性的作用，而过分夸大了人们主观动机的作用，这都是十分错误的。恩格斯指出："历史进程是受内在的一般规律支配的。""历史事件似乎总的说来是由偶然性支配着的。但是，在表面上是由偶然性起作用的地方，这种偶然性始终是受内部的隐蔽着的规律支配的，而问题只是在于发现这些规律"①。这就是说，社会历史发展有着自身的客观规律，这些规律是不能违背的，而且是可以认识的。这也是马克思主义社会发展理论创立的重要认识前提。

2. 社会经济形态的发展是一种自然历史过程，人类社会历史的发展是社会基本矛盾运动的必然结果

唯物史观揭示了社会矛盾运动的规律：生产力与生产关系的矛盾、经济基础与上层建筑的矛盾构成了人类社会的基本矛盾，生产关系一定要适应生产力状况，经济基础一定要符合上层建筑发展要求，是社会基本矛盾运动的客观规律，成为推动人类社会发展的根本动力。人类社会的历史归根到底就是社会基本矛盾运动的历史。据此，人类社会的发展归根到底体现为社会经济形态的演进。马克思提出了一个著名的论断："社会经济形态的发展是一种自然历史过程。不管个人在主观上怎样超脱各种关系，他在社会意义上总是这些关系的产物。"② 从社会经济形态发展上看，人类社会要经历原始社会、奴隶社会、封建社会、资本主义社会、社会主义社会和共产主义社会五种社会经济形态，每种社会经济形态都代表着与生产力发展相适应的某一特定社会历史阶段。

3. 人类社会发展是由低级到高级，由片面到全面的发展过程

马克思恩格斯考察了人类社会的发展历史，把人类社会的漫长历史发

---

① 《马克思恩格斯文集》第 4 卷，人民出版社 2009 年版，第 302 页。
② 《马克思恩格斯全集》第 23 卷，人民出版社 1972 年版，第 12 页。

展概括为三个阶段：第一阶段的特征是自然经济与人对人的依赖关系，包括原始社会、奴隶社会和封建社会；第二阶段的特征是商品经济与人对物的依附关系，专指资本主义社会；第三阶段的特征是产品经济和自由人的联合体，是指社会主义和共产主义社会。他们认为，前两个阶段中人与社会都是片面发展的，只有到了第三阶段人与社会才能得到自由和全面的发展。恩格斯在《家庭、私有制和国家的起源》一书中，把人类文明史的发展划分为蒙昧时代、野蛮时代与文明时代三个阶段，[①] 与马克思依据经济类型和人与人的关系把社会经济形态的发展划分为三个阶段是正相对应的。马克思主义认为，人类社会最终都将向未来人类文明时代迈进，最终走向共产主义这一人与社会全面发展的时代。

4. 社会历史发展结果是各种因素相互作用的历史合力的产物

参与社会历史活动的个人都是有自觉意志的自主活动，但社会历史发展的最后结果却是不以个人的意志为转移，而是无数相互交错力量共同作用的产物。恩格斯提出了著名的社会历史发展合力论。他指出，“历史是这样创造的：最终的结果总是从许多单个的意志的相互冲突中产生出来的，而其中每一个意志，又是由于许多特殊的生活条件，才成为它所成为的那样。这样就有无数互相交错的力量，有无数个力的平行四边形，由此就产生出一个合力，即历史结果”[②]。这是恩格斯晚年揭示的一个非常重要的社会历史发展规律，是对唯物史观的补充和重要发展。历史合力论强调由主体选择性和客观规律性组成的“总的合力”是决定社会历史发展的支配力量，高度重视人的因素在社会历史发展中的作用，每个人都对社会发展作出了各自独特的历史贡献。这既坚持和丰富了唯物史观关于人民群众是历史的创造者的基本原理，又充分体现了历史发展的辩证法，具有重要的认识方法论意义。这个规律是我们观察和分析复杂社会历史现象的锐利思想武器。[③]

（二）对人类社会价值理想的准确把握

人类社会历史的发展既是合规律性的过程，也是合目的性的过程，是

---

① 参见《马克思恩格斯文集》第 4 卷，人民出版社 2009 年版，第 32 页。

② 《马克思恩格斯文集》第 10 卷，人民出版社 2009 年版，第 592 页。

③ 参见严书翰：《科学发展观与马克思主义社会发展理论》，《中国井冈山干部学院学报》2013 年第 3 期。

合规律性和合目的性的辩证统一。马克思主义社会发展理论，既科学地揭示了人类社会发展的客观规律，又正确把握了人类社会发展的价值追求，从而为人类社会发展指引了正确方向。

1. 人的自由全面发展是社会发展的最高价值理想

马克思主义不仅揭示了人类社会由低级阶段向高级阶段不断演进的客观规律，而且阐明了未来社会的发展趋势和价值理想。马克思恩格斯认为，未来社会将是“以每一个个人的全面而自由的发展为基本原则的社会形式”①，他们将之称为“自由人联合体”②。认为“代替那存在着阶级和阶级对立的资产阶级旧社会的，将是这样一个联合体，在那里，每个人的自由发展是一切人的自由发展的条件。”③ 人的自由全面发展是马克思恩格斯设想的未来共产主义的本质规定，是社会发展的最高价值理想。只有在共产主义社会中，“个人才能获得全面发展其才能的手段”，“才可能有个人自由”④ 对此，胡锦涛作了明确的概括：“实现物质财富极大丰富、人民精神境界极大提高、每个人自由而全面发展的共产主义社会，是马克思主义最崇高的社会理想。”⑤ 这一价值理想反映了人类社会发展从必然王国向自由王国的飞跃，代表了人类社会未来的发展趋势和理想状态。马克思恩格斯关于人的全面发展学说在马克思主义理论体系中占有十分重要的地位，它所确立的社会理想具有强大的价值引领作用，为马克思主义者的一切奋斗指明了正确方向。

2. 实现最大多数人的利益是推进社会发展的根本价值目标

马克思主义是维护和发展无产阶级和广大劳动人民根本利益的学说。马克思主义社会发展理论不仅高度重视人民群众在社会历史发展中的作用，而且站在人民群众的立场上，强调努力实现和维护最广大人民群众的根本利益。在《共产党宣言》中，马克思恩格斯明确指出：“过去的一切运动都

① 《马克思恩格斯文集》第 5 卷，人民出版社 2009 年版，第 683 页。
② 《马克思恩格斯文集》第 5 卷，人民出版社 2009 年版，第 96 页。
③ 《马克思恩格斯文集》第 10 卷，人民出版社 2009 年版，第 666 页。
④ 《马克思恩格斯文集》第 1 卷，人民出版社 2009 年版，第 571 页。
⑤ 《十六大以来重要文献选编》（上），中央文献出版社 2005 年版，第 363 页。

是少数人的，或者为少数人谋利益的运动。无产阶级的运动是绝大多数人的、为绝大多数人谋利益的独立的运动。”① 马克思主义认为，人民群众的利益、意志、愿望和要求，从根本上体现了社会发展的方向。在人类社会发展中，一切进步思想和力量都必须坚定地依靠人民群众，发挥人民群众的主体作用，并真正代表和实现人民群众的根本利益。因此，“马克思主义政党的一切理论和奋斗都应致力于实现最广大人民的根本利益，这是马克思主义最鲜明的政治立场。”② 共产党人的使命就是要站在人民群众的立场，在推进社会历史前进中努力维护和发展无产阶级和广大劳动人民的根本利益。

3. 保持人与自然界的和谐关系是社会发展的重要价值准则

马克思主义社会发展理论的一个闪光思想，就是强调要努力保持人与自然界的和谐关系。在马克思恩格斯看来，人本身是自然界的一部分，自然界是人活动的产物，是“人化”的自然。人们在从事物质生产、改造自然的同时，又创造和改造着自己的社会关系。“一切生产都是个人在一定社会形式中并借这种社会形式而进行的对自然的占有。”③ 因此，人与自然是紧密联系的统一体，人类改造自然界的过程也就是人类社会形成和发展的过程。同时，人与自然又是相互制约的，“人创造环境，同样，环境也创造人”④。人对自然的改造可能带来不利于人类生存的负面影响，为此必须坚持人与自然协调发展。马克思指出，人们要“合理地调节他们和自然之间的物质变换，把它置于他们的共同控制之下，而不让它作为一种盲目的力量来统治自己；靠消耗最小的力量，在最无愧于和最适合于他们的人类本性的条件下来进行这种物质变换。”⑤ 恩格斯告诫人们说：“我们不要过分陶醉于我们人类对自然界的胜利。对于每一次这样的胜利，自然界都对我们进行报复。每一次胜利，起初确实取得了我们预期的结果，但是往后和再往后却发生完全不同的、出乎预料的影响，常常把最

---

① 《马克思恩格斯文集》第 2 卷，人民出版社 2009 年版，第 42 页。
② 《十六大以来重要文献选编》（上），中央文献出版社 2005 年版，第 364 页。
③ 《马克思恩格斯文集》第 8 卷，人民出版社 2009 年版，第 11 页。
④ 《马克思恩格斯文集》第 1 卷，人民出版社 2009 年版，第 545 页。
⑤ 《马克思恩格斯文集》第 7 卷，人民出版社 2009 年版，第 928 页。

初的结果又消除了。"[①] 总之，马克思主义认为，人类与自然界的关系决不是征服者与被征服者的关系，应该是和谐相处的关系。努力保持人与自然界的和谐关系，既是人类社会发展的一个重要规律，又是人类追求美好理想社会必须始终遵循的价值准则。

（三）对社会历史进程及作用因素的精辟论述

马克思主义社会发展理论的内容极其丰富。除了上述对人类社会发展规律的揭示和对人类价值理想的把握之外，马克思恩格斯还对社会发展的历史进程作过深入考察，对于社会历史发展中的作用因素作过深入研究，留下了许多精辟的论述。这些思想、观点、学说是马克思主义社会发展理论的有机组成部分，同样具有重要的指导意义。

1. 生产力是一切社会发展的决定因素

马克思主义认为，人类社会是以生产方式为基础的各种社会关系和社会要素互相制约、有机联系构成的整体。"社会是一切关系在其中同时存在而又相互依存的社会机体。"[②] 这些关系包括经济关系、政治关系、思想关系等。人们之间的经济交往和政治交往等关系的规范化，构成了社会的经济制度和政治制度、思想制度等，它们又构成了相对稳定的社会结构。社会总的系统中的各个环节是相互依存又密切联系的，不能"把社会体系的各个环节割裂开来"[③]。在这些社会结构中，生产力、生产关系和上层建筑是三个主要的因素，其中生产力起着最终决定作用。因为生产力是最活跃的因素，它决定着生产关系的发展水平，生产关系又反过来影响着生产力发展，而上层建筑也要不断地变化，以适应生产力、生产关系的发展。因此，生产力是推动社会发展的最根本动力。马克思主义主张，社会历史的发展，必须以生产力的发展为中心，不断解放和发展生产力，才能为社会全面进步和人的全面发展奠定坚实的物质基础。

2. 科学技术在社会历史发展中具有革命性作用

马克思恩格斯高度评价科学技术在社会历史进程中的巨大作用。在谈

---

① 《马克思恩格斯文集》第 9 卷，人民出版社 2009 年版，第 559 页。
② 《马克思恩格斯文集》第 1 卷，人民出版社 2009 年版，第 604 页。
③ 《马克思恩格斯文集》第 1 卷，人民出版社 2009 年版，第 603 页。

到资本主义发展的历史条件时，马克思提出了一个著名的论断："生产力中也包括科学。"① 马克思指出："手推磨产生的是以封建主为首的社会，蒸汽磨产生的是工业资本家为首的社会。"② 在他们看来，在推动人类社会由传统社会向现代社会发展的诸因素中，科学技术是最高意义上的革命力量。马克思恩格斯关于科学技术是推动人类社会历史发展尤其是推动封建社会向资本主义社会发展的巨大杠杆的思想，不但令与他们同时代的一些先进思想家难以接受，而且在 20 世纪五六十年代一度也被社会主义国家的共产党人所忽略。充分认识马克思恩格斯这方面的卓越思想具有重大的理论意义和实践意义。

3. 阶级斗争是阶级社会发展的直接动力

马克思认为，在阶级社会里，社会基本矛盾表现为阶级矛盾。生产关系的新陈代谢、上层建筑的新旧更替、社会基本矛盾运动等等这一系列矛盾的解决，必然表现为先进阶级与落后阶级之间的对抗。物质资料的生产并不能自发变革以生产关系为基础的社会形态，生产力的发展也无法自觉改变旧有的生产关系。生产力和生产关系、经济基础和上层建筑之间的矛盾不断激化，落后腐朽的统治阶级所固守的上层建筑严重束缚生产力的进一步发展时，就需要代表新的进步生产力的阶级开展自发到自觉的阶级斗争，打倒或者推翻代表旧的生产关系的反动阶级的统治，建立起新的生产关系和上层建筑。这样，阶级斗争就成为阶级社会前进的推动力量，而社会革命是阶级斗争的最高形式。正是从这个意义上，马克思恩格斯指出，"革命是历史的火车头"③，是"孕育着新社会的旧社会的助产婆"④。阶级斗争对于阶级社会的发展发挥着"终极原因和伟大动力"的作用。

4. 东方社会可能跨越资本主义制度的"卡夫丁峡谷"走向社会主义

马克思恩格斯晚年提出了著名的东方社会发展道路理论。19 世纪 70 年代，西方资产阶级革命已经结束，社会进入相对稳定发展的阶段。而东

---

① 《马克思恩格斯文集》第 8 卷，人民出版社 2009 年版，第 188 页。
② 《马克思恩格斯全集》第 4 卷，人民出版社 1958 年版，第 144 页。
③ 《马克思恩格斯文集》第 2 卷，人民出版社 2009 年版，第 161 页。
④ 《马克思恩格斯文集》第 2 卷，人民出版社 2009 年版，第 861 页。

方落后的封建国家并没有加入到资本主义的世界体系，反而在西方殖民主义的侵略下，各种社会矛盾激化，社会危机此起彼伏。马克思通过深入剖析俄国的发展状况，发现东方社会具有不同于西方社会的特点。东方民族大都集居于大河流域，由于灌溉和兴修水利的需要，那里普遍存在着土地公有制度，并在此基础上形成了强大的中央集权，也就是所谓的亚细亚生产方式。在那里，农业公社是没有血缘关系的自由人的社会联合，它割断了血缘亲属关系这种牢固而狭窄的联系；农业公社中的房屋及其附属物——园地是农民的财产；在农业公社中，耕地仍归公社所有，但定期在农业公社社员之间进行重分，每个社员用自己的力量耕种分配给自己的田地，并把产品留为己有。马克思认为，在亚细亚，这种东方特有的生产方式对于资本主义生产方式有最顽强的抵抗作用，因此东方社会完全有可能走出一条不同于西方的发展道路，也就是说“它能够不通过资本主义制度的卡夫丁峡谷，而占有资本主义制度所创造的一切积极的成果”[①] 而且认为俄国农村公社这种公有制“能成为共产主义发展的起点”[②]，而且其发展是符合历史发展方向的。这一理论表明马克思主义社会发展理论认同：人类的社会发展道路是多样性的统一，走向社会主义的具体形式可以不同。

三、马克思主义社会发展理论的理论品格

（一）实践性

马克思主义社会发展理论具有突出的实践性特征。唯物辩证的实践观点是全部马克思主义理论的基石。马克思强调，“社会生活在本质上是实践的”[③]，实践“这种活动、这种连续不断的感性劳动和创造、这种生产，正是整个现存的感性世界的基础”。实践决定着人的生存与发展，人的全部社会生活在实践的基础上展开。马克思曾明确指出自己的理论不是从观念出发，而是从“现实的人”的活动出发，是面向实践、立足实践的科学理论。同时，其理论的使命不是停留于在实践中认识世界，而是要在实

① 《马克思恩格斯文集》第 3 卷，人民出版社 2009 年版，第 580 页。
② 《马克思恩格斯文集》第 2 卷，人民出版社 2009 年版，第 18 页。
③ 《马克思恩格斯文集》第 1 卷，人民出版社 2009 年版，第 505 页。

践中改变世界。“实际上，而且对实践的唯物主义者即共产主义者来说，全部问题都在于使现存世界革命化，实际地反对并改变现存的事物。”①这就赋予了马克思主义理论实践地、革命地改造世界这一重要特性。马克思主义社会发展理论根植于实践中又在实践中不断发展，其实践特性决定了它必须随着时代的变化而不断与时俱进。

（二）批判性

批判性是马克思主义的理论本性。马克思指出：“辩证法在对现存事物的肯定的理解中同时包含对现存事物的否定的理解，即对现存事物的必然灭亡的理解；辩证法对每一种既成的形式都是从不断的运动中，因而也是从它的暂时性方面去理解；辩证法不崇拜任何东西，从这个意义上说，它是批判的和革命的。”② 马克思主义重视理论对实践的指导作用，努力通过理论的批判来推动实践的发展。马克思通过批判封建的和资本主义的文化、制度，批判继承了前人创造的一切思想文化成果，强调把理论付诸实践，改变不尽如人意的现存世界，为未来社会发展指明了道路；马克思主义也对自身理论进行自我批判和扬弃，推动自身随着时代条件和需要的变化而更新。

（三）科学性

马克思主义社会发展理论揭示关于发展的科学世界观和方法论，具有内在的科学真理性。“马克思主义揭示了世界发展的普遍规律特别是人类社会历史发展的普遍规律，是无产阶级和劳动人民认识世界和改造世界的强大思想武器。”③ 毛泽东指出：“马克思列宁主义是从客观实际产生出来又在客观实际中获得了证明的最正确最科学最革命的真理。”④ 邓小平也说：“我坚信，世界上赞成马克思主义的人会多起来的，因为马克思主义是科学。”⑤ 马克思主义社会发展理论正因为具有科学的真理性，才能在实践中发挥巨大的指导作用，也才能具有强大的生命力。

---

① 《马克思恩格斯文集》第1卷，人民出版社2009年版，第527页。

② 《马克思恩格斯文集》第5卷，人民出版社2009年版，第22页。

③ 《十三大以来重要文献选编》（下），人民出版社1993年版，第1634页。

④ 《毛泽东选集》第3卷，人民出版社1991年版，第817页。

⑤ 《邓小平文选》第3卷，人民出版社1993年版，第382页。

（四）人民性

马克思主义是“无产阶级的思想体系”，它反映了无产阶级和广大劳动群众的根本利益和要求。正如列宁指出：“只有马克思主义的世界观才正确反映了革命无产阶级的利益、观点和文化。”① 马克思主义社会发展理论把人民群众看作是推动社会历史发展的决定性力量，是社会历史和实践活动的主体。反映最广大人民群众的利益和要求，是马克思主义社会发展理论的根基；解放全人类、实现人的全面发展，是马克思主义社会发展理论的最终目标。同时，马克思主义社会发展理论的人民性是和科学性有机统一的。“科学越是毫无顾忌和大公无私，它就越符合工人的利益和愿望。”② 因为只有真正科学的东西，才能真正符合人民的利益。

（五）开放性

马克思主义社会发展理论是一个开放的理论体系，它必然随着时代、实践和科学的发展而发展。马克思主义认为，“不存在任何最终的东西、绝对的东西、神圣的东西”③，一切事物都是作为过程而存在。马克思作为普遍真理，但不是“终极真理”，它不可能停滞不前。历代马克思主义者通过在实践探索中不断获得新思想、新理论、新观念，通过吸收和借鉴人类社会创造的一切新的文明成果，不断丰富了马克思主义社会发展理论的内容，拓展了其理论形态，推动着这一科学理论与时俱进。可以说，开放性是马克思主义理论与时俱进的本质反映和内在动因，是马克思主义理论在继承与发展相统一的过程中不断推进的内在根据。

第二节　科学发展观与马克思主义社会发展理论的内在关系

探讨科学发展观与马克思主义社会发展理论的继承性和创新性，对于进一步认识科学发展观的理论基础以及用科学发展观引领科学社会主义在

① 《列宁专题文集·论社会主义》，人民出版社 2009 年版，第 167 页。

② 《马克思恩格斯文集》第 4 卷，人民出版社 2009 年版，第 313 页。

③ 《马克思恩格斯文集》第 4 卷，人民出版社 2009 年版，第 270 页。

当代中国的新实践有着重要的意义。

一、科学发展观与马克思主义社会发展理论关系的研究现状

党的十六届三中全会正式提出科学发展观以来，学术界对科学发展观开始了多维度的研究，其中，科学发展观与马克思主义社会发展理论的内在关系是重要的研究对象。梳理现有的研究成果，把握研究的进展状况，检讨研究中存在的主要问题，对于进一步深化认识两者间的内在关系，是十分必要的。

（一）研究的主要视域和内容

学术界对科学发展观与马克思主义社会发展理论之间内在关系的研究，主要从三方面展开，即探讨两者之间关系的定位以及分别从理论范畴和哲学层面具体阐述两者之间的继承与创新关系。

1. 关于科学发展观与马克思主义社会发展理论两者关系定位的研究

马克思主义社会发展理论是科学发展观的重要理论基础，科学发展观是对马克思主义社会发展理论的继承与创新，这是学术界基本一致的结论。对于两者间继承与创新关系的具体表述和定位上，学术界有多种观点，主要有：

第一，科学发展观是马克思主义社会发展理论的最新成果。有学者认为科学发展观体现了民族性与世界性的统一，具有开放的品质和面向世界的胸怀，把马克思主义社会发展理论推进到了一个新的发展阶段，成为马克思主义社会发展理论的最新成果。① 也有学者从马克思主义中国化这一视角出发，认为科学发展观实现了我们党在发展问题认识上的飞跃，成为马克思主义社会发展理论中国化的最新理论成果。②

第二，科学发展观开拓了马克思主义社会发展理论的新境界。有学者认为，科学发展观是对中国社会主义现代化建设规律认识的进一步深化，

---

① 参见祝黄河、张吉雄：《科学发展观：马克思主义社会发展理论的最新成果》，《社会主义研究》2006 年第 4 期。

② 参见党联民：《马克思主义发展观中国化的最新理论成果》，《理论学习》2007 年第 2 期。

为实现社会主义与市场经济的有机结合打开了理论通道，昭示着人类社会发展的新途径，开拓了马克思主义社会发展理论的新境界。① 也有学者提出，科学发展观体现了追求真理与创造价值的统一、动机与效果的辩证统一、辩证思维的逻辑与历史相统一的原则，是对党的三代领导核心发展观的系统与深化，使马克思主义社会发展理论达到了新境界。②

第三，科学发展观是马克思主义社会发展理论的时代性标志或当代形态。有学者分析指出，科学发展观站在时代高度，回应时代挑战，把握时代特征，高扬时代精神，揭示时代发展规律，把马克思主义社会发展理论推进到了当代的新水平，从而成为马克思主义社会发展理论的时代性标志。③ 也有学者认为，科学发展观以马克思主义世界观和方法论为指导，科学地回答了当今中国发展中的一系列重大问题，创造性地提出了发展的途径等众多理论，拓展了马克思主义的社会发展理论的同时，确立了马克思主义社会发展理论的当代形态。④

2. 对科学发展观与马克思主义社会发展理论两者关系的理论阐释

科学发展观是对马克思主义社会发展理论的全面坚持、运用和发展。学术界从理论范畴出发对此作了全面的阐释，具体来说又有两种研究模式：

一种研究模式，是对科学发展观的理论内涵进行归纳，分析其对马克思主义社会发展理论的继承与发展。如有学者指出，科学发展观紧紧抓住发展这个主题，是对马克思主义关于生产力是社会发展根本动力理论的继承、创新和发展；以人为本的思想，是对马克思主义人的自由全面发展理论的继承、创新和发展；全面、协调、统筹兼顾的理念，是对马克思主义

① 参见庄前生：《科学发展观：马克思主义发展理论的新境界》，《马克思主义研究》2006 年第 1 期。

② 参见靳义亭：《科学发展观：马克思主义发展观的新境界》，《河南社会科学》2005 年第 2 期。

③ 参见姜建成：《科学发展观：马克思主义发展观的时代性标志》，《学习论坛》2007 年第 5 期。

④ 参见颜军：《科学发展观：马克思主义发展观的传承与发展》，《理论月刊》2010 年第 3 期；李克敏：《科学发展观与马克思主义社会发展观》，《马克思主义与现实》2006 年第 4 期。

社会合力理论的继承、创新和发展。[①] 也有学者认为，科学发展观坚持以人为本的理念，丰富了马克思主义社会发展理论关于人的发展是社会发展的核心的思想；坚持全面发展的目标，丰富了马克思主义社会发展理论关于社会是一个有机整体的思想；坚持协调发展的模式，丰富了马克思主义社会发展理论关于人与自然协调发展的思想；坚持可持续发展的道路，丰富了马克思主义社会发展理论关于主观和客观相统一的思想。[②]

另一种研究模式，则是在对马克思主义社会发展理论的基本内容进行归纳的基础上，探讨其与科学发展观理论范畴的内在关联。如有学者指出，马克思主义社会发展理论的基本内涵包括阶段性发展理论、整体性发展理论、目标性发展理论。阶段性发展是指人类社会由资本主义向社会主义再向共产主义过渡，科学发展观由此创造性地提出了全面建设小康社会的思想；整体性发展是指发展是政治、经济、文化以及其他相关系统组成的有机整体的共同发展，从而为科学发展观中的全面、协调、可持续的基本观点提供了坚实的理论支撑；目标性发展指的是社会的发展应把人的全面发展作为根本目标，科学发展观由此确立了以人为本的发展目标。[③]

有学者认为，马克思主义社会发展理论包括主体理论、根本动力理论、整体理论、可持续理论、价值目标理论、人的全面发展理论等等。科学发展观主张依靠人民群众的力量促进经济社会发展，紧紧抓住发展这一主题，提出“全面协调”与“统筹兼顾”和“一代接一代地永续发展”的理念，把人的全面发展作为自己的终极价值目标，就是继承和发展了上述马克思主义社会发展理论的基本要求。[④] 还有学者把马克思主义社会发展理论归纳为趋向理论、宗旨理论和机制理论，并认为：趋向理论指明社会发展朝着共产主义

① 参见徐鸿武、魏宛斌：《科学发展观对马克思主义社会发展理论的继承、创新和发展》，《红旗文稿》2008 年第 22 期。

② 参见黄志恒：《科学发展观是与时俱进的马克思主义发展观》，《中共南宁市委党校学报》2004 年第 3 期。

③ 参见张昌林：《科学发展观：对马克思主义发展观的继承与创新》，《广西社会科学》2004 年第 12 期。

④ 参见颜军：《科学发展观：马克思主义发展观的传承与发展》，《理论月刊》2010 年第 3 期。

社会的总方向以及未来社会发展的整体框架，科学发展观解决了现阶段社会主义实践中的重大指导方针问题，在根本上找到了社会发展的路径；宗旨理论将人的自由个性和全面发展看成是人的发展的理想状态和目标，科学发展观坚持以人的全面发展为目标和宗旨来制定政策开展工作，解决了社会发展的根本宗旨问题；机制理论视社会内部各种因素的相互制约为社会发展的机制，科学发展观提出要实现经济发展和社会全面进步，要统筹好各类关系。①

3. 对科学发展观与马克思主义社会发展理论两者关系的哲学解读

马克思主义是科学的世界观和方法论，辩证唯物主义和历史唯物主义是科学发展观的哲学基础。学术界从马克思主义哲学基本原理的角度，对科学发展观与马克思主义社会发展理论之间的内在关系作了深入的解读。

有学者指出，科学发展观与马克思主义经典作家关于发展的世界观和方法论是坚持、运用和发展的关系。在世界观方面，科学发展观强调的“以人为本”，不仅是实现又好又快发展的价值归宿，而且揭示了其动力源泉，丰富了马克思主义关于“人民群众是历史发展的主体”和“人的自由全面发展”思想的时代内涵；在方法论方面，科学发展观的基本要求是统筹兼顾，强调求真务实，进一步回答了“如何发展”的重大问题，这是辩证唯物主义的思想方法在发展问题上的运用。②

有学者认为，科学发展观的重要理论基础就是辩证唯物主义和历史唯物主义。辩证唯物主义关于世界永恒发展的观点是提出科学发展观的理论依据，唯物史观的历史主体论是科学发展观坚持“以人为本”的理论基石，辩证唯物主义系统观的整体性思想是科学发展观坚持“全面发展”的理论来源，辩证唯物主义普遍联系的观点是科学发展观坚持“协调发展”的理论基础，辩证唯物主义对立统一思想是科学发展观坚持“可持续发展”的理论要求。③ 可以说，科学发展观就是运用马克思主义哲学基

① 参见郭星云：《科学发展观对马克思主义社会发展理论的继承和丰富》，《安阳师范学院学报》2009 年第 1 期。

② 参见韩振亮：《科学发展观是与时俱进的马克思主义发展观》，《思想理论教育导刊》2006 年第 3 期。

③ 参见张华军、何忠国：《科学发展观的哲学基础》，《中共青岛市委党校青岛行政学院学报》2004 年第 3 期。

本原理所作出的辩证唯物主义和历史唯物主义的阐述。①

不少学者深入分析了唯物史观对于科学发展观的理论基础地位。有学者指出，科学发展观是唯物史观关于发展的世界观和方法论的集中体现，继承了唯物史观关于发展是特指事物的前进的、上升的、由低级向高级形态的辩证运动；人类社会从本质上讲是实践的、历史的，同时也是唯物的、辩证的；人类社会的发展是一个由客观规律所决定的自然历史过程；人的发展与人类社会形态的更替、演进是一个相互关联的统一历史过程等基本思想。② 也有学者指出，唯物史观揭示了人类社会发展的一般规律，是科学发展观最切近的哲学基础，科学发展观则是对马克思主义世界观和方法论的创造性运用和发展。③

有的学者还强调，科学发展观与马克思主义具体问题具体分析的方法以及辩证唯物主义的统筹发展思想有着理论渊源关系。中国共产党是依据具体问题具体分析的方法，根据新的形势和任务，研究新情况，解决新问题，提出新理论，从事新实践，形成了科学发展观。科学发展观也是唯物辩证的发展观，是在新的形势下对发展规律性的更深刻的把握，是对马克思主义辩证唯物主义统筹发展思想的继承与创新。④

（二）研究中存在的主要问题

学术界从不同角度对科学发展观与马克思主义社会发展理论的继承与创新关系进行了比较深入的分析，取得的成绩有目共睹。但是，研究中出现的一些现象值得反思，主要表现在：重复性现象比较突出、系统性有所欠缺、观点分歧比较明显、理论创新有所欠缺，等等。

1. 重复性比较突出

一些研究成果从标题到内容，都给人以似曾相识之感，观点相同、结构相似的情况不少。研究中的原创性成果越来越少，新思想、新观点、新

① 参见庞元正：《论科学发展观的哲学基础》，《中共中央党校学报》2008 年第 5 期。

② 参见谭扬芳、金碧辉：《试论科学发展观对唯物史观的继承和发展》，《江南大学学报》2009 年第 4 期。

③ 参见李崇富：《论科学发展观的哲学基础》，《马克思主义研究》2006 年第 1 期。

④ 参见江旋：《马克思主义社会发展理论与科学发展观》，《学理论》2010 年第 25 期。

材料、新方法很难出现，学术争鸣更显缺乏，研究质量难有明显提升。哲学社会科学研究是一种复杂的创造性精神劳动，理论创新则是繁荣发展哲学社会科学的基础。学术研究中要尽量少说别人已经说过的话，尽量不走别人经常走的路；要多一些敏锐的观察和前瞻的构思，努力形成一些新的理论概括；要站在学术发展前沿，开阔学术研究视野，拓展理论思维空间，大力推进学术观点创新和科研方法创新。

2. 系统性有所欠缺

马克思主义社会发展理论是马克思恩格斯创立的揭示社会发展客观规律的理论体系。这一理论体系的内容十分丰富，其确立的科学的世界观和方法论，为全人类的解放指明正确的道路。科学发展观是我国经济社会发展的重要指导方针，是发展中国特色社会主义必须坚持和贯彻的重大战略思想，汇集了党的十六大以来我们党的一系列重大理论创新成果，围绕“什么是发展、为什么发展、怎样发展”的重大问题形成了一系列新思想、新观点、新论断，同样是一个包容性很强的理论体系。从目前的研究情况看，研究科学发展观与马克思主义社会发展理论辩证关系的学术专著尚未见出版，有关研究论文限于篇幅，或缺乏宏观性的归纳和把握，或缺乏微观的深入分析和梳理。因此，要分析清楚科学发展观与马克思主义社会发展理论的辩证关系，必须要进一步加强系统性研究。

3. 观点分歧比较明显

马克思主义社会发展理论有着丰富的理论内涵，可是马克思恩格斯并没有对这一理论内涵进行比较正式的归纳，学术界理解上的差异也就更加明显。[①] 正因如此，在具体分析科学发展观与马克思主义社会发展理论之

① 目前学术界对马克思主义社会发展理论有以下不同类型的归纳：（1）阶段性发展理论、整体性发展理论、目标性发展理论；（2）社会发展主体理论、社会发展根本动力理论、社会发展整体理论、社会发展可持续理论、社会发展价值目标理论、人的全面发展理论；（3）社会发展趋向理论、社会发展宗旨理论和社会发展机制理论；（4）社会基本矛盾的思想、社会全面发展的思想、以人的发展为社会发展价值目标的思想；（5）关于人类社会发展的客观规律、社会发展根本动力理论、人的全面而自由发展理论、社会发展合力理论、人与自然和谐相处理论；（6）社会发展主体理论、社会发展过程理论、社会发展整体理论；（7）社会系统论、发展过程论、历史主体论、社会自然统一论、世界一体论；等等。

间的理论渊源关系时，出现诸多不同的说法就不足为怪了。例如，关于科学发展观“以人为本”思想的理论基础就有多种说法，略举有：马克思主义关于人的发展是社会发展的核心的思想、马克思主义唯物史观的历史主体论、马克思主义目标性发展理论、马克思主义的社会发展主体论、马克思主义社会发展价值目标理论、马克思主义的人的全面自由发展理论、马克思主义关于社会发展宗旨的思想，等等。关于科学发展观全面、协调、可持续和统筹兼顾思想的来源，学术界同样分歧明显，略举有：马克思主义社会合力理论、社会发展有机体理论、人与自然协调发展的思想、主观和客观相统一的思想、社会整体发展理论、社会发展机制理论，等等。可以说，在一些问题的认识上存在着比较明显的观点分歧。

4. 理论创新有所欠缺

科学发展观的提出、形成和发展，是一个不断丰富和完善的过程。比如，科学发展观提出之初，强调五个统筹，即“统筹城乡发展、区域发展、经济社会发展、人与自然和谐发展、国内发展和对外开放”。但在十七大召开时，我们党认识到要正确认识和妥善处理中国特色社会主义事业中的重大关系中，还有统筹中央和地方关系、统筹个人利益和集体利益、局部利益和整体利益、当前利益和长远利益的关系、统筹国内国际两个大局，等等，拓展为“八个统筹”。然而，许多理论研究依然停留在“五个统筹”上。再比如，科学发展观对我国社会主义现代化建设实践的指导作用，经历了“树立科学发展观”、“树立和落实科学发展观”、“全面贯彻落实科学发展观”、“深入贯彻落实科学发展观”等几个阶段。从字义上解释，第一个阶段“树立”，即“建立”之意；第二个阶段，加上“落实”，即“使计划、措施、政策等得以实现”；第三个阶段，“全面贯彻落实”则是“完整、周密地实现”；第四个阶段“深入贯彻落实”则是从全面推进过渡到“进入事物内部或中心”，即纵深推进。可见，这一过程，其实是科学发展观的指导作用日益提升的过程。遗憾的是，理论界常常缺乏应有的关照。

（三）深化研究的新思路

深入揭示科学发展观与马克思主义社会发展理论的关系，从理论上来说，有助于进一步认识科学发展观的理论基础；从实践上来说，有助于增强贯彻落实科学发展观的自觉性。因此，进一步深化该课题的研究具有重要的意义。为此，必须要建立新的研究视角，进一步拓宽研究领域，树立理论研究中的世界眼光，要高度重视十七大以来科学发展观的新发展研究。

1. 建立新的研究视角

马克思主义社会发展理论，本质上是通过掌握社会历史的一般发展规律，立足先进社会阶级的利益诉求及其与先进社会生产力发展之间的统一性关系，追求人类全面发展和自由解放的理论观点。它的根本宗旨是人的全面发展，基本依托是社会发展规律的作用和认识，思维方法是主客体互动的实践辩证法。这一发展观在外延上适应于人类社会，也适应于当今世界和当今中国的发展实践。科学发展观在内涵和外延上，一方面继承了马克思主义社会发展理论内涵和外延的两个方面，也就是说具有适用于人类社会历史的普适性特征；另一方面，又结合新的时代特征和新的历史使命，做出了有所侧重的探索。因此，只有厘清二者在内涵和外延上的真正关系，才能处理好理论上的继承与发展之间的关系。

我们还要看到，马克思主义社会发展理论与科学发展观产生的时代背景有着极大的差别。尽管马克思主义社会发展理论与科学发展观在世界观和方法论上完全一致，但基于时代背景的不同，两者的关注重点自然就有了差异，理论表达也有各自的侧重点。由是观之，不论以科学发展观的内涵和外延为研究视角，还是以马克思主义社会发展理论的内涵和外延为研究视角，在研究科学发展观与马克思主义社会发展理论的辩证关系时都会有一定的局限性。然而，马克思主义社会发展理论与科学发展观既然都是关于发展的理论，两者在关于发展的一系列问题上建立了各自的理论阐述和理论总结。因此，在研究马克思主义社会发展理论与科学发展观的辩证关系时，如果从发展的一般意义上来展开，以发展的基本特性为研究视角，就既可以关照两者的不同历史视点和理论内涵，又能更加深入地分析两者在发展问题上的继承与创新。

2. 研究的领域要进一步拓宽

十七大报告指出，“科学发展观，第一要义是发展，核心是以人为本，基本要求是全面协调可持续，根本方法是统筹兼顾”。十七大报告揭示的是科学发展观最基本的内容，但不是科学发展观的全部内容。然而，学术界在探讨科学发展观与马克思主义社会发展理论的辩证关系时，往往将十七大报告对科学发展观所概括的四句话作为研究的着力点。也就是说，相当多的理论研究就是围绕四句话来展开的。实际上，科学发展观作为马克思主义中国化的理论成果，其本身就是一个理论体系。这个理论体系包括三个层次。第一层次是哲学层面，即关于发展的世界观和方法论，主要体现在解放思想、实事求是、与时俱进、求真务实等等方面，这是科学发展观的哲学基础。第二层次则是哲学基础上的进一步展开，即理论内涵层面。科学发展观的理论内涵非常丰富，包括以人为本的核心理念，全面协调可持续的基本要求，统筹兼顾的根本方法等。第三个层次是理论运用层面，即上述理论内涵指导我国经济建设、政治建设、文化建设、社会建设、生态文明建设、党的建设等等而形成的具体的政策、措施等等。哲学基础层面、理论内涵层面、理论运用层面三方面内容构成科学发展观的理论框架，只有建立在这一框架上的学术探讨，才能真正阐述清楚科学发展观与马克思主义社会发展理论的辩证关系。

3. 树立理论研究中的世界眼光

马克思主义作为“世界历史”的产物和“人类知识的总和”的结晶，始终坚持着世界眼光。① 马克思恩格斯正是以世界眼光观察事物的变化、发展，才科学地揭示出人类社会就是由地方历史、局部历史走向世界性历史的客观进程。树立世界眼光，以更宽广的视野认识中国的发展地位、发展机遇，也是中国化的马克思主义理论所坚持的。科学发展观坚持了马克思主义关于世界眼光的理论特质，充分吸收了世界社会发展理论积极成果，体现了人类对发展问题的认识不断深化和对已有发展理论的不断扬弃，为认识人类社会发展规律增添了新思想。它立足于中国经济社会发展新阶段的实际，在系统总结中国自身发展经验的基础上，深刻分析国际形

① 参见石仲泉：《马克思主义中国化与世界眼光》，《中共中央党校学报》2011 年第 2 期。

势、顺应世界发展趋势、借鉴国外发展经验，超越了传统发展模式的狭隘的发展思路，体现了人类文明进步发展的潮流。科学发展观所具有的这种理念恰恰是一种“世界眼光”。因此，在研究科学发展观与马克思主义社会发展理论的渊源关系时，除了重视马克思主义的意识形态色彩和科学发展观的中国元素，还要考虑到人类共同的发展理念，树立理论研究中的“世界向度”。这种理论研究的世界向度，就是把中国特色、中国风格、中国气派的马克思主义放到世界范围的学术交流、思想碰撞、理论对话的舞台上，从而凸显科学发展观对于解决人类社会面临的普遍问题所具有的理论创新价值；同时，要以包容的心态、开放的视野对待国外各种马克思主义乃至非马克思主义流派中的社会发展理论，以全球化的视角来认识中国发展中的问题，敏锐把握时代特征，准确反映时代要求，科学回答时代课题，使当代中国的马克思主义始终走在时代前列，具有更加鲜明的时代特色。只有这样，才能增强中国学术界在国际上的话语权和影响力。

二、科学发展观与马克思主义社会发展理论的内在逻辑联系

十六大以来，以胡锦涛为总书记的党中央立足社会主义初级阶段的基本国情，总结我国发展实践，借鉴国外发展经验，适应新的发展要求，提出了科学发展观。这是中国共产党人在新世纪的重大理论创新。可以说，科学发展观的所有重要思想、观点和论断，都可以在马克思主义社会发展理论中找到源头或依据。深入揭示科学发展观与马克思主义社会发展理论的内在逻辑联系，对于准确把握科学发展观与马克思主义既一脉相承又与时俱进的辩证关系，从而坚定科学发展观的指导地位，有着十分重要的意义。

（一）科学发展观与马克思主义社会发展理论在哲学基础上一脉相承

辩证唯物主义和历史唯物主义是马克思主义社会发展理论的哲学基础，也是科学发展观的根本理论基础，两者在哲学基础上具有根本一致性。

1. 科学发展观集中体现了辩证唯物主义关于发展的基本思想

辩证唯物主义认为，世界上的万事万物都是普遍联系和永恒发展的，

看待事物要用全面的观点而不是片面的观点，要用联系的观点而不是孤立的观点，要用发展的观点而不是静止的观点。辩证唯物主义坚持用全面的、联系的、发展的观点看问题，为正确把握人类社会的历史发展过程提供了科学的方法论。科学发展观就是运用这一科学方法论的集中体现。

首先，科学发展观体现了用全面的观点看问题的基本思想。唯物辩证法认为，任何事物都是矛盾的对立统一体，矛盾的双方相互依存、相互作用，事物的发展是由各种矛盾因素共同作用的结果。为此，一方面要坚持两点论，全面看问题；另一方面又要坚持重点论，抓住中心问题和关键因素。科学发展观是全面的发展观，其所追求的发展，就是要按照中国特色社会主义事业“五位一体”总体布局，以经济建设为中心，全面推进经济、政治、文化、社会和生态文明建设，努力促进经济社会全面发展；同时，科学发展观又始终强调，要坚定不移地以经济建设为中心，大力发展社会主义社会的生产力，在实现经济发展和社会全面进步的基础上实现人的全面发展。可以看出，科学发展观坚持了唯物辩证法的两点论和重点论的统一，把对中国特色社会主义的认识提高到了新的水平，是对马克思主义基本原理的坚持和运用。

其次，科学发展观体现了用联系的观点看问题的基本思想。辩证唯物主义认为，世界是普遍联系的，任何事物的发展必然与其他事物相互联系、相互制约。因此，必须坚持用联系的观点看问题，协调好各方面关系，才能实现健康发展；否则，只能是畸形的发展。人类社会是一个由各种要素构成并相互联系、相互作用的有机统一整体，既有经济、政治、文化、社会、生态等各个方面与环节，又有中央与地方、工业与农业、城市与农村、沿海与内地、国内与国际等各种相互关系，是一个复杂而庞大的系统。科学发展观强调协调发展，就是指各个方面的发展要相互适应，就是要统筹城乡发展、统筹区域发展、统筹经济社会发展、统筹人与自然和谐发展、统筹国内发展和对外开放，促进现代化建设各个环节、各个方面相协调，促进生产关系与生产力、上层建筑与经济基础相协调。为此，必须做到总揽全局，统筹规划，立足当前、着眼长远，全面推进、重点突破，兼顾各方、综合平衡，从而实现科学发展。这是科学发展观坚持辩证唯物主义原理的又一体现。

再次，科学发展观体现了用发展的观点看问题的基本思想。辩证唯物主义认为，任何事物都处在运动、发展、变化之中，事物的发展变化是绝对的，而静止不变是相对的。人类社会发展是一个从低级阶段向高级阶段不断发展的历史过程，社会主义的发展也必然经历由不发达的初级阶段向发达的高级阶段演进的过程。科学发展观强调，要统筹兼顾中国特色社会主义各个发展阶段的关系，在谋划发展时要坚持把最高纲领与最低纲领统一起来，既要从当前发展的实际出发，科学设定长远发展的目标，使长远发展目标建立在坚实可靠的基础之上；又要着眼于长远奋斗目标，引领当前发展方向，要使当前的发展为长远发展打牢基础、创造条件。同时，要注重发展的可持续性，每一代人的发展都应该为下一代人的更好生存和发展留下空间和条件，实现经济社会永续发展。用发展的观点看问题，是科学发展观坚持辩证唯物主义的鲜明体现。

2. 科学发展观集中体现了历史唯物主义关于发展的基本原理

首先，科学发展观继承和坚持了马克思主义关于生产力的观点。历史唯物主义认为，生产力是人类社会存在和发展的基础，是人类社会一切经济形式、生产关系、社会制度变化演进的基础和根源，是社会发展的最终决定力量。人类社会的发展历史首先是生产的发展史。无论什么样的生产关系和上层建筑，都要适应生产力发展的要求，如果不能适应生产力的发展要求，就必然会引发调整和变革。因此，只有紧紧抓住生产力这个决定性要素，不断解放和发展生产力，才能不断推动社会历史前进。对此，历代马克思主义者的认识都是根本一致的。从邓小平强调“发展是硬道理”，到江泽民指出“发展是党执政兴国的第一要务”，再到科学发展观把发展作为“第一要义”，都是对上述基本原理的坚持和运用。胡锦涛指出：“我们党在中国这样一个经济文化落后的发展中大国领导人民进行现代化建设，能不能解决好发展问题，直接关系人心向背、事业兴衰。”因而要牢牢把握发展这个第一要义，抓住经济建设这个中心，聚精会神搞建设，一心一意谋发展，努力促进社会生产力又好又快发展。“发展是第一要义”，就是把马克思主义基本原理应用于中国当代社会实践所得出的正确结论。

其次，科学发展观继承和坚持了关于人民群众是历史创造者的观点。马克思主义唯物史观认为，人民群众是物质财富和精神财富的创造者，是变革社会的现实力量，是社会发展的主体和动力源泉。社会历史发展是由人民群众的力量形成的合力决定的。科学发展观强调以人为本，一个重要的方面就是要求充分尊重人民的主体地位，充分发挥人民的主体作用，充分调动人民群众的积极性、主动性和创造性，为推动社会发展贡献力量。在当代中国，最广大人民群众是建设中国特色社会主义事业的主体，是先进生产力和先进文化的创造者，是社会主义物质文明、政治文明、精神文明和生态文明协调发展的推动者。胡锦涛强调，要坚持“一切为了群众，一切依靠群众，立党为公，执政为民，把党的正确主张变为群众的自觉行动，最广泛地动员广大人民群众为实现自己的利益和美好生活而团结奋斗”。这是新的时代条件下中国共产党坚持群众史观的光辉典范。

再次，科学发展观继承和坚持了社会基本矛盾运动推动社会发展的原理。马克思主义阐明了生产力与生产关系、经济基础与上层建筑的关系原理，强调生产关系对生产力、上层建筑对经济基础有能动的反作用。当生产关系的状况与现实生产发展不相适应时，必然通过生产关系的变革以解放和发展生产力，这是社会历史发展的客观规律。变革生产关系有两种基本方式：一是革命，二是改革。马克思主义认为，改革是推动社会发展的重要途径和力量。科学发展观强调以改革的方式促进经济社会又好又快发展，就是对上述基本原理的坚持、运用和发展。胡锦涛指出：“我国过去30多年的快速发展，靠的是改革开放，我国未来发展也必须坚定不移依靠改革开放。”要“坚持不懈把改革创新精神贯彻到治国理政各个环节，奋力把改革开放推向前进”①。在建设中国特色社会主义的历史进程中，改革是贯穿全过程的战略措施，其本质是社会主义制度的自我完善和发展，其目的归根到底是为了解放和发展生产力，实现建设社会主义现代化

---

① 胡锦涛：《在庆祝中国共产党成立90周年大会上的讲话》，人民出版社2011年版，第18页。

的宏伟目标。科学发展观所体现的改革精神，是与马克思主义社会发展理论一脉相承的。

（二）科学发展观与马克思主义社会发展理论在价值取向上一脉相承

1. 科学发展观与马克思主义社会发展理论在坚持人的全面发展的价值目标上是根本一致的

历史唯物主义认为，在物的发展、社会发展与人的发展关系中，物的发展、社会发展是基础和手段，而人的发展是最高目标，是推动社会历史发展的价值归宿。马克思主义社会发展理论以人的自由全面发展作为终极价值追求，体现了其崇高理想和境界。人的全面发展是中国共产党人的价值理想，“促进人的全面发展”① 是党的一切工作的目标。作为党的创新理论成果，科学发展观继承了上述基本思想，进一步突出了人的全面发展的目标意义。胡锦涛强调：“坚持以人为本，就是要以实现人的全面发展为目标，从人民群众的根本利益出发谋发展、促发展，不断满足人民群众日益增长的物质文化需要，切实保障人民群众的经济、政治和文化权益，让发展成果惠及全体人民。”② 又说，“树立和落实科学发展观，必然在经济发展的基础上，推动社会全面进步和人的全面发展。”③ 在科学发展观的指导下，“人的全面发展”还被写入了修改后的《中国共产党章程》之中。这都充分表明，科学发展观在坚持终极价值目标上与马克思主义社会发展理论是根本一致的。

2. 科学发展观与马克思主义社会发展理论在坚持人民群众根本利益的政治立场上是根本一致的

马克思主义认为，人民群众既是发展的实践主体，也是发展的价值主体。马克思说过，“历史不过是追求着自己目的的人的活动而已。”④ “历

① 《江泽民文选》第 3 卷，人民出版社 2006 年版，第 294 页。
② 《十六大以来重要文献选编》（上），中央文献出版社 2005 年版，第 850 页。
③ 《十六大以来重要文献选编》（上），中央文献出版社 2005 年版，第 851 页。
④ 《马克思恩格斯文集》第 1 卷，人民出版社 2009 年版，第 295 页。

史活动是群众的事业，随着历史活动的深入，必将是群众队伍的扩大。”①马克思主义是站在人民群众立场、代表人民群众利益的理论武器。科学发展观坚持把“以人为本”作为核心，坚持“发展为了人民，发展依靠人民，发展成果由人民共享”，体现了鲜明的马克思主义的政治立场和价值取向。胡锦涛一再强调，“建设中国特色社会主义的根本目的是不断实现好、维护好、发展好最广大人民的根本利益，党的理论、路线、纲领、方针、政策和工作必须以符合最广大人民的根本利益为最高衡量标准。”②在科学发展观指引下，中央要求全党始终做到“权为民所用，情为民所系，利为民所谋”，始终把人民利益放在核心位置，切实关心和注重民生，充分保障人民群众的经济、政治、文化和社会权益。科学发展观因之在政治立场上与马克思主义具有根本一致性。

3. 科学发展观与马克思主义社会发展理论在坚持社会主义的发展方向上是根本一致的

马克思主义揭示了“两个必然”的规律，得出了“资本主义必然灭亡，社会主义必然胜利”的结论，从而坚定地确立了对社会主义的理想信仰。坚持社会主义是马克思主义社会发展理论的基本特征，也是科学发展观的价值方向。科学发展观的鲜明主题就是坚持和发展中国特色社会主义。党的十八大报告指出：“我们坚持以马克思列宁主义、毛泽东思想、邓小平理论、‘三个代表’重要思想为指导，勇于推进实践基础上的理论创新，围绕坚持和发展中国特色社会主义提出一系列紧密相连、相互贯通的新思想、新观点、新论断，形成和贯彻了科学发展观。”③ 科学发展观是坚持和发展社会主义价值理念的集中体现。比如，社会公正是社会主义的基本价值观，科学发展观强调必须建设公平正义的和谐社会，倡导公平正义的社会主义核心价值观，切实保障人民群众共享改革发展成果；不断缩小并最终消灭城乡差别、工农差别，是社会主义的最基本要求和发展方

① 《马克思恩格斯文集》第1卷，人民出版社2009年版，第287页。

② 《十六大以来重要文献选编》（上），中央文献出版社2005年版，第364页。

③ 胡锦涛：《坚定不移沿着中国特色社会主义道路前进　为全面建成小康社会而奋斗——在中国共产党第十八次全国代表大会上的报告》，人民出版社2012年版，第7页。

向，也是很艰巨的历史任务，科学发展观强调要统筹城乡发展，确立社会主义新农村发展战略，着力解决“三农”问题，促进城乡一体化，就是对上述基本要求的坚持；实现人的全面发展是社会主义的目标，科学发展观强调以人为本，通过发展切实保障人民群众的经济、文化和政治权益，在实现经济社会全面发展的基础上实现人的全面发展。总之，科学发展观与马克思主义社会发展理论在坚持社会主义方向上具有根本一致性。

（三）科学发展观与马克思主义社会发展理论在理论品质上一脉相承

1. 科学发展观与马克思主义社会发展理论都坚持实事求是的理论精髓

实事求是体现了马克思主义唯物论、辩证法、认识论的高度统一，是马克思主义的精髓。列宁就明确指出：“马克思主义的精髓，马克思主义的活的灵魂：对具体情况作具体分析。”① 马克思主义社会发展理论以唯物辩证法为思想武器，以全面、辩证、发展的观点看待社会历史现象，以实践的观点阐释人、社会、自然的本质和发展规律，通篇贯穿了实事求是这一思想精髓。中国共产党人将实事求是确立为党的思想路线的核心，邓小平指出：“实事求是，一切从实际出发，理论联系实际，坚持实践是检验真理的标准，这就是我们党的思想路线。”② 科学发展观就是我们党坚持解放思想、实事求是、与时俱进、求真务实取得的重大成果。从具体国情出发，搞清楚中国社会的发展阶段问题，这是在社会主义现代化建设中坚持实事求是的最根本要求。以胡锦涛为总书记的党中央正确判断了我国新世纪以来所处的阶段性特征，作出了“两个没有变”的正确结论，从而准确地把握了我国当前的主要矛盾和根本任务，作出了“发展是第一要义”的科学论断，并认识到在现阶段坚持“发展是硬道理”的根本要求就是坚持科学发展。在此基础上，创立了科学发展观这一党的指导理论。实事求是的理论精髓，是贯穿在马克思主义社会发展理论和科学发展

① 《列宁专题文集·论马克思主义》，人民出版社 2009 年版，第 293 页。

② 《邓小平文选》第 2 卷，人民出版社 1994 年版，第 278 页。

观中的共同品质。

2. 科学发展观与马克思主义社会发展理论都具有与时俱进的理论品质

如前所述，马克思主义社会发展理论具有与时俱进的理论品质，同时与时俱进也是科学发展观的重要理论品质。科学发展观是与马克思列宁主义、毛泽东思想、邓小平理论和“三个代表”重要思想既一脉相承又与时俱进的科学理论，“解放思想、实事求是、与时俱进、求真务实，是科学发展观最鲜明的精神实质。”① 一方面，科学发展观是中国共产党与时俱进理论创新的产物。如果说邓小平理论初步回答了“什么是社会主义、怎样建设社会主义”的首要的基本问题，“三个代表”重要思想创造性地回答了“建设什么样的党、怎样建设党”的问题，那么科学发展观就是以胡锦涛为总书记的党中央着眼于我国发展的新要求和人民的新期待，集中而全面地回答了“实现什么样的发展、怎样发展”的重大问题，提出了一系列重大战略思想。科学发展观是时代的产物，是中国特色社会主义理论体系的最新成果，体现了鲜明的与时俱进的特征。另一方面，科学发展观又是开放的理论体系，其本身又在不断丰富、发展和完善。科学发展观的确立，经历了一个内涵不断拓展的过程，十七大以来科学发展观在实践中实现了新发展。可以相信，科学发展观也必将在未来的实践中继续得到丰富和发展。“实践发展永无止境，认识真理永无止境，理论创新永无止境。”② 这是对包括科学发展观在内的党的指导理论具有与时俱进的理论品质的真实写照。

三、科学发展观与马克思主义社会发展理论的历史递进关系

科学发展观与马克思主义社会发展理论具有内在逻辑联系，同时又在新的历史条件下为马克思主义社会发展理论增添了新的时代内容，拓展了

① 胡锦涛：《坚定不移沿着中国特色社会主义道路前进　为全面建成小康社会而奋斗——在中国共产党第十八次全国代表大会上的报告》，人民出版社 2012 年版，第 9 页。

② 胡锦涛：《坚定不移沿着中国特色社会主义道路前进　为全面建成小康社会而奋斗——在中国共产党第十八次全国代表大会上的报告》，人民出版社 2012 年版，第 9 页。

新的理论形态，赋予了鲜明的时代特色。只有全面把握科学发展观对马克思主义社会发展理论的历史递进关系，才能正确认识科学发展观作为与时俱进的马克思主义社会发展观的历史地位。

（一）发展主体：科学发展观对马克思主义社会发展理论的新发展

马克思主义认为，现实的人是历史发展的主体，历史是“作为既定的主体的人的现实历史”，人民群众是历史的创造者。马克思恩格斯对于社会历史发展主体的类型、特点、作用以及社会发展与人的发展的关系都作过深刻论述。科学发展观确立了“以人为本”的发展理念，在坚持马克思主义发展理论的基础上，结合新的时代条件对发展主体作了新阐述，继承和发展了马克思主义社会发展理论的发展主体思想。

1. 在发展主体的范围上，特别突出个人主体的主观能动性

人作为社会历史的主体，是类主体、群体主体和个体主体三者的辩证统一。马克思主义极为重视群体主体尤其是人民群众在社会历史发展中的作用，认为“历史活动是群众的活动，随着历史活动的深入，必将是群众队伍的扩大。”① 科学发展观提出的“以人为本”，这个“人”也是包括个体、群体、与类三者的有机统一，既包括全体人民群众，又具体到每一个人，并且为每个人的生存和发展创造良好的条件。从发展中国特色社会主义的客观要求出发，科学发展观更加注重发挥个体主体的主观能动作用。党的十七大报告指出：“进一步营造鼓励创新的环境，努力造就世界一流科学家和科技领军人才，注重培养一线的创新人才，使全社会创新智慧竞相迸发、各方面创新人才大量涌现。”② 这就纠正了过去只注重群体主体，而无视个体主体，抹杀个体的正当利益和需求，从而限制了个体能动性发挥的错误倾向，有利于调动个体的劳动积极性，发挥个体的聪明才智，使社会充满活力。

2. 在发展主体的需要上，更加关注人的各方面需要

马克思十分重视人的合理需要在社会发展中的作用，认为人类社会的

① 《马克思恩格斯文集》第1卷，人民出版社2009年版，第287页。

② 《十七大以来重要文献选编》（上），中央文献出版社2009年版，第17页。

"第一个历史活动就是生产满足这些需要的资料，这是……一切历史的一种基本条件"①，"已经得到满足的第一个需要本身、满足需要的活动和已经获得的为满足需要而用的工具又引起新的需要"②。需要就是这样通过决定生产从而发挥推动社会历史前进的作用。科学发展观强调发展成果由人民共享，就是要把改革发展取得的各方面成果，体现在充分保障人民享有的经济、政治、文化、社会等各方面权益上来。党和政府不但重视人们的物质生活需要，提高人们的物质生活水平，而且重视人们的精神生活需要，着力增强人们的幸福感；不但重视人们的心理健康需要，构建和谐的社会关系，而且重视人们的生理健康需要，改善生态环境。

3. 在发展主体的作用上，更加强调发挥人民的主人翁精神

十八大报告指出："要发挥人民主人翁精神，坚持依法治国这个党领导人民治理国家的基本方略，最广泛地动员和组织人民依法管理国家事务和社会事务、管理经济和文化事业、积极投身社会主义现代化建设。"③发挥人民主人翁精神，就是要唤醒人民群众的主体意识，尊重人民的首创精神，充分调动广大人民群众的积极性、主动性、创造性，最大限度地集中全社会全民族的智慧和力量，最广泛地动员和组织亿万群众投身于中国特色社会主义伟大事业。这是对马克思主义关于人民主体地位的进一步发挥。

4. 在发展主体的利益共享上，更加重视发展主体间的公平正义

公平正义是我们党一以贯之的追求，是中国特色社会主义的内在要求。党的十八大报告提出，要逐步建立以权利公平、机会公平、规则公平为主要内容的社会保障体系，努力营造公平的社会环境，保证人民平等参与、平等发展权利。人民群众之间存在着各种利益关系，要综合运用政治、经济、法律、行政等多种手段，建立起以利益调节为核心的社会整合机制，妥善解决利益矛盾，促进社会公平正义。

---

① 《马克思恩格斯文集》第1卷，人民出版社2009年版，第79页。

② 《马克思恩格斯文集》第1卷，人民出版社2009年版，第531页。

③ 胡锦涛：《坚定不移沿着中国特色社会主义道路前进 为全面建成小康社会而奋斗——在中国共产党第十八次全国代表大会上的报告》，人民出版社2012年版，第14页。

（二）发展本质：科学发展观对马克思主义社会发展理论的新发展

发展是马克思主义哲学的基本范畴，马克思主义从哲学的高度揭示了社会发展的本质和规律。马克思认为社会生活在本质上是实践的，人类社会是一个由经济、政治、文化等多种要素构成的相互依存、相互作用的有机整体，社会发展包括经济发展和其他领域发展在内的、全方位的、协调统一的全面发展和进步过程，社会发展的根本目标是人的全面发展。科学发展观在坚持马克思主义发展理论的基础上，对什么是真正的发展这一本原性问题作出了新的阐释。

1. 社会发展归根到底就是人的发展

科学发展观认为，人是社会历史的主体，人在社会发展中具有最高的价值，是社会发展的根本。因此，我们在社会发展中就应该把人放在首要的位置，社会实践活动要围绕人的生存和发展而进行。人类社会的第一个历史活动，就是满足人的衣、食、住等物质资料的生产活动。一切活动的归宿都是为了人，都是为了满足人们不断增长的物质文化需要，促进人的全面发展和价值的全面实现。

2. 社会发展就是要以满足人的需要为旨归

坚持以人为本，就是要以实现人的全面发展为目标，不断满足人民群众日益增长的物质文化需要。科学发展观强调，要通过社会经济的发展，创造出丰富的物质财富，不断提高人民群众的物质生活水平；要通过社会政治的发展，使人民群众参与管理国家和社会事务，满足人民群众的政治生活需要；要通过精神文化的发展，提高全民族的科学文化素质和思想道德素质，满足人民群众的精神生活需要。发展要以满足人的需要为出发点和归宿点，这才具有真实的意义。

3. 发展就是要实现人的全面发展

科学发展观强调“人的全面发展”，强调每个人都能得到自由、完整、和谐的发展。自由发展，就是作为主体的人的自觉、自愿和自主的发展，是人自身人格的完善和社会进步的发展。完整发展，就是人的各种需要、素质能力、社会交往关系的整体发展，其中最主要的是重视人的素质的提高。和谐发展，就是人与人之间、人与社会之间、人与自然之间的友善、合作、协调、有序。

（三）发展动力：科学发展观对马克思主义社会发展理论的新发展

马克思恩格斯把人类社会发展的根本动力归结为社会的基本矛盾，即生产力和生产关系、经济基础和上层建筑之间的矛盾运动，“一切历史冲突都根源于生产力和交往形式之间的矛盾”①。在阶级社会，阶级斗争是推动历史发展的直接动力。人民群众是推动历史前进的物质力量。科学发展观在坚持马克思主义发展理论的基础上，对社会发展动力作了新的阐发。

1.“和谐”动力

科学发展观坚持辩证唯物主义和历史唯物主义，进一步深化认识了矛盾的同一性即和谐在事物发展中的作用，系统阐述了和谐在推动社会发展中的突出作用，形成了和谐动力论。党中央提出了构建社会主义和谐社会的战略任务，并从多方面阐述了走向“和谐”的基本路径。胡锦涛指出：“要始终保持清醒头脑，居安思危，深刻认识我国发展的阶段性特征，科学分析影响社会和谐的矛盾和问题及其产生的原因，更加积极主动地正视矛盾、化解矛盾，最大限度地增加和谐因素，最大限度地减少不和谐因素，不断促进社会和谐。”说到底，就是要正确认识和处理社会主义社会的各种矛盾关系，促进生产关系与生产力、上层建筑与经济基础相协调，实现人与人、人与社会、人与自然的和谐有序，促使社会始终充满蓬勃生机与活力。和谐动力论是对马克思主义社会发展动力论的继承和重大发展。

2. 改革动力

在社会主义条件下，改革是解放和发展生产力的推动力量。邓小平多次强调，“改革是中国的第二次革命”②，“改革是中国发展生产力的必由

① 《马克思恩格斯文集》第1卷，人民出版社2009年版，第567—568页。

② 《邓小平文选》第3卷，人民出版社1993年版，第113页。

之路”[1]。科学发展观一以贯之地坚持了这一观点，把坚持改革开放作为推进中国特色社会主义的重要力量。胡锦涛指出，改革是“新的历史条件下新的伟大革命”[2]。改革开放是发展中国特色社会主义的强大动力，我国过去30多年的快速发展靠的是改革开放，我国未来发展也必须坚定不移依靠改革开放。“我国发展中不平衡、不协调、不可持续问题突出，制约科学发展的体制机制障碍躲不开、绕不过，必须通过深化改革加以解决。”[3] 总之，改革开放是决定当代中国命运的关键抉择，是发展中国特色社会主义、实现中华民族伟大复兴的必由之路。只有社会主义才能救中国，只有改革开放才能发展中国、发展社会主义、发展马克思主义。改革动力论是对马克思主义社会革命动力论的继承和重大发展。

3. 科技动力

中国共产党历来重视科学技术对于社会发展的重大作用，邓小平就提出了“科学技术是第一生产力”[4] 的著名论断，江泽民提出了实施“科教兴国”战略，强调“要坚持把科学技术放在优先发展的战略地位，坚持依靠科技进步来提高经济效益和社会效益”[5]。进入21世纪，科技发展日新月异，科技的作用已经体现在社会发展的各个领域和方面，成为国家经济社会发展的一种重要的战略资源。以胡锦涛为总书记的党中央高度重视科学技术的重要作用，强调科学技术“日益成为经济社会发展的决定性力量”，要“深刻认识科技进步对推动经济社会发展的关键作用”[6]。为此，我国明确提出了要“建设创新型国家”，并实施“人才强国战略”，努力把我国建设成为人力资源强国。

① 《邓小平文选》第3卷，人民出版社1993年版，第136页。

② 《十七大以来重要文献选编》（上），中央文献出版社2009年版，第394页。

③ 胡锦涛：《在庆祝中国共产党成立90周年大会上的讲话》，人民出版社2011年版，第18页。

④ 《邓小平文选》第3卷，人民出版社1993年版，第274页。

⑤ 《十三大以来重要文献选编》（中），人民出版社1991年版，第781页。

⑥ 《十六大以来重要文献选编》（下），中央文献出版社2008年版，第61页。

（四）发展目标：科学发展观对马克思主义社会发展理论的新发展

马克思主义认为，社会发展的直接目标是满足每一个社会成员生存的基本物质生活资料需要和进一步发展的社会条件，社会全面进步是社会发展的总体要求和基本目标，人的自由全面发展是社会发展的最高目标和价值取向。科学发展观在坚持马克思主义社会发展理论的基础上，对发展目标作了新阐释。

1. 全面发展：全面建成小康社会

中国共产党对全面发展的认识经历了一个不断深化的过程，从最初的经济、政治、文化“三位一体”，到全面推进经济建设、政治建设、文化建设、社会建设“四位一体”，再到全面落实经济建设、政治建设、文化建设、社会建设、生态文明建设“五位一体”总体布局，我党对于全面建设的认识在丰富和发展。按照全面发展的要求，党的十六大提出了全面建设小康社会的奋斗目标，党的十八大进一步提出了要“全面建成小康社会”，体现了我党在实现发展目标的具体步骤和方法上的不断进步。

2. 和谐发展：建设社会主义和谐社会

社会和谐是中国共产党追求的社会发展目标之一。中国共产党认识到，社会和谐是中国特色社会主义的本质属性，“科学发展和社会和谐是内在统一的。没有科学发展就没有社会和谐，没有社会和谐也难以实现科学发展。”① 为此，党的十六届四中全会提出了构建社会主义和谐社会的战略任务。“我们所要建设的社会主义和谐社会，应该是民主法治、公平正义、诚信友爱、充满活力、安定有序、人与自然和谐相处的社会。”② 建设社会主义和谐社会，就是要正确处理人与人、人与自然、人与社会的关系，努力形成全体人民各尽所能、各得其所而又和谐相处的局面。

3. 共同发展：走共同富裕道路

共同富裕是社会主义的根本原则，邓小平关于社会主义本质的科学论

---

① 《十七大以来重要文献选编》（上），中央文献出版社 2009 年版，第 13 页。

② 《十六大以来重要文献选编》（中），中央文献出版社 2006 年版，第 706 页。

断中就包含着“共同富裕”的内容。他强调：“一个公有制占主体，一个共同富裕，这是我们所必须坚持的社会主义的根本原则。”① 科学发展观也始终把共同富裕作为奋斗目标。胡锦涛指出：“必须坚持走共同富裕道路。共同富裕是中国特色社会主义的根本原则。”② 党的十八大为进一步保证全体人民共享改革开放的成果，逐步实现共同富裕，在观念改变和制度安排上都作出了新的部署。

4. 和平发展：构建和谐世界

和平发展是中国共产党人的共同追求，中国共产党历代领导集体都对和平发展进行了深入阐述。新世纪以来，胡锦涛明确提出要坚定不移地走和平发展道路：“中国将坚持和平发展的道路，高举和平、发展、合作的旗帜，同亚洲各国共创亚洲振兴的新局面，努力为人类和平与发展的崇高事业作出更大贡献。”③ 后来，又明确倡导“建设和谐世界”的发展理念，为人类和平与发展的美好未来指明了方向。我国坚持和平发展的不懈追求是，对内求发展、求和谐，对外求合作、求和平。应该说，和平发展是实现科学发展的内在要求，是科学发展观在发展目标上的重大创新和发展。

（五）发展保障：科学发展观对马克思主义社会发展理论的新发展

马克思主义经典作家关于发展保障的思想，主要体现在：以先进的社会主义制度为发展提供根本的政治制度保障；以先进的生产力为发展提供动力保障；以先进的文化为发展提供精神动力和智力支持保障。以胡锦涛为总书记的党中央立足社会主义初级阶段基本国情，在坚持马克思主义社会发展理论的基础上，不断丰富和发展了马克思主义关于发展保障的思想。

---

① 《邓小平文选》第3卷，人民出版社1993年版，第111页。

② 胡锦涛：《坚定不移沿着中国特色社会主义道路前进　为全面建成小康社会而奋斗——在中国共产党第十八次全国代表大会上的报告》，人民出版社2012年版，第15页。

③ 《中国的发展　亚洲的机遇——胡锦涛在博鳌亚洲论坛2004年年会开幕式上的演讲》，《人民日报》2004年4月25日。

1. 加强和改进党的建设，为实现科学发展提供坚强组织保证

中国共产党是中国特色社会主义事业的领导核心，党的建设关系到贯彻落实科学发展观的成效。为此，中央始终强调，要进一步加强和改进党的自身建设，“使党的工作和党的建设更加符合科学发展观的要求”①，要大力“提高党的建设科学化水平”。十七大以来，中央坚持把加强党的执政能力建设放在重要地位，努力加强党的思想建设、政治建设、组织建设、作风建设和反腐倡廉建设，强化党的先进性建设和纯洁性建设，体现了“从严治党”的坚强决心。通过加强和改进党的建设，更好地发挥党的基层组织在推进科学发展中的战斗堡垒作用和党员干部的先锋模范作用，为贯彻落实科学发展观提供坚强保证。

2. 转变经济发展方式，为实现科学发展提供战略保障

十七大以来科学发展观理论最显著的新进展，是加快经济发展方式转变的战略思想不断丰富和深化。在新科技革命的背景下，世界主要国家特别是发达国家为重塑国家实力，都在对经济发展进行新的战略筹划，推动科技创新，促进产业转型，以抢占世界经济发展新的制高点。这种新动向，使我国长期以来形成的主要依赖物质资源投入的传统经济发展方式面临更加严峻的挑战。胡锦涛指出：“只有大力提高自主创新能力，推动产业结构优化升级，努力改变经济大而不强的局面，才能在国际产业发展和国际经济技术竞争中赢得主动。”② 转变经济发展方式的战略思想，就是应世界经济发展新趋势和中国经济发展新要求而提出的。它进一步揭示了社会主义现代化建设规律，是我们党深入贯彻落实科学发展观推动理论创新取得的重大理论成果。

（六）发展评价：科学发展观对马克思主义社会发展理论的新发展

马克思主义关于社会发展评价的标准，主要有生产力标准、制度标准、人的发展标准、社会文明标准。科学发展观指明了新世纪新阶段我国

① 《十七大以来重要文献选编》（上），中央文献出版社2009年版，第14页。
② 《十七大以来重要文献选编》（中），中央文献出版社2011年版，第453—454页。

社会主义现代化建设的发展道路、发展模式、发展战略和发展任务，进一步明确了什么是发展、为什么发展、实现什么样的发展，同时，它也丰富深化了对发展评价标准的认识，对马克思主义社会发展理论作出了新贡献。

1. 人的全面发展是社会发展的最高评价标准

人的全面发展是“八个统筹”的本质要求，“八个统筹”最终的目标是实现人的自由和全面发展。进行社会主义建设既要着眼于人们现实的物质文化需要，又要着眼于促进人们自身素质的提高，要努力促进人的全面发展。发展社会生产力和经济文化不是最终目的，人的全面发展才是发展社会生产力和经济文化的终极目标。把人的全面发展作为社会发展的最高原则和最高评价标准，是对马克思主义人的全面发展理论的继承、丰富和发展。

2.“五大建设”整体推进的具体评价标准

科学发展观确立了“五大建设”的社会发展评价标准。在建设社会主义物质文明、政治文明和精神文明的基础上，科学发展观又提出要建设社会主义生态文明，强调以经济建设、政治建设、文化建设、社会建设、生态文明建设五位一体的总体布局和整体推进为具体标准。这既坚持了社会发展评价标准的多维性，又使社会发展评价标准具体化。这是对马克思主义社会发展评价观的进一步深入和拓展。

3. 全面、协调和可持续发展体现了历史标准和价值标准的统一

“八个统筹”是相互联系，相互促进的，其核心理念是全面、协调和可持续发展。“八个统筹”既要求将生产力发展作为社会发展的根本动力，又要求将人的全面发展作为社会发展的终极目标，体现了社会发展的历史标准和价值评价标准的统一。

第三节　科学发展观是马克思主义社会发展理论的最新形态

科学发展观是马克思主义在当代中国的运用和发展，是马克思主义社

会发展理论的最新形态。我们要深刻认识科学发展观的内涵与精神实质，准确把握科学发展观作为马克思主义社会发展理论的最新成果的历史地位。科学发展观本身也是与时俱进的理论体系，必然随着实践的发展而进一步丰富和发展。

一、科学发展观的内涵与指导地位

科学发展观是适应时代需要的产物。科学发展观是中国特色社会主义理论体系的最新成果，具着丰富而深刻的理论内涵。作为超越传统发展观的新发展观，科学发展观不仅为发展中国特色社会主义提供了行动指南，也代表了中国共产党全新的执政理念。科学发展观的提出，实现了党和国家指导思想的又一次与时俱进。

（一）科学发展观产生的时代背景

任何科学理论的提出都是同特定的时代背景、历史条件和现实要求相联系的。党的十七大报告指出："科学发展观，是立足社会主义初级阶段基本国情，总结我国发展实践，借鉴国外发展经验，适应新的发展要求提出来的。"① 这是对科学发展观形成的时代背景的集中概括。

1. 在深刻把握当今世界的发展态势的基础上提出

任何一种科学理论的提出都是时代和社会发展的产物。党的十八大报告指出："当今世界正在发生深刻复杂变化，和平与发展仍然是时代主题。世界多极化、经济全球化深入发展，文化多样化、社会信息化持续推进。"② 这一判断为我们准确把握当今世界的发展态势提供了重要依据。当今世界，和平、发展、合作、共赢是时代的潮流。世界多极化使国际力量对比发生深刻变化，经济全球化使各国相互依存逐步加深，科技革命使各国面临新的发展机遇。同时，也应看到，我国的发展也面临着一些重大挑战：霸权主义和强权政治依然存在，影响世界和平与发展的不稳定、不确定因素增多；世界经济发展不平衡加剧，围绕资源、市场、技术、人才

---

① 《十七大以来重要文献选编》（上），中央文献出版社2009年版，第10页。

② 胡锦涛：《坚定不移沿着中国特色社会主义道路前进　为全面建成小康社会而奋斗——在中国共产党第十八次全国代表大会上的报告》，人民出版社2012年版，第46页。

的国际竞争日趋激烈，贸易壁垒和贸易摩擦明显增多，发达国家在经济上科技上占优势的压力将长期存在。我们面临的仍将是一个总体上有利于我国发展，但不利因素也可能增多的环境。抓住机遇、应对挑战、加快发展，是新形势下中国共产党人需要面对的重大课题。正如胡锦涛指出的："我们要全面审视当今世界和当代中国发展大势，全面把握我国发展新要求和人民群众新期待，科学制定适应时代要求和人民愿望的行动纲领和大政方针。"① 科学发展观就是适应这一时代发展的需要应运而生的。

2. 在准确把握当代中国阶段性特征及其发展要求上提出

进入新世纪以来，我国经济社会发展呈现出一系列新的阶段性特征。比如，我国经济保持平稳较快增长，经济结构加速调整，但粗放型经济增长方式尚未根本改变，能源、资源、环境、技术的瓶颈制约突出，实现可持续发展遇到的压力增大；社会主义市场经济体制已经初步建立，但还不完善，生产力发展仍然面临诸多体制性、机制性障碍，改革攻坚面临的困难和障碍较多；我国人民生活总体水平达到了小康，但还是低水平的、不全面的、发展很不平衡的小康，就业、医疗、分配等关系群众切身利益的问题和矛盾凸显出来；世界多极化和经济全球化趋势继续发展，综合国力竞争日趋激烈，贸易保护主义有新的表现，经济贸易摩擦明显增多，影响和平与发展的不稳定不确定因素增多，等等。对于这样的国际国内形势，以胡锦涛为总书记的党中央审时度势，高瞻远瞩，作出了机遇与挑战并存、机遇大于挑战的判断，认为我国处在一个可以大有作为的重要战略机遇期，强调必须紧紧抓住和充分用好重要战略机遇期，确定正确的发展目标和思路，制定正确的方针政策和策略，实现经济社会又好又快的发展。科学发展观正是在深刻分析和把握我国发展阶段性特征的基础上提出来的。

3. 在全面总结我国社会主义建设实践经验基础上形成

新中国成立以后，中国共产党领导人民建立起社会主义基本制度，开

① 胡锦涛：《在省部级主要领导干部专题研讨班上的讲话》，载《人民日报》2012 年 7 月 24 日。

始了对社会主义建设道路的艰辛探索。虽然由于种种原因，新中国成立前30年的探索出现了挫折和失误，但依然给后人提供了深刻的教训和宝贵经验。十一届三中全会以来，邓小平领导我们党作出了改革开放的战略决策，走上探索建设中国特色社会主义的道路。改革开放30多年来，我们找到了中国特色社会主义道路，形成了中国特色社会主义理论体系，巩固和发展了中国特色社会主义制度。我国的经济社会发展取得了举世瞩目的伟大成就，在这个过程中也积累了丰富的实践经验。中国共产党是十分重视并善于总结经验的党，党的理论创新也是伴随着不断总结实践经验而不断发展的。用胡锦涛的话来说，“善于总结和学习经验，是我们党的光荣传统，是推进马克思主义基本原理同中国具体实际相结合的重要途径。”①中国共产党对我国社会主义建设的实践经验进行过多次总结，并产生了邓小平理论和“三个代表”重要思想等理论创新成果。党的十六大以来，我们党坚持以邓小平理论和“三个代表”重要思想为指导，总结我国发展的历史经验，根据新的形势和任务，明确提出了科学发展观。可见，科学发展观也是立足于新的时代条件下不断总结实践经验而形成的，鲜活的实践经验是科学发展观形成的源头活水。

4. 在借鉴世界各国社会发展经验的基础上提出

科学发展观具有宽广的世界视野，是面向世界的发展理论。科学发展观的提出是在汲取和借鉴世界各国社会发展经验的基础上提出的。首先，吸收和借鉴了西方发达国家发展的经验教训。在二战结束以来的半个多世纪中，世界各国在发展问题上先后经历过不平凡的道路。起初，加快经济增长成为世界各国的共识，人类创造了前所未有的经济增长奇迹。但是，由于单纯地追求经济增长，不重视社会发展和社会公平，忽视环境保护和能源、资源的节约，导致一些国家出现经济结构失衡，社会发展滞后，能源、资源日趋紧张，生态环境急剧恶化以及高增长下的两极分化、失业增加、社会腐败、政治动荡等问题，经济增长并没有给广大人民带来更多的

---

① 《学习和运用建设社会主义的成功经验　坚持好发展好中国特色社会主义道路——胡锦涛在中共中央政治局第十七次集体学习时强调》，《人民日报》2004年12月3日。

实惠，未能实现持续的增长和真正的发展。世界发展实践表明，发展绝不仅仅是经济的增长，而应该是包括经济、政治、文化、社会的全面发展，应该是人与自然和谐的可持续发展。其次，吸收和借鉴了发展中国家和地区的经验教训。“拉美模式”和亚洲一些国家和地区的发展道路表明，必须坚持从本国的实际出发探索自己的发展道路，而不能盲目照抄照搬。科学发展观正是在广泛汲取世界各国发展经验教训、借鉴国外发展理论有益成果的基础上提出来的。

（二）科学发展观的基本内涵

党的十七大报告中用简练的语言精辟地概括了科学发展观的基本内涵：“科学发展观，第一要义是发展，核心是以人为本，基本要求是全面协调可持续，根本方法是统筹兼顾。”① 对此，需要我们准确理解和全面把握。

1. 第一要义是发展

发展是当今世界的主题，也是当代中国的主题，是建设中国特色社会主义要着力解决的首要问题。贯彻落实科学发展观，必须坚持把发展作为党执政兴国的第一要务，牢牢扭住经济建设这个中心，坚持聚精会神搞建设、一心一意谋发展，不断解放和发展社会生产力。

科学发展观把发展作为第一要义，是由当代中国的基本国情决定的。新世纪新阶段，虽然我国的各项事业取得了巨大成就，但是我国仍处于并将长期处于社会主义初级阶段的基本国情没有变，人民日益增长的物质文化需要同落后的社会生产之间的矛盾这一社会主要矛盾没有变，我国是世界上最大的发展中国家的国际地位没有变。因此，发展仍然是解决我国所有问题的关键。“离开发展，坚持党的先进性、发挥社会主义制度的优越性和实现民富国强都无从谈起。”② 邓小平在改革开放以来就始终强调发展的极端重要性，认为“中国解决所有问题的关键是要靠自己的发展”③，

① 《十七大以来重要文献选编》（上），中央文献出版社 2009 年版，第 11 页。

② 《江泽民文选》第 3 卷，人民出版社 2006 年版，第 538 页。

③ 《邓小平文选》第 3 卷，人民出版社 1993 年版，第 265 页。

“发展才是硬道理”①。胡锦涛在此基础上把发展提到更加重要的地位来认识，强调“发展对于全面建设小康社会、加快推进社会主义现代化，具有决定性意义”②。当前我国发展呈现出来的一系列新的阶段性特征是社会主义初级阶段基本国情在新世纪新阶段的具体表现，为此必须把发展摆在第一位。

坚持发展是第一要义，必须牢牢抓住经济建设这个中心。我国社会主义初级阶段的主要矛盾决定了中国特色社会主义发展的根本任务是不断解放和发展生产力，要坚持“一个中心，两个基本点”的党的基本路线不动摇，集中力量把经济建设搞上去。胡锦涛指出，科学发展观“是用来指导发展的，不能离开发展这个主题，离开了发展这个主题就没有意义了。发展首先要抓好经济发展。”③ 我国当前仍处于可以大有作为的重要战略机遇期，坚持以经济建设为中心是抓住和用好我国发展的重要战略机遇期，从而赢得主动、赢得优势、赢得未来的关键所在。

在当代中国，坚持“发展是硬道理”的本质要求就是坚持科学发展。要着力把握发展规律、创新发展理念、破解发展难题，提高发展质量和效益，实现又好又快发展。要深入实施科教兴国战略、人才强国战略、可持续发展战略，加快形成符合科学发展观要求的发展方式和发展机制，不断解放和发展社会生产力，不断实现科学发展、和谐发展、和平发展，为坚持和发展中国特色社会主义打下牢固基础。

2. 核心是以人为本

“以人为本”中的“人”是指广大人民群众，“本”就是根本，就是出发点、落脚点，就是最广大人民的根本利益。坚持以人为本，就是要始终把实现好、维护好、发展好最广大人民的根本利益作为党和国家一切工作的出发点和落脚点，尊重人民主体地位，发挥人民首创精神，保障人民各项权益，走共同富裕道路，促进人的全面发展，做到发展为了人民、发展依靠人民、发展成果由人民共享。

---

① 《邓小平文选》第3卷，人民出版社1993年版，第377页。

② 《十七大以来重要文献选编》（上），中央文献出版社2009年版，第12页。

③ 《十六大以来重要文献选编》（上），中央文献出版社2005年版，第851页。

发展为了人民，是全心全意为人民服务的根本宗旨的必然要求，也是立党为公、执政为民的具体体现。中国共产党过去、现在和将来的一切奋斗和工作都是为了造福人民。在发展中要坚持用人民拥护不拥护、赞成不赞成、高兴不高兴、答应不答应来衡量一切工作的成败得失。

发展依靠人民，就是要坚持广大人民群众在中国特色社会主义事业中的主体地位，紧紧依靠人民群众的力量，充分调动和发挥人民群众建设中国特色社会主义的积极性、主动性和创造性。离开了人民群众的参与和创造，一切发展都无从谈起。

发展成果由人民共享，就是要以实现人的全面发展为目标，不断满足人民群众日益增长的物质文化需要，切实保障人民群众的经济、政治和文化权益，使发展成果惠及全体人民。要把各项事业发展的目的真正落实到满足人民需要和实现人民的利益，提高人民的生活水平上，让人民群众真正享受到发展的成果。

3. 基本要求是全面协调可持续

全面协调可持续发展是科学发展观的基本要求。贯彻落实这一基本要求，就是要按照中国特色社会主义事业的总体布局，全面推进经济建设、政治建设、文化建设、社会建设和生态文明建设，促进现代化建设各个环节、各个方面相协调，促进生产关系与生产力、上层建筑与经济基础相协调，建设资源节约型、环境友好型社会，实现经济社会永续发展。

所谓全面发展，就是中国特色社会主义“五位一体”布局的整体推进。经济建设、政治建设、文化建设、社会建设和生态文明建设这五个方面是相互联系、相互作用、互为条件、缺一不可的。其中经济建设是根本，政治建设是保证，文化建设是灵魂，社会建设是条件，生态文明建设是基础。只有坚持五位一体建设全面推进、协调发展，才能形成经济富裕、政治民主、文化繁荣、社会公平、生态良好的发展格局，把我国建设成为富强、民主、文明、和谐的社会主义现代化国家。

所谓协调发展，是指各个方面的发展要相互适应，各个环节的发展要有机衔接，各个阶段各个步骤的发展要良性运行。在中国特色社会主义发展中，要注重各个方面、各个领域、各项事业的发展要相互适应，努力兼顾各方面关系，着力解决发展中存在的各种不平衡问题，在发展中实现速度与结构、质量与效益的有机统一，促进发展的良性循环。

所谓可持续发展，就是正确处理人与自然的关系，大力发展生态文明，建设以资源环境承载力为基础、以自然规律为准则、以可持续发展为目标的资源节约型、环境友好型社会，坚持走生产发展、生活富裕、生态良好的文明发展道路，实现速度和结构质量效益相统一，经济发展与人口资源环境相协调，使人民在良好的生态环境中生产生活，实现经济社会的永续发展。

4. 根本方法是统筹兼顾

科学发展观讲的统筹兼顾，就是既要总揽全局、统筹规划，又要抓住牵动全局的主要工作和事关群众利益的突出问题，着力推进、重点突破。这就要求必须正确认识和妥善处理涉及改革发展稳定，影响中国特色社会主义事业进程和走向的各种重大关系，充分调动起各方面的积极性。党的十八大提出要更加自觉地把统筹兼顾作为贯彻落实科学发展观的根本方法，做到“统筹改革发展稳定、内政外交国防、治党治国治军各方面工作，统筹城乡发展、区域发展、经济社会发展、人与自然和谐发展、国内外发展和对外开放，统筹各方面利益关系”的基本要求。

统筹城乡发展，就是要贯彻工业反哺农业、城市支持农村的方针，克服注重城市、忽视农村的倾向，注重解决“三农”问题，逐步改革城乡二元经济结构，建立城乡良性互动的机制，逐步缩小城乡发展差距，推动农村经济社会全面发展，形成城乡经济社会一体化新格局。

统筹区域发展，就是既要继续发挥各个地区的优势和积极性，又要采取重大措施，逐步扭转我国东部地区与中西部地区之间经济社会发展差距不断扩大的趋势，实现各地区共同发展，共同富裕。

统筹经济社会发展，就是要在大力推进经济发展的同时，更加注重社会发展，加快科技、教育、文化、卫生、体育、社会保障、社会管理等社会事业发展，不断满足人民群众在精神文化、健康安全等方面的需求，提高人的素质和人力资源能力，实现经济发展与社会进步的有机统一。

统筹人与自然和谐发展，就是要处理好经济建设、人口增长与资源利用、生态环境保护的关系，纠正和克服过度消耗资源，以牺牲环境为代价而求得发展的片面倾向，使经济发展与人口、资源、环境相协调，营造优美、洁净、舒适的生产生活环境。

统筹国内外发展和对外开放，就是要坚持“引进来”和“走出去”相结合，利用国内外两种资源和两个市场，使世界上的各种生产要素在中国土地上实现最佳的结合，完善对外开放的制度保障，在扩大开放中维护国家安全。

统筹各方面利益关系，就是要坚持从全体人民的整体利益、长远利益和根本利益出发，做到个人利益服从集体利益、局部利益服从整体利益、当前利益服从长远利益，既切实维护好最广大人民的根本利益，又着力解决好人民最关心、最直接、最现实的利益问题。

坚持统筹兼顾这一根本方法，旨在解决经济社会发展中出现的各种各样的矛盾和问题，调动各方面的积极性，其立足点和着眼点就在于中国特色社会主义的全面协调可持续发展。

（三）科学发展观的指导地位

党的十八大报告指出：“解放思想、实事求是、与时俱进、求真务实，是科学发展观最鲜明的精神实质。”科学发展观集中体现了以胡锦涛为总书记的党中央对马克思主义发展理论的创新、发展与重大理论贡献。科学发展观在坚持邓小平理论和“三个代表”重要思想的基础上，进一步回答了中国特色社会主义“为什么发展”、“为谁发展”、“靠谁发展”、“如何发展”、“发展什么”等一系列重大问题，是我们党关于发展的指导思想的一次重大飞跃。深刻认识科学发展观的精神实质，全面把握科学发展观的指导地位，是贯彻落实科学发展观的必然要求。

1. 科学发展观是超越传统社会发展观的新发展观

科学发展观科学系统地回答了社会主义的发展是什么样的发展、为什么发展、怎样发展等基本问题，其内容十分丰富，涵盖了经济、政治、文化、社会发展的各个领域，而核心内容主要是两条：一是强调以人为本，二是强调全面、协调、可持续的发展。首先，科学发展观强调发展是社会主义的第一要义，离开了发展就谈不上社会主义。但是，社会主义的发展，必须是满足人的全面发展需要的发展，必须是全体人民能够享受发展成果的发展。可见，科学发展观更新了发展观念，突出强调了人的主体地位，把发展的出发点和归宿都指向人，强调维护、实现和不断发展最广大人民的根本利益，从而克服了过去的发展观见物不见人的片面性。其次，科学发展观强调社会发展是经济、政治、科技、文化和社会的全面发展，是人、社会、自然的协调发展和可持续发展，突出了构建社会主义和谐社会整体发展的要求，在坚持以经济建设为中心的同时，把发展社会主义市场经济、发展社会主义民主政治、发展社会主义先进文化和构建社会主义和谐社会、建设社会主义生态文明作为一个统一的整体，来积极推进社会主义发展进程，从而克服了以往的发展观只注重经济发展而忽视社会与人全面发展的片面性。这些都实现了对传统发展观的重大超越。

2. 科学发展观是统领中国特色社会主义发展的根本指针

科学发展观以谋求发展为起点，以研究发展为主题，以揭示发展规律为手段，以指导和促进发展实践为目标，在发展动力、发展内涵、发展方式、发展道路等方面进行了系统的理论创新。科学发展观强调，改革是社会主义发展永远不竭的动力，社会主义要通过改革，尤其是通过理论创新、科技创新、制度创新、体制创新、组织创新和管理创新，来推动经济社会的持续、快速、协调发展。科学发展观强调，社会主义的发展是经济、政治、文化和社会的全面发展，只有物质文明、政治文明、精神文明和生态文明都搞好，才是中国特色的社会主义，这就对发展内涵进行了更加全面的概括。科学发展观强调，在发展中要立足全局，统筹兼顾，提出统筹城乡发展、统筹区域发展、统筹经济社会发展、统筹人与自然和谐发展、统筹国内外发展与对外开放、统筹各方面利益关系，从而对发展方式和发展布局作出了新的部署。科学发展观强调，要调整产业结构，转换增长方式，走科技含量高、经济效益好、资源消耗低、环境污染少、人力资源优势得到充分发挥的新型工业化道路；强调坚持走生产发展、生活富裕、生态良好的文明发展道路；等等。科学发展观构建了中国特色社会主义的发展模式，丰富、发展和完善了中国特色社会主义建设的指导思想，是统领我国社会主义经济社会发展全局的根本指针。

3. 科学发展观是中国共产党在新的时代条件下的执政理念

我们党执政的根基源于其先进性，即始终做到“三个代表”。“三个代表”是我们党的立党之本、执政之基、力量之源。坚持党的先进性，就必须放到推动社会主义物质文明、政治文明、精神文明和生态文明的全面发展中去考察，必须放到构建社会主义和谐社会的伟大实践中去考察。树立、坚持和落实科学发展观，就是要努力抓好发展这个党执政兴国的第一要务，在发展先进生产力、推进物质文明建设的同时，大力发展社会主义民主政治和先进文化，不断满足和实现最广大人民的根本利益。坚持立党为公、执政为民，就必须树立和落实科学的政绩观，一切从实际出发，实事求是，根据中国的国情来想问题、办事情、作决策。在考察政绩时，既要看经济指标，又要看社会指标、人文指标和环境指标；既要看城市变化，又要看农村发展；既要看当前的发展，又要看发展的可持续性；既要看经济发展，又要看社会稳定；既要看经济总量的增长，又要看人民群众得到的实惠。发展不能有任何投机取巧，要在实干中办实事，在办实事中求实效，各项政绩要经得起群众的检验、实践的检验和历史的检验，要以人民群众拥护不拥护、赞成不赞成、高兴不高兴、答应不答应，作为衡量政绩的根本标准。科学发展观的提出，集中体现了我们党“立党为公、执政为民”执政理念的本质要求。

党的十八大全面评价了科学发展观的历史地位，指出科学发展观是马克思主义同当代中国实际和时代特征相结合的产物，是马克思主义关于发展的世界观和方法论的集中体现，对新形势下实现什么样的发展、怎样发展等重大问题作出了新的科学回答，把我们对中国特色社会主义规律的认识提高到新的水平，开辟了当代中国马克思主义发展新境界。科学发展观是中国特色社会主义理论体系的最新成果，是中国共产党集体智慧的结晶，是指导党和国家全部工作的强大思想武器。十八大把科学发展观同马克思列宁主义、毛泽东思想、邓小平理论、“三个代表”重要思想一道，作为党必须长期坚持的指导思想写进了党章，充分肯定了科学发展观作为当代中国马克思主义的历史地位和指导意义。

二、科学发展观是马克思主义社会发展理论的最新形态

科学发展观坚持、继承和发展了马克思主义社会发展理论，是马克思主义社会发展理论在当今时代条件下的最新形态。深刻把握科学发展观的这一内在属性，可以从以下三个方面来认识。

（一）科学发展观是马克思主义与当代中国实际相结合的最新产物

科学发展观坚持马克思主义基本原理，紧密结合当代中国发展实际，着眼于推进中国特色社会主义的发展，用一系列新思想、新观点、新论断丰富和发展了马克思主义社会发展理论。科学发展观是马克思主义社会发展理论的创新运用和发展。

进入新世纪以来，中国特色社会主义事业面临着前所未有的机遇和挑战。从国际上看，“和平与发展仍然是时代主题”①，是世界各国人民的普遍愿望和要求；世界多极化和经济全球化趋势深入发展，科技革命日新月异，这些都为发展中国家参与国际合作、提高生产力水平提供了难得的机遇；同时，国际环境复杂多变，综合国力竞争日趋激烈，影响和平与发展的不稳定因素增多，我国将长期面对发达国家在经济科技等方面占优势的压力。从国内来看，我国的改革开放取得了新的历史性突破，综合国力大幅提升，社会主义市场经济体制和各项制度日趋完善，人民生活显著改善，广大人民群众焕发出建设中国特色社会主义的积极性、主动性和创造性，更加坚定了走中国特色社会主义道路的信心和决心。但是，也要看到，我国已进入到改革发展的关键时期，社会转型带来的各种矛盾和问题也日益突出：包括城乡、区域、经济社会发展不平衡的矛盾日益突出，人口资源环境的压力加大；社会利益关系更趋复杂，关系群众切身利益的问题比较突出；体制机制尚不完善，民主法制还有待于健全；一些社会成员诚信缺失、道德失范，一些领域的腐败现象仍比较严重；等等。这些机遇

① 胡锦涛：《坚定不移沿着中国特色社会主义道路前进 为全面建成小康社会而奋斗——在中国共产党第十八次全国代表大会上的报告》，人民出版社2012年版，第46页。

和挑战都对党的执政能力提出了更高的要求。

科学发展观是马克思主义社会发展理论与当代中国实际紧密结合的产物。科学发展观把发展作为第一要义，是基于我国社会主义初级阶段的基本国情。我国虽然取得了经济社会发展的巨大成就，经济总量有了大幅增长，但人均国内生产总值还很低，人民日益增长的物质文化需要与落后的社会生产之间的矛盾依然没有改变，发展的任务依然艰巨。科学发展观把以人为本作为核心，是因为努力实现好维护好发展好最广大人民的利益是我国一切工作的落脚点和归宿，而当前我国经济社会发展过程中暴露出来的许多问题都是民生问题，解决群众的切身利益问题是迫切任务。科学发展观之所以强调全面协调发展和统筹兼顾，是因为当前我国经济社会发展虽然速度很快，但发展的结构性矛盾和不平衡性进一步凸显出来，尤其是城乡、区域之间发展的不平衡越来越突出。科学发展观强调可持续发展，是因为随着我国现代化进程的加快，我国人口继续增加，资源瓶颈制约越来越严重，环境状况依然持续恶化，人口资源环境的压力逐步加大，等等。

总之，科学发展观着眼于推进中国特色社会主义的发展，在发展道路、发展模式、发展战略、发展动力、发展目的和发展要求等方面提出了一系列新的思想观点，初步形成了中国特色社会主义发展的系统理论。科学发展观是马克思主义社会发展理论在当代中国的创新性运用和发展，是马克思主义关于发展的世界观和方法论在当今时代条件下的集中体现。

科学发展观的提出，开辟了马克思主义社会发展理论的新境界。“马克思主义哲学中的发展范畴，包括三个层次，即：宇宙观层次的发展概念、历史观层次的发展概念和一种社会形态处于量变阶段的发展概念。我们党提出的科学发展观是第三个层次的发展观，这个问题是马克思主义哲学发展史上没有得到正面提出和展开过的新问题，其研究的对象和内容属于新领域、新层次。”① 当代中国共产党人在把马克思主义与当代中国实际相结合的过程中，围绕发展问题的探索实现了重大的理论创新，创立了

① 赵丰：《论马克思主义关于发展理论的新成果》，《人民论坛》2013 年第 6 期。

科学发展观。科学发展观回答了在当代中国“实现什么样的发展、怎样发展”的重大问题，揭示的是在经济全球化时代条件下巩固和发展中国特色社会主义的本质要求，从而深化了对社会主义建设规律、共产党执政规律和人类社会发展规律的认识。科学发展观的理论内容，很多是传统的马克思主义社会发展理论所不曾涉及的时代课题，从而为马克思主义社会发展理论增添了鲜活的时代内容，把马克思主义社会发展理论提升到新的高度，开辟了马克思主义社会发展理论的新境界。

（二）科学发展观是坚持和发展党的三代领导集体发展思想的最新成果

在我国社会主义建设的实践过程中，分别以毛泽东、邓小平、江泽民为核心的党的三代中央领导集体围绕发展问题，进行了不懈的探索，形成了丰富的关于发展的思想。党的三代中央领导集体的发展思想是马克思主义社会发展理论在中国的运用与发展所取得的成果，是科学发展观形成的直接理论来源。

在我国社会主义制度确立以后，毛泽东对中国这样的经济文化落后的大国如何选择符合国情的发展道路，如何实现现代化，如何建设、巩固和发展社会主义，进行了有益的理论探索与实践尝试。1956 年，毛泽东发表了著名的《论十大关系》，全面深刻地论述了社会主义建设中各种因素的关系，提出了一系列关于社会主义建设的重要理论观点和实践原则。党的八大正确分析和判断了国内的主要矛盾，并进一步指出要集中力量发展社会生产力，努力实现国家的工业化。1957 年，毛泽东又发表《关于正确处理人民内部矛盾的问题》，进一步明确指出人民内部矛盾代替敌我矛盾已成为国内的主要矛盾，这就为我们党工作重点的战略转移，提供了思想理论依据。虽然在后来的实践中出现了挫折和失误，但毛泽东对于社会主义的艰辛探索取得的成果是改革开放以来成功探索的重要基础。

在 1978 年党的十一届三中全会以来，邓小平紧紧抓住“什么是社会主义、怎样建设社会主义”这一根本问题，继续推进实践探索和理论创新，取得了丰硕的成果。十一届三中全会作出了改革开放的重大决策，把党和国家的工作中心转移到经济建设上来。邓小平明确提出要走自己的路，建设有中国特色的社会主义；强调社会主义的根本任务是解放和发展生产力，“发展才是硬道理”；制定了社会主义初级阶段“以经济建设为中心，坚持四项基本原则、坚持改革开放”的基本路线和一系列重大方针政策；提出并实施现代化建设“三步走”发展战略和“两手抓、两手都要硬”的指导方针，等等。所有这些，都是我们党在社会主义发展问题上取得的重大的理论认识成果，实现了对于社会主义现代化建设规律认识的历史性新飞跃，有力地推动了我国改革开放和现代化建设事业的迅速发展。

在世纪之交新的历史条件下，江泽民坚持、运用和发展了邓小平理论，在理论和实践上进一步深化了对“什么是社会主义、怎样建设社会主义”、“建设什么样的党、怎样建设党”的认识，把马克思主义社会发展理论提升到新的水平。江泽民强调发展是党执政兴国的第一要务，强调物质文明、政治文明、精神文明协调发展；坚持用发展的办法解决前进中的问题，明确提出在发展社会主义市场经济条件下正确处理现代化建设中的一系列重大关系；提出并实施科教兴国、可持续发展、西部大开发、依法治国、以德治国等一系列重大战略，形成了关于发展的一系列新思想、新观点和新论断，进一步丰富了社会主义现代化建设的理论认识，把中国特色社会主义事业全面推向了21世纪。

总之，党的三代中央领导集体坚持马克思主义社会发展理论，对中国社会主义发展道路进行了艰辛的探索，不断深化了对于发展的重要意义、发展的目的、发展的基本内涵、发展的战略目标、发展的基本要求、发展的根本方法、发展的动力等问题的认识，并凝结为毛泽东思想、邓小平理论、“三个代表”重要思想等理论成果。以胡锦涛为总书记的党中央在坚持党的三代领导集体关于发展的重要思想的基础上，着眼于丰富发展内涵、创新发展观念、开拓发展思路、破解发展难题，创立了科学发展观。科学发展观涉及生产力和生产关系、经济基础和上层建筑的各个环节，贯通中国特色社会主义伟大事业和党的建设新的伟大工程的各个方面，坚持和丰富了党的基本理论、基本路线、基本纲领、基本经验，是中国特色社会主义理论体系的最新成果。

（三）科学发展观是吸收借鉴人类文明成果的最新体现

科学发展观批判继承了中国传统文化中关于发展思想的精华。科学发展观的提出有着十分深厚的思想渊源。比如，我国传统文化中蕴含着十分丰富的民本思想。早在千百年前，中国人就提出了“民为邦本，本固邦宁”、“天地之间，莫贵于人”，主张“民为贵，社稷次之，君为轻”，强调“政之所兴，在顺民心；政之所废，在逆民心”。这些朴素的民本思想，体现了重民的价值取向，成为科学发展观“以人为本”核心理念的重要思想渊源。再如，在我国传统文化中有着丰富的关于社会和谐的思想。中国传统文化中的和谐，在人与自然的关系上，强调“天人调谐”；在人与社会的关系上，崇尚“合群济众”；在人与人的关系上，要求“和睦相处”；在各种文明的关系上，主张“善解能容”、“和而不同”。“和”的思想作为中华民族普遍具有的价值观念和理想追求，包括了和谐、和睦、和平、和善、祥和、中和等含义，蕴涵着和以处众、和衷共济、政通人和、内和外顺等深刻的哲学思想和理念。无论在过去还是现在都具有重要价值。科学发展观关于构建社会主义和谐社会的思想，无疑是批判继承了上述传统文化的精华。

科学发展观吸收借鉴了国外发展观的积极成果。随着时代的发展变化，国外发展观也经历了一个嬗变的过程。从20世纪50年代追求经济增长，到60年代追求经济增长和社会发展，再到70年代注重可持续发展，80年代后期开始将发展过程看作人的需求满足、能力发展和个性实现，大体上经历了从“经济增长论”到“增长极限论”，再到“可持续发展观”和“以人为中心的综合发展观”的历史演进过程。尤其是在上世纪70年代末80年代初，法国经济学家佩里提出了“新发展观”，强调发展应以人的价值、人的需要和人的潜力的发挥为中心，旨在满足人的基本需要，促进生活质量的提高和共同体每位成员的全面发展。这是国外发展观的质的转变，具有重大的历史进步性。国外发展观的演进是对发展历史进程的客观反映，是对发展实践经验的深刻总结，体现了人类对发展问题在认识上的不断深化。科学发展观正是在充分吸收了当今世界的发展理念和积极成果，顺应了时代发展的潮流，体现了在坚持人类文明进步价值导向的基础上不断推动理论自身发展的鲜明特点。

三、科学发展观是与时俱进的开放理论体系

与时俱进是马克思主义的理论品质。作为当代中国马克思主义发展理论的最新成果，科学发展观也是与时俱进的开放的理论体系。党的十七大以来，党中央在以科学发展观为指导继续推进中国特色社会主义实践的进程中，以一系列新思想、新观点、新论断不断丰富和发展了科学发展观。作为与时俱进的开放的理论体系，科学发展观也必将随着新实践的发展而不断实现自身的新发展。

（一）十七大以来科学发展观的新发展

实践不仅是检验真理的唯一标准，而且是推动理论发展的根本动力。科学发展观的产生和发展都源于经济社会发展实践的需要和直接推动。十七大以来，在科学发展观指导下，中国特色社会主义事业继续胜利推向前进。这一成功实践不仅使科学发展观得到了合理的验证和演绎，而且为科学发展观的新发展提供了深厚的土壤和理论源泉。科学发展观在实践中得到进一步丰富和发展，这一事实深刻揭示了科学发展观的实践性根源和真理性本质，也集中体现了科学发展观与时俱进的理论品质。

1. 科学发展观指导下的中国特色社会主义实践的新发展

科学发展观是以胡锦涛为总书记的党中央立足社会主义初级阶段基本国情，总结我国发展实践，借鉴国外发展经验，适应新的发展要求提出的科学理论，是新时期中国特色社会主义现代化建设的指导思想和行动指南。十七大以来，我们党适应经济社会发展新阶段的新要求，在科学发展观指导下，坚持用改革、创新的办法来回答和解决当代中国实践进程中面临的新情况、新问题，取得了社会主义现代化建设各项事业的巨大成就，推动了中国特色社会主义实践的快速发展。

一方面，面对来自国际金融危机和国内经济社会转型的挑战，我们党坚持以科学发展观为指导，坚持以人为本，总揽全局、统筹兼顾、协调发展，妥善处理经济社会实践中的一系列重大关系，全面推进经济、政治、

文化、社会、生态文明建设，取得了历史性伟大成就：社会生产力快速发展，综合国力大幅提升，教育、文化、科技、卫生、体育等各项社会事业全面发展，载人航天、探月工程、超级计算机等前沿科技实现重大突破，北京奥运会、上海世博会成功举办，人民生活明显改善，国际地位和影响力显著提高，经济社会全面进步。中国特色社会主义事业呈现出欣欣向荣的发展态势。

另一方面，面对大变革大动荡大调整的世界形势，我们党按照科学发展观的要求，立足于与世界的双向互动，深刻分析世界经济社会发展进程中的新变化，积极参与经济全球化进程，尊重各国在社会制度和发展道路上的自主选择，正确处理与世界各国关系，积极开展和平外交，与世界各国进行贸易往来、文化交流，共担生态保护责任，既汲取和借鉴人类文明发展的共同成果，也致力于世界的和平发展、共同发展。在科学发展观的指导下，中国的发展不仅使中国人民稳定地走上富裕安康的广阔道路，而且为世界和平与发展、为人类文明进步作出了重大贡献。中国特色社会主义的国际影响力和对人类文明的贡献日益凸显。

总之，十七大以来在科学发展观指导下，中国特色社会主义现代化建设取得了巨大成就，充分验证了科学发展观对我国经济社会发展的重大指导作用，有力彰显了科学发展观的重大的理论价值与现实意义。

2. 中国特色社会主义实践推动下的科学发展观理论的新发展

实践的需要为理论的发展提供了新的契机，实践经验的科学总结是理论得以丰富和完善的重要途径。十七大以来，中国特色社会主义经济、政治、文化、社会和生态文明建设的生动实践及其宝贵经验为科学发展观的新发展提供了丰富的理论养料，推动着科学发展观的理论体系进一步得到丰富和完善。

第一，在经济建设方面，进一步探索了复杂经济环境下应对国际金融危机和保障经济社会长远发展的战略举措，既积累了局部经验又在此基础上形成了新的科学论断。在应对国际金融危机中，积累了在复杂经济环境下推动经济社会又好又快发展的重要经验："必须坚持市场机制和宏观调控有机结合，必须坚持长期发展目标和短期增长目标有机结合，必须坚持扩大内需和稳定外需协调发展，必须坚持改善民生和扩大内需内在统一”①；同时，在全面实施“十一五”战略目标和任务的过程中，我们党认识到，加快转变经济发展方式是实现我国经济又好又快发展的关键，加快转变经济发展方式是经济社会领域的一场深刻变革，必须贯穿经济社会发展全过程和各领域，由此在“十二五”规划中明确提出了“以科学发展为主题，以转变经济发展方式为主线，深化改革开放，保障和改善民生，巩固和扩大应对国际金融危机冲击成果，促进经济长期平稳较快发展和社会和谐稳定，为全面建成小康社会打下具有决定性意义的基础”的新论断。

第二，在政治建设方面，进一步探索和总结了社会主义民主政治建设的发展要求、具体路径以及推进政治体制改革的原则、制度化建设等。党的十七届二中全会指出要按照党的十七大作出的部署，坚持好、完善好、发展好人民代表大会制度和中国共产党领导的多党合作和政治协商制度，为党和国家事业发展提供重要的政治制度保障；同时，全会通过了《关于深化行政管理体制改革的意见》和《国务院机构改革方案》，在加大机构整合力度、探索职能有机统一的大部门体制等深化行政体制改革方面迈出重要步伐。党的十七届四中全会就发扬党内民主，以党内民主带动人民民主，以及完善选人用人机制、干部选拔任用机制，健全干部管理机制作出了部署等。胡锦涛在庆祝中国共产党成立90周年大会上的讲话中指出，发展社会主义民主政治，必须坚持中国特色社会主义政治发展道路，关键是要坚持党的领导、人民当家作主、依法治国有机统一，要不断推进社会主义民主政治制度化、规范化、程序化，进一步把我国社会主义政治制度的优越性发挥出来，为党和国家兴旺发达、长治久安提供更加完善的制度保障。这些新论断有力地推动了我国社会主义民主政治建设的步伐。

第三，在文化建设方面，进一步探索和总结了中国特色社会主义文化发展道路的基本内涵和要求、推动文化大发展大繁荣需要正确认识和处理的重大关系、新的历史条件下我国文化发展的客观规律等。党的十七届六

① 《十七大以来重要文献选编》（中），中央文献出版社2011年版，第279页。

中全会作出了关于深化文化体制改革和推动社会主义文化大发展大繁荣若干重大问题的决定，深刻分析了我国文化建设所面临的国际国内环境，明确提出了“社会主义先进文化是马克思主义政党思想精神上的旗帜，文化建设是中国特色社会主义事业总体布局的重要组成部分”、“物质贫乏不是社会主义，精神空虚也不是社会主义，没有社会主义文化繁荣发展，就没有社会主义现代化”、“社会主义核心价值体系是兴国之魂，是社会主义文化的精髓”等论断，并就坚持中国特色社会主义文化发展道路努力建设社会主义文化强国作出部署，标志着我们党对社会主义文化建设更加自觉自信。

第四，在社会建设方面，进一步探索和总结了社会建设的地位和重要性、社会建设的重点和具体举措等。十七大以来，我们党把发展社会事业和改善民生作为社会建设的重点，指出“要始终把发展社会事业和改善民生作为贯彻落实科学发展观的重要任务，作为全面建设小康社会的迫切要求，作为转变经济发展方式、扩大国内需求的重要途径”①，提出把促进就业放在经济社会发展的优先位置，提高城乡居民收入和改革分配制度，加快完善中国特色社会保障体系，推进医药卫生体制改革，推进社会事业领域的改革等重要举措；致力于社会管理创新，在2011年中央举办的社会管理及其创新省部级领导专题研讨班上，第一次对社会管理及其创新作出了全面系统阐述，对提高社会管理的科学化水平，把群众工作作为社会管理基础性经常性根本性工作，建立健全中国特色社会主义社会管理体系等问题进行了科学研讨和总结，再现了马克思主义社会管理理论的当代价值，丰富和发展了科学发展观。

第五，在生态文明建设方面，探索总结了生态文明建设在我国社会主义整体建设中的地位、作用，以及生态文明建设的要求和重要举措。党的十七大首次提出了“生态文明”的要求：“基本形成节约能源资源和保护生态环境的产业结构、增长方式、消费模式”“生态环境质量明显改善，

① 《十七大以来重要文献选编》（中），中央文献出版社2011年版，第471页。

生态文明观念在全社会牢固树立”①。在深入贯彻落实科学发展观的过程中，进一步提出要把生态文明建设与社会主义现代化建设统一起来，并强调了农村生态文明工作的重要性。党的十七届三中全会明确将生态文明建设与经济建设、政治建设、文化建设、社会建设并列，突出了生态文明建设的战略地位，把生态文明建设作为推动国民经济又好又快发展的重要举措。在应对国际金融危机的过程中，党中央适时提出了“生态文明建设”是转变经济发展方式的重要着力点、“生态文明建设”是调整经济结构的抓手的新论断。党的十七届五中全会再次提出将生态文明建设推向纵深是今后我国经济社会发展的重要任务，这一系列关于生态文明建设的科学论断是十七大以来科学发展观新发展的重要内容。

胡锦涛指出：“实践发展永无止境，认识真理永无止境，理论创新永无止境。”我们要“及时总结党领导人民创造的新鲜经验，重点抓住经济社会发展重大问题，作出新的理论概括，永葆科学理论的旺盛生命力”②。十七大以来科学发展观的新发展，是中国共产党对于理论创新高度自觉的集中体现，也是科学发展观作为与时俱进的开放的理论体系的一个生动注解。

（二）十七大以来科学发展观理论创新的主要路径

科学发展观是一个内涵丰富、逻辑严密的思想理论体系。作为指导中国特色社会主义现代化建设的行动指南，科学发展观的基本思想和要旨必须创造性地转化为科学的发展战略、发展目标、发展任务、发展举措等具体表现形式，才能切实贯彻落实到实践中，才能转化为改造世界的巨大物质力量。党的十七大以来，党中央立足新阶段、新形势、新要求、新任务，将抽象的发展理念转化为具体发展理论，将系统的发展理论转化为适应新形势的具体发展战略、发展目标、发展任务、发展举措等，进一步丰富和发展了科学发展观的科学理论体系。推进科学发展观自身完善和发展

---

① 《科学发展观重要论述摘编》，中央文献出版社、党建读物出版社 2008 年版，第 16 页。

② 胡锦涛：《在庆祝中国共产党成立 90 周年大会上的讲话》，人民出版社 2011 年版，第 12 页。

的理论创新路径主要包括以下方面：

1. 分析新情况并对新形势作出新判断

实事求是、一切从实际出发是科学发展观的理论精髓，“当前国内外形势”这个“实际”是科学发展观理论和实践新发展的逻辑出发点，对当前国内外形势的正确判断是以科学的思想和方法对现实世界及其变化作出的积极理论反映，为新时期制定和调整发展战略、发展目标、发展任务、发展举措提供了理论前提。十七大以来，国际局势大变动大调整，国内也面临着经济社会发展的深刻变化。例如，面对突如其来的世界金融危机，十七届三中全会全面分析了面临的形势和任务，指出“当前国际金融市场动荡加剧，全球经济增长明显放缓，国际经济环境中不确定不稳定因素明显增多，我国总体形势是好的，经济保持较快增长，金融业稳健运行，我国经济发展的基本态势没有改变，但国内经济运行中也存在一些突出矛盾和问题”。对国际局势和国内形势的这一科学分析和判断，是我们党制定正确的应对措施，最终战胜金融危机的关键；在我国即将进入全面建设小康社会的“十二五”关键时期，十七届五中全会再次准确分析了“十二五”时期的国内外环境，指出当前和今后一个时期，我国既面临难得的历史机遇，也面对诸多可以预见和难以预见的风险挑战等，这为科学制定“十二五”规划，及今后中国的发展提供了重要的理论依据。

2. 根据新情况新问题提出新论断新举措

面对世界金融危机的巨大冲击，我们党确立了保增长、保民生、保稳定的方针，有效实施了应对危机的宏观经济措施和一揽子计划，保持了中国经济发展的良好态势，并为长远可持续发展奠定了重要基础；面对汶川特大地震等重大自然灾害，确立了以人为本、全面展开救灾和灾后恢复重建的重要举措，有效地应对了自然灾害；同时，围绕如何加快转变经济发展方式、深化改革开放、保障和改善民生，促进社会和谐稳定；围绕以改革创新精神推进党的建设、发展社会主义民主政治；围绕科教兴国、人才强国、文化强国，促进社会进步；围绕积极应对气候变化、保护生态、推动生态文明建设；围绕推动两岸关系、扩大对外交往、推动世界和平发展等方面，提出了一系列的新论断新举措，取得了新的阶段性理论成果。

3. 把握新的发展要求确立新的发展目标任务

十七大以来，我们顺利完成了“十一五”规划确定的主要目标和任务，谱写了中国特色社会主义的新篇章。但我国仍处于并将长期处于社会主义初级阶段的基本国情没有变，人民日益增长的物质文化需要同落后的社会生产之间的矛盾这一社会主要矛盾没有变，我国仍然是世界上最大的发展中国家这个总体定位没有变。因此，坚持科学发展是解决我国所有问题的关键。根据党的十七大作出的战略部署和我国经济社会发展的客观要求，我们党制定了国民经济和社会发展第十二个五年规划，确立了今后五年中国经济发展的主要方向、指导思想、发展目标和发展任务。“十二五”规划贯穿“科学发展”的主题，是指导我国今后五年经济社会发展的战略规划，是科学发展观新发展的重要体现。

十七大以来科学发展观的新发展，其理论创新成果集中凝结在党的十八大报告中。党的十八大报告指出，总结过去十年奋斗历程，最重要的一条就是形成和贯彻了科学发展观；面向未来，必须把科学发展观贯彻到我国现代化建设全过程、体现到党的建设各方面。党的十八大对于进一步深入贯彻落实科学发展观，确立了新目标，明确了新任务，提出了新要求。我们相信，在党的十八大精神指引下，中国特色社会主义实践必将开拓更为广阔的发展前景，科学发展观也必将在新的实践基础上继续实现新的发展。

第三章　科学发展观与党的三代中央领导集体的发展思想

在中国社会主义建设的实践过程中，分别以毛泽东、邓小平、江泽民为核心的党的三代中央领导集体，围绕发展问题，从中国社会主义建设的实际出发，进行了不懈的探索，形成了关于发展问题的重要思想，并在其指导下取得了经济社会发展的巨大成就。进入新世纪以来，以胡锦涛为主要代表的中国共产党人把握世界发展趋势和时代特征，深入分析我国发展的阶段性特征，从党和国家事业发展的全局出发，提出了以人为本、全面协调可持续的科学发展观，是对党的三代中央领导集体关于发展的重要思想的继承和发展。

第一节　党的三代中央领导集体发展思想形成的时代背景与基本特征

新中国的成立，是开天辟地的大事，对世界格局的影响深远。另一方面，世界格局及其变化也深刻地影响到新中国的基本战略和社会主义现代化建设的进程。在这种双向互动中，中国共产党不断推进与深化对社会主义和现代化的认识，并在这一基础上反思、总结社会主义现代化建设实践中的经验与教训，形成了具有时代特点和中国特色的发展战略与发展思想。

一、党的三代中央领导集体发展思想形成的时代背景

党的三代中央领导集体发展思想的形成与发展，是和其时代背景紧密关联的。从长时段来看，他们都处于世界现代化浪潮的宏观背景下，他们的发展战略和发展思想，都是中国社会主义现代化进程和现代化思想的重要组成部分；从短时段来看，世界格局和国内形势的变化，使他们的发展战略和发展思想呈现出一定的变化。为了从整体上来把握他们发展战略和发展思想的变与不变，就有必要把握时代背景的变与不变。时代背景的不变，主要体现在世界现代化进程中的中心——外围结构，以及资本主义与社会主义对现代性话语权的争夺与两者之间的对抗格局；时代背景的变，则主要体现在新中国外交战略和现代化战略抉择的多变历程。

（一）世界现代化进程中的中心——外围结构①

16 世纪前后，资本主义现代化自欧洲发端，并进而成为席卷全球的浪潮。在世界资本主义现代化进程中，由于先发后发的区别，现代世界的结构呈现出中心——外围的依附结构。先发型资本主义国家，在全球范围内逐步建立起世界资本主义殖民体系，成为现代世界的中心；而绝大部分的国家与地区，成为殖民地或半殖民地。到第二次世界大战结束后，随着殖民地半殖民地独立运动的持续高涨，到 20 世纪 90 年代初，以 1990 年 3 月 21 日非洲最后一个殖民地纳米比亚的独立为标志，世界资本主义殖民体系最终崩溃。二战以来，逐渐取代世界资本主义殖民体系兴起的，是以美国为首所建立的世界资本主义产业依附体系。它以经济依附为主要特征，而淡化了传统殖民体系所具有的政治依附色彩。然而不管是世界资本主义殖民体系，还是世界资本主义产业依附体系，其中心——外围的基本结构始终没有发生根本性的变化。

在这一结构下，资本主义世界的发展呈现出一种二元发展结构。一方面，一小部分处于中心的资本主义国家，物质繁荣、科技进步、社会稳定、人民生活在一种安逸舒适有保障的福利国家光环下；另一方面，世界

① 中心外围的分析框架，源于现代化理论流派中的依附理论学派。

上绝大部分搞资本主义的国家的发展情况不仅乏善可陈，甚至江河日下、政局不稳、社会矛盾激化。造成这一问题的根本原因在于资本主义生产方式决定的发展路径的排他性、独占性与垄断性。资本主义生产方式的核心在于最大限度地追求利润最大化，以商品货币的关系重构了整个社会交往关系。资本的核心在于将一切自然与社会资源化为价值来源，在整个全球综合资源恒定的前提下，资本主义局部的繁荣，意味着其他地方的自然资源和劳动被资本主义主导下的贸易规则配置到了部分中心国家，由此造成了欠发达国家的积累性贫困。资本的本质就是创造一切能创造的条件追求利润最大化，这一点决定了发达资本主义不仅不会支持欠发达国家的发展从而给自己造就竞争对手或和他国进行全球资源分享，反而要弱化、遏制可能的竞争对手，维持资本对人与资源的主导与支配权。从世界资本主义殖民体系向世界资本主义产业依附体系的转变，并不能从本质上改变资本的掠夺和排他的本性及由此本性而决定的中心外围结构，只不过是改变了中心对外围的掠夺方式以及中心对外围的控制形式。

在这种结构之下，由外围进入中心的道路是被遏制的。这种遏制，从战略层面来看，对于大多数中小国家而言，是无法抗衡与摆脱的，而对大的国家而言，也是一个巨大的挑战。由于在发展起点、发展资源等方面，后发型大国与发达国家相比，差距巨大；同时还需要分出大部分力量来抗衡发达国家的遏制压力，这就决定了后发型大国发展道路的崎岖与艰辛。从现代化的世界进程来看，俄国、中国、印度三个后发型大国，在现代化道路及发展战略的选择上，既有共同点，也有不同点。共同的地方在于，三者都存在一个摆脱依附、谋求独立发展的过程。不同之处则在于，俄国通过苏维埃革命、中国通过建立社会主义国家，完全独立，甚至可以说是自我封闭于资本主义世界体系之外，从而走出了一条资本主义发展道路之外的社会主义现代化新道路——这条新道路尽管付出了巨大的牺牲，但获得了高速与高效；印度则通过民族独立运动摆脱殖民地地位而走上了资本主义发展道路，但是其政治上的独立并不能改变其经济上半依附的事实，而经济上的半依附地位，也导致了印度在现代化发展上的缓慢与低效。

极具讽刺意味的是，中心外围的现代化景观，不仅发生在资本主义世界，同样也发生在资本主义世界的对立面——社会主义世界。苏联对东欧社会主义国家的控制以及对社会主义中国的控制与遏制意图，充分表明了这一点。意识形态与现代化，哪一个才是理解现代世界的中心线索？这是一个值得深思的问题。

中心对外围的遏制，构成了世界现代化最基本的景观之一，这可以说是世界现代化进程这一大时代的第一个基本特征，也是近代以来中国社会发展的基本处境之一。中国社会的现代化进程，正是在这种处境下蹒跚前行的。

（二）资本主义与社会主义对现代性话语权的争夺与两者之间的对抗格局

资本的全球性扩张，在将世界整合为中心——外围结构的同时，也树立了资本在现代性话语中的统治地位，从而形成了现代世界思想与权力之间的同构与同谋。然而，哪里有压迫，哪里就有反抗，这种反抗既体现在中心国家内部的受压迫群体的革命行动上，也体现在外围国家的反遏制行为上。与这种两种反抗相适应的，是新的现代性思想的产生，其中以马克思影响最大。马克思以其对资本主义现代性话语的核心——资本本性的批判，和对现代化道路的新的设计（即科学社会主义），开启出了一种新型的现代性。

现代化理论的核心问题是现代性问题，所谓现代性是指使现代成其为现代而区别于传统的根源与根本，现代化只是现代性的表现或实现现代性的过程。因此，国内外学术界一般认为现代化理论包含下述两个层面：一是“现代”，它不是一个历史概念或时间概念，而是一个关于人类社会进步与发展的价值判断与价值导引，它优于或高于“传统”，这一层面也往往被表述为现代性的根基性维度[①]，也即人的维度；二是“化”，从表层看，是传统向现代转化的历史过程，从深层看，是现代扬弃传统而实现自

① 一般认为现代性具有三个维度，即根基维度、制度维度和思想文化维度，这种提法有其合理性，根基维度作为理念的层面，统摄了现实制度维度和具体的思想文化维度。在本文中，基于理念层面和思想文化维度之间的整体性，故只论述了两个维度，即把思想文化维度整合在根基维度中。

身的过程与表现，这一层面也往往被表述为现代性的制度性维度，它包括民族国家的产生、生产方式上的工业化、空间形态上的都市化、经济运行上的市场化、政治体制上的民主化等。

在西方现代化理论内部，主流的声音是论证资本主义才是现代的表征，其中马克思关于新教伦理与资本主义关系的论证，可为代表。但是西方现代性存在一个内在的悖论，它将人本主义表述为根基维度，在资本主义制度下，人的现代化则表现为异化。如马克思所揭露的："金钱和资本是工人劳动异化的产物，是工人劳动的物化。钱是一切事物的普遍价值，是一个独立的东西""钱是从人异化出来的劳动和存在的本质，这个外在本质却统治了人，人却向他膜拜。"① 人仅成为创造物质财富的手段，而非实现人的真正发展，资本占有劳动，人成为资本的奴隶，使人不能平等发展；机器支配人，人成为机器的一个零件，使人不能自由发展；分工限制人，使人不能完整发展。劳动对于工人来说成了外在的不属于自己本质的行为。

在马克思看来，物质决定意识，基于生产力基础上的生产关系，才是所谓现代性的真正根基。上述异化的产生，正是源于资本主义私有制，源于资本无限扩张的本性，正是近代以来资本的无限扩张，造成了资本对人的普遍统治或者说人的普遍异化，而只要资本主义生产方式没有得到扬弃，现代性的增长就必然表现为一个物本位增长的过程，人本位就只能是空想；基于资本主义的内部批判、自我修正以及人本主义的美好设想，至多只是延缓或减速这一过程。因此，尽管现代性思想家将人本主义描述为资本主义现代性的根基维度，实质上其根基则是资本主义私有制，它在其所谓根基维度中表述出来的人，之所以是抽象的人——人格化的资本，以及之所以高扬理性、贬抑非理性，都是资本主义私有制所要求的结果。资本主义现代性追求效用最大化的理性人假设，不过是无限追逐剩余价值的资本的人格化；现代社会崇尚的先验理性，不过是资本交易平等原则的抽象；人与自然对立，源于追求利润最大化的资本生产方式对自然资源和劳

① 《马克思恩格斯全集》第1卷，人民出版社1956版，第448页。

动力的无限掠夺；资本全球化以金钱道德和自由、民主、人权取代封建特权，成为现代性的民主和自由的主要来源；资本造就“商品拜物教”，使意识形态成为“物化意识”，成为现代社会世俗理性与工具理性的根源。

马克思这一关于资本主义现代性的解读，是对西方现代化理论的颠覆性变革，它将西方现代化理论所谓的根基维度变为了第二位的意识形态维度，而将其所谓的制度性维度还原为根基维度。由此，马克思就开启了一种新型的现代性话语体系，即真正的人本主义现代性。这种现代性不是在人本位与资本本位的根本对立中来空谈人本位，而是将人本位贯彻到现实的制度维度之中，以公有制来限制资本的扩张，从而使人本主义真正成为制度维度的根基维度，真正实现了人本维度与制度维度的统一。

在资本主义与马克思主义的现代性话语体系分流的基础上，在世界现代性思想领域形成了资本主义和社会主义争夺现代性话语权的基本景观。与现代性话语权争夺相对应的是资本主义和社会主义在现实中的对抗格局。二战结束后，以苏联为首的社会主义阵营与以美国为首的资本主义阵营之间的对峙格局逐渐形成。20 世纪 80 年代末到 90 年代初，苏东剧变，社会主义阵营与资本主义阵营的对峙格局解体，但是社会主义与资本主义的对抗局面并未停止，中国继苏联之后，成为美国战略遏制的重点。

资本主义和社会主义对现代性话语权的争夺以及资本主义和社会主义的现实对抗格局，构成了世界现代化的另一种基本景观，这可以说是世界现代化进程这一大时代的第二个基本特征，也是新中国成立以来中国社会发展的基本处境之一。新中国的现代化进程，正是在这种处境下蹒跚前行的。

（三）新中国外交战略和现代化战略抉择的多变历程

中心对外围的遏制，资本主义和社会主义对现代性话语权的争夺以及资本主义和社会主义的现实对抗格局，新中国起步时落后的经济社会发展状况，构成了新中国社会发展进程的基本处境，深刻地影响了中国现代化战略的选择和党中央三代领导集体的发展思想。作为具有强国潜质的社会主义新中国，尽管刚起步时经济社会发展状况极其落后，但一开始就受到以美国为首的资本主义阵营的重点遏制和以苏联为首的社会主义阵营的重点关注，新中国的现代化战略选择，按照环境决定战略的原理，可以说主要便是由这一基本处境决定的。而联结世界环境与中国现代化战略的中介，正是外交战略，因此可以通过外交战略的选择与变化来看世界环境对中国现代化战略选择的影响。

新中国成立初期，新中国面临的国际环境十分严峻，而国内百废待兴，建设任务极其繁重，为此，必须在国际上寻求强有力的安全支持，而在当时唯一可以争取的国际盟友便是苏联及其他社会主义国家。这样，从维护国家自身安全利益和顺利进行社会主义现代化建设出发，中国提出了“一边倒”的对外战略，它符合尽可能争取国际盟友以对付共同敌人这一国家行为的一般准则。1950 年 2 月签署的《中苏友好同盟互助条约》，以条约的形式把中苏同盟关系固定下来。这对以美国为首的资本主义阵营起到了威慑作用。正是慑于中苏同盟，美国统治集团内部多次企图扩大朝鲜战争，把战火引向中国大陆，都未敢贸然行动，从而保障了新生共和国的安全，便于放手进行国内的经济建设。

亲苏拒美的“一边倒”政策，是当时世界格局的产物，它不仅仅是一种外交战略，同时也是中国现代化道路选择的方向标，意味着中国采取了且必须采取融入社会主义现代化世界体系、向苏联学习、采用苏联模式的现代化战略。1950 年，中苏签订了《关于苏联贷款给中华人民共和国的协定》，苏联在五年内提供总数为 12 亿旧卢布（折合 3 亿美元）的低息贷款，中国用这笔贷款向苏联购进建设所需之机器设备和其他器材。1953 年至 1954 年，中苏先后签订了三批苏联供应成套设备建设项目协议书，随后，苏联又陆续同意增加相当数量的援建项目，总共承诺援建 304 项。此外，中国与苏联东欧各国还签订了科学技术合作协定。截至 1959 年，共向中国转让了 4000 多项技术资料，使中国能在较短的时间内掌握先进的技术，大大促进了工业化的进程。与此同时，苏联和东欧各国还派遣大批专家和工程技术人员来华，传授技术，帮助新中国培养技术人才。

“一边倒”对外战略的实施为新中国大规模的经济建设争取到了急需的资金、技术、人才乃至管理经验，这对冲破以美国为首的西方阵营的经济封锁和禁运，迅速恢复和发展国民经济，胜利完成第一个五年计划，建立新中国的工业化基础，都起到了不可忽视的作用。但是，从战略层面来看，“一边倒”的现代化战略导向也必然导致中国经济对苏联经济的很大程度上的依附局面，这是社会主义世界体系的中心外围结构决定的。苏联作为社会主义世界体系的中心，在当时可以说是一家独大，这种独大局面使苏联的控制欲膨胀，甚至远远超过美国。因此仅仅经济上一定程度的依附，并不能满足苏联的控制欲望，而经济上的完全依附以及政治上的依附，是具有大国潜力的中国政府所不能接受的，这可以说是1960年中苏关系破裂并走向对立的战略性的、根本的原因。

1960年，中苏关系破裂并走向对立，中国被资本主义阵容和社会主义阵容同时孤立和围堵。这种孤立和围堵，正是中心对外围遏制的体现。具有强国潜质的中国，对两个中心而言都是具有威胁性的外围，最好的方式是扼杀于摇篮之中，但是美苏争霸的局面，使中国具有回旋于两者之间的资本与底气，因而同时被两个中心所孤立和围堵，从战略上来看，就是中国的必然命运。继“一边倒”政策之后，为了减轻来自两个中心的压力，中国把外交立足点转向“两个中间地带”国家。在大力发展同亚非拉各国友好往来的同时，充分利用资本主义世界的内部矛盾，努力加强对西欧和日本的工作，缓解美苏对我国实施孤立与围堵政策的压力，从而拓宽了外交局面，增强了与美苏威胁和压力相抗衡的力量。与此相适应，中国的现代化道路，也由全盘照搬苏联模式转向自我探索。但是由于原有苏联模式和体制的影响，以及对社会主义认识的偏颇，这种自我探索的道路颇为曲折，并且一度出现诸如十年“文化大革命”的重大失误。

耐人寻味的是，社会主义性质的新中国，打开来自两个中心的孤立和围堵的缺口，则是资本主义阵营的美国。1970年，中国恢复了在联合国的合法席位；1972年，尼克松访华；1978年，中美两国政府同时发表了《中华人民共和国和美利坚合众国关于建立外交关系的联合公报》，标志着中美关系进入一个新的历史阶段。从战略上来分析，下述关键因素导致了这一看似反常的现象。以苏联为首的社会主义阵营，在中心和外围之间，不存在中间层，如果中国加入，势必改变这种无中间层的中心外围结构，对苏联的中心地位威胁性极大，这就决定了从长远来看，无论是在经济上，还是政治上，中国融入以苏联为首的社会主义阵营的高难度性。与之相反，以美国为首的资本主义阵营，由于西欧及日本等大量中间层国家的存在，如果中国加入，并不会改变这种中心外围结构，而且从中心的立场来看，中国的社会主义性质，反而会造就中间层国家之间的相互牵制，从根本上有利于中心地位的巩固。

1979年，是中国现代化战略转变的分水岭，以中美关系正常化为基础，中国实行改革开放，在计划经济为主的前提下引入市场经济作为补充，从而开始了在经济上融入世界资本主义市场经济体系的步伐。1991年，苏联解体，世界格局进入新的时代。从战略层面来看，这一事件对中国的影响是双重的。苏联解体，意味着来自苏联的巨大压力消失了，但是美国的战略遏制重点不可避免地转向了中国及其他发展中大国。于是，看似反常的事件再一次出现，同为社会主义性质的苏联，是中国的孤立与围堵者，而由苏联解体而来的资本主义性质的俄罗斯，则成为中国最坚实的合作者。苏联解体，也使中国市场经济的步伐再度加快。1992年，邓小平“南方谈话”，从根本上破除了市场经济姓“资”、计划经济姓“社”的传统观念，为社会主义市场经济理论的提出和社会主义市场经济体制的建立指明了方向；同年党的十四大明确提出要建立社会主义市场经济体制。1992年的这两个事件标志着中国现代化战略的重大转折，如果说1960年以前中国现代化战略的基本思路是利用美苏矛盾，联苏抗美，以融入社会主义阵营为条件，换取苏联援助，采用苏联模式，争取在短时间内建设成为现代化强国；1960年至1979年，基本思路是利用“两个中间地带”，缓解来自两个中心的巨大压力，进行独立自主的社会主义现代化建设，争取在短时间内建设成为现代化强国；1979年至1991年，基本思路是在中美关系缓和的基础上，借美抗苏，努力营造和平与发展的外部环境，在经济上进行融入世界资本主义市场经济体系的尝试，利用世界资源，建设现代化强国。1992年以后，基本思路则在前者的基础上向前迈进一大步，转变为建立社会主义市场经济体制，与世界资本主义国家的经济体制进行全面对接，实现世界范围内现代化资源与技术的全方位合作、交流与共享，为尽快建设社会主义现代化强国服务。

从上述中国外交战略和现代化战略的选择与转变可知，中国作为后发展国家，其现代化战略的抉择，是随更高级别的战略主体（美国和苏联）的战略变化而变化的，1949 年以来的世界战略局势，决定了新中国不存在也不可能存在一以贯之的现代化战略，决定了新中国现代化战略及发展思想的多变。从毛泽东到邓小平，再到江泽民和胡锦涛，其现代化战略的抉择和发展思想的提出，更多的是对世界战略局势变化的把握与应对，而不主要是意识形态的争辩与执着。因此，理解党的三代中央领导集体的发展战略与发展思想，首先应该放在上述三个背景中去整体理解，而不是割裂开来理解。

二、党的三代中央领导集体发展思想的基本特征

党的三代中央领导集体发展思想的形成，各有其小的时代背景，又具有共同的大时代背景。共同的大时代背景，使他们对中国因落后而受欺压的现状有着深切的体会，因而对现代化有着近乎痴迷的追求与执着，对发展问题有着无与伦比的重视与强调。而小时代背景的变化，又使他们的发展思想之间呈现出某种变化甚至断裂。同时，社会主义的话语体系，也对他们思考发展问题的方式产生了重大影响。这三者，可以说是从整体上来观照党的三代中央领导集体的现代化战略和发展思想，所能得到的最基本的三个整体性特征。

（一）追求现代化的执著性

党的三代中央领导集体和科学发展观的总战略目标或长远战略目标，都是中国的现代化，都以建设社会主义现代化强国为旨归。1954 年召开的第一届全国人民代表大会，第一次明确地提出要实现工业、农业、交通运输业和国防的四个现代化的任务，1956 年又一次把这一任务列入党的八大所通过的党章中。1964 年 12 月第三届全国人民代表大会第一次会议上，周恩来根据毛泽东建议，在政府工作报告中首次提出，在 20 世纪内，把中国建设成为一个具有现代农业、现代工业、现代国防和现代科学技术的社会主义强国，实现四个现代化目标的“两步走”设想。第一步，用 15 年时间，建立一个独立的、比较完整的工业体系和国民经济体系，使

中国工业大体接近世界先进水平；第二步，力争在20世纪末，使中国工业走在世界前列，全面实现农业、工业、国防和科学技术的现代化。1979年12月6日，邓小平在与日本首相大平正芳会谈时，把四个现代化量化为，到20世纪末，争取国民生产总值达到人均1000美元，实现小康水平。邓小平把这个目标称为“中国式的四个现代化”，即“小康之家”。邓小平后来又提出“三步走”的现代化战略和物质文明、精神文明的“两个文明”建设总体布局。江泽民在1991年的“七一”讲话中指出，有中国特色社会主义的经济、政治、文化，是有机统一、不可分割的整体，正式提出了经济、政治、文化建设的“三位一体”思想。随着科学发展观等一系列重大战略思想的提出，中国特色社会主义伟大事业的总体布局由经济建设、政治建设、文化建设“三位一体”任务，扩展为包括社会建设在内的“四位一体”任务；在十八大报告中，建设中国特色社会主义事业总体布局由经济建设、政治建设、文化建设、社会建设“四位一体”拓展为包括生态文明建设的“五位一体”。这一切表明，实现中国的现代化，是党的三代中央领导集体到科学发展观一以贯之的追求和执著理念。

追求现代化的执著性，也充分体现在他们对发展的高度重视和对发展地位的高度强调。从党的三代中央领导集体到科学发展观，都把发展视为政府工作的中心任务和压倒一切的头等大事。党的八大在全面分析国内外形势的基础上，指出我国社会的主要矛盾是人民对于经济文化迅速发展的需要同当前经济文化不能满足人民需要之间的矛盾，强调要集中力量发展社会生产力，实现国家工业化。党的十一届三中全会以后，邓小平提出“发展才是硬道理”的著名论断，突出强调坚持“一个中心、两个基本点”的社会主义初级阶段基本路线一百年不动摇。党的十三届四中全会以后，以江泽民为核心的第三代中央领导集体强调发展是党执政兴国的第一要务，坚持用发展的办法解决前进中的问题，提出科教兴国、可持续发展、西部大开发等重大战略。科学发展观强调发展是第一要义，进一步回答“为什么要发展”和“实现什么样的发展、怎样发展”的问题，深化了对发展重要性和发展本质的认识。

（二）世界局势变化带来的多变性

从党的第一代中央领导集体到第三代中央领导集体，世界局势发生了阶段性的变化，中国的现代化战略及发展思想也随之发生了阶段性的变化。美苏两极格局下，中国最先选择了“一边倒”的亲苏政策，在现代化战略的选择上也采取了苏联模式，而这一时期的发展思想，从总体上来看，受“苏联模式”的影响很深。随着中苏关系的破裂，中国在外交战略上转向中间地带，以此作为缓冲地带，缓和与美国的矛盾，并最终实现了中美关系正常化，而在现代化战略的选择上，力图摆脱“苏联模式”的影响，探索独立自主建设社会主义现代化强国的道路，尽管这一时期的现代化建设走了不少弯路，但在发展思想的探索方面，留下了不少值得借鉴的经验。“文化大革命”结束后，邓小平以中美关系正常化为契机，实行改革开放，引入市场经济手段，开始了在经济上融入世界资本主义市场经济体系的进程，并取得了举世瞩目的成就。与现代化建设上的成功相一致，这一时期的发展思想，也取得了重大的突破，开创了中国特色的社会主义发展思想体系。东欧剧变、苏联解体后，中国的改革开放战略不断走向深化，从引入市场经济为补充向建立社会主义市场经济体系转变，这一时期的发展思想在总体框架、理论逻辑上，继承了前一阶段的发展思想，但在思想深度与具体理论上不断拓展与深化，可以说是中国特色社会主义发展思想体系的重要组成部分。

总体来看，1949 年以后的世界局势，有一大变，苏联解体所标志的两极格局的解体，可以说是一大变；有两中变，中苏关系破裂和中美关系正常化，可以说是两中变；有多小变，中国特色社会主义现代化建设过程中世界局势的阶段性变化与国内形势的阶段性变化，可以说是多小变。与世界局势与国内形势的一大变、两中变、多小变相适应，党中央三代领导集体的发展战略和发展思想也有一大变、两中变和多小变，邓小平所开创的中国特色社会主义道路、理论、制度，可以说是一大变；从苏联模式转向自我探索，以及建立社会主义市场经济体系，可以说是两中变；社会主义现代化建设进程中的阶段性变化，可以说是多小变。对世界局势变化的理解及其所带来的多变性的理解，必须在这种变的立体化体系中去进行。

同时也要看到，党的三代中央领导集体的发展战略和发展思想的大变、中变、小变，和世界局势和国内形势的大变、中变、小变，并不是同时同步的一一对应关系，而这恰恰体现了党中央三代集体领导在发展战略和发展思想上的前瞻性、创造性。

（三）和意识形态的紧密关联性

1949年以来，世界局势的变化，是和资本主义与社会主义对现代性话语权的争夺紧密联系在一起的，因而党的三代中央领导集体发展思想的变化，必然具有和意识形态的紧密关联性。从对社会主义的认识方式和认识历程来看，党的三代中央领导集体的发展思想，和社会主义话语体系或社会主义意识形态具有直接的关联性，其发展思想的形成和变化，是和对社会主义认识的变化紧密关联的。在发展思想领域，对什么是发展、怎样发展这一话语权的争夺，是和对什么是社会主义、怎样建设社会主义这一话语权的争夺紧密联系在一起的。在毛泽东时代的大部分时期，由于社会主义对资本主义的对抗性起源以及当时现实中的对抗格局，对社会主义的理解，往往是从资本主义来进行反向界定的，即社会主义就是资本主义的反面，“宁要社会主义的草，不要资本主义的苗”的口号，便很典型地反映了当时认识社会主义的思维逻辑。发展思想作为社会主义话语体系的一部分，在当时也不可避免地带上了这种反向界定的特征。随着中美关系的缓和，邓小平开始反思“什么是社会主义，怎样建设社会主义”这两个根本性的问题，从马克思所总结的现代性的根基维度——现实的人——出发，从正面重新界定了社会主义的本质问题，提出了社会主义初级阶段的理论和建设社会主义的基本战略，从而摆脱了反向界定的认识方式，使对社会主义的认识返归到正确的轨道上来。这种思维方式的转向，也使第二代中央领导集体的发展思想，在总结前面经验教训的基础上，实现了质的飞跃和思维方式上的根本转向。苏联解体之际，社会主义中国的国际压力剧增，“左”倾倾向和右倾倾向作为这种压力的反应，在一时之间都有重新抬头的趋势。尽管这种抬头趋势在邓小平“南方谈话”后慢慢消退，但也充分说明了“左”倾和右倾意识形态对社会主义现代化话语权的争夺。

第二节　党的三代中央领导集体发展思想的基本内容与主要贡献

高度重视发展问题，在发展中谋求国家富强、民族振兴、人民幸福，是中国共产党人的一贯主张和不懈追求。分别以毛泽东、邓小平、江泽民为核心的党的三代中央领导集体，在领导我国进行革命、建设、改革的伟大实践中，提出了一系列关于发展的重要思想。

一、党的第一代中央领导集体发展思想的基本内容与主要贡献

中华人民共和国成立之后，以毛泽东为核心的第一代中央领导集体在探索社会主义建设道路的过程中，提出了许多关于发展的战略思想。这些思想在今天仍具有启迪意义，是第一代中央领导集体留给我们的弥足珍贵的理论财富。

（一）党的第一代中央领导集体发展思想的基本内容

党的第一代中央领导集体提出了许多发展思想，主要有如下三个方面的内容：

1. 提出向社会主义过渡的最初设想

如何在中国这样一个既不同于英美又不同于苏俄，在经济文化十分落后的半殖民地半封建东方大国实现社会主义，这是一个前人从未遇到过的历史课题。

中国共产党从创建时起就把在中国实现社会主义作为自己的奋斗目标。对此，以毛泽东为代表的中国共产党人，通过不断实践和总结经验，提出关于中国革命发展的设想。早在1939年5月发表的《五四运动》和《青年运动的方向》两篇文章中，毛泽东已经认识到，在封建主义生产关系的废墟上将不可能直接建立社会主义社会，必须经过人民民主主义制度这个中间转换的社会形式。在1940年初，他又发表了《中国革命和中国共产党》、《新民主主义论》这两篇著名文章，对自己的上述观点进一步

展开和明确，即中国革命的历史进程必须分为两步，第一步是民主主义的革命，第二步是社会主义的革命。1945 年在《论联合政府》报告中，毛泽东进一步指出，在中国，为民主主义奋斗的时间还是长期的，新民主主义革命胜利后应先建立新民主主义社会，为向社会主义转变创造物质前提，而且认为新民主主义社会的过渡性与直接从新民主主义向社会主义的过渡，两者是前后接续的关系，实践上不能完全等同。这里的一个重要问题，是对资本主义工商业采取何种政策。在毛泽东看来，新民主主义经济的发展并不等同于资本主义的发展，新民主主义社会中私人资本主义经济某种程度的发展，有利于将来向社会主义的过渡，所以，在新民主主义社会是节制资本而不是消灭资本。

1948 年 4 月，毛泽东《在晋绥干部会议上的讲话》中对新民主主义革命总路线作了完整概括：无产阶级领导的，人民大众的，反对帝国主义、封建主义和官僚资本主义的革命，这就是中国的新民主主义革命，这就是中国共产党在当前历史阶段的总路线和总政策。1948 年 9 月的中央政治局会议，是一次规划新中国建设蓝图的重要会议，会上毛泽东明确指出：新中国社会经济的确定性质还是叫新民主主义经济，既不是什么新资本主义，也不能搞农业社会主义，只有新民主主义经济，才能完成向社会主义过渡的准备。

1949 年 3 月，毛泽东在党的七届二中全会上进一步明确了由新民主主义向社会主义过渡的设想，即必须经过新民主主义社会的一定发展再向社会主义过渡。由于中国经济所处的落后状态，革命胜利以后的相当长时期内，还需要尽可能地利用城乡资本主义的积极性，允许其存在和发展，而不是立即消灭。中国实现工业化是实现向社会主义转变的基础，这是毛泽东在这次会上明确的又一重要思想。根据这一精神，全会决议把中国向社会主义发展的步骤概括为，使中国稳步地由农业国转变为工业国，由新民主主义国家转变为社会主义国家。按当时的设想，这两个转变不是同步进行，而是先实现第一个转变，再实现第二个转变。1949 年 10 月 1 日，取得了新民主主义革命的胜利，建立了中华人民共和国。中华人民共和国的成立，标志着半殖民地半封建社会的结束和新民主主义社会的建立。

总之，从20世纪30年代至40年代末，以毛泽东为代表的中国共产党人，把马列主义的基本原理与中国革命的具体实践相结合，创造性地解决了从新民主主义革命向社会主义革命转变的问题，提出了符合中国实际的新民主主义社会的构想，并在新中国建立前后形成比较系统的新民主主义理论。这既是基于对中国历史和现实的深入考察，更是基于对马克思主义揭示的人类社会发展规律的正确认识和坚定信念。

2. 提出符合中国具体实际的社会主义过渡时期总路线

刚刚诞生的新中国，千疮百孔、一穷二白、十分落后。在这样的一个烂摊子上，中国共产党领导人民开始了建设新社会、探索新道路的历程。经过新中国成立初期三年国民经济的恢复，我党对中国向社会主义过渡的问题有了新的认识。1952年9月，毛泽东第一次提出“从现在逐步过渡到社会主义”的指导思想和设想，党中央进行了一年多的慎重酝酿，于1953年9月向全国公布了过渡时期总路线：从中华人民共和国成立，到社会主义改造基本完成，这是一个过渡时期。党在这个时期的总路线和总任务是，在一个相当长的时期内，逐步实现国家的社会主义工业化，并逐步实现国家对农业、手工业和对资本主义工商业的社会主义改造。1954年2月，党的七届四中全会正式批准了这条总路线。过渡时期总路线的提出不仅顺应了形势发展的要求，而且也是对新民主主义过渡思想的深化和发展。

党的过渡时期总路线，有两方面内容：一是逐步“实现国家的社会主义工业化”，使我国由工业不发达的落后的农业国变为工业比较发达的先进的工业国，并且把现有的资本主义工业转变成为社会主义性质的工业，使社会主义工业成为我国整个国民经济起决定作用的力量，这就是所说的“一化”；二是“逐步实现国家对农业、手工业和对资本主义工商业的社会主义改造”，也就是把私营资本主义工商业改造成为全民所有制企业，把个体农业改造成为集体农业，把个体手工业改造成为集体手工业，简称为“三改”。由于党在过渡时期的总任务包括社会主义工业化和对农业、手工业与资本主义工商业的社会主义改造这两方面内容，因此又把这条总路线的内容简称为“一化三改”。到1956年底，我国生产资料私有制的社会主义改造基本完成，全民所有制和集体所有制两种公有制形式构成我国社会生产关系的基础。社会主义改造的完成标志着社会主义制度的建立。

实现对农业、手工业和资本主义工商业的社会主义改造，是深刻的社会大变动，具有深远的历史意义。几千年来以生产资料私有制为基础的阶级剥削制度被消灭，从而大大解放了生产力，巩固了人民民主专政。至此，社会主义生产关系确立起来，这是我国进入社会主义社会的最根本标志。当然，由于多方面原因，过渡时期理论与实践不可避免地存在一些思想上的片面性，集中表现在对改造问题要求过急，工作过粗，改变过快，形式也过于简单画一，以致在较长时期内遗留了一些问题。在 1957 年后的二十多年里，由于发生了曲折，党中央和毛泽东本来在社会主义改造基本完成时就已经发现的问题，直到党的十一届三中全会以后才真正获得解决。

3. 进行适合中国国情的建设社会主义新探索

1956 年后，东欧相继发生东柏林事件、波兹南事件和匈牙利事件，以及苏联国内赫鲁晓夫对斯大林模式的批判。以毛泽东为代表的中国共产党人面对这种变化，开始了建设社会主义的新探索，努力寻求自身特色的社会发展道路。毛泽东对苏联经验开始进行一些辩证的思考，并在 1956 年尖锐提出了“以苏为鉴”的问题，随即把探索适合中国情况的社会主义建设的任务提上了议事日程。毛泽东先后发表了《论十大关系》、《关于正确处理人民内部矛盾的问题》等讲话，提出许多具有根本性指导意义的重要思想。第一，明确提出了建设社会主义必须根据本国情况走自己的道路这一根本的思想。第二，提出了社会主义社会基本矛盾的理论。第三，正确地指明了我国社会主义建立后，主要矛盾已不再是工人阶级同资产阶级的矛盾，我们的根本任务是发展社会生产力。1956 年召开党的八大，明确提出我们国内的主要矛盾，已经是人民对于建立先进的工业国的要求同落后的农业国的现实之间的矛盾，已经是人民对于经济文化迅速发展的需要同当前经济文化不能满足人们需要的状况之间的矛盾。党和全国人民当前的主要任务，就是要集中力量解决这个矛盾，把我国尽快地从落后的农业国变为先进的工业国。第四，提出了我国社会主义现代化建设宏伟目标和社会主义建设长期性的基本思想。毛泽东在 1957 年就提出要将我国建设成为一个具有现代工业、现代农业和现代科学文化的社会主义国家。第五，在社会主义经济形态方面，毛泽东提出了社会主义商品生产概念。毛泽东在社会主义商品生产、货币交换以及发挥价值规律作用等方面有过很好的见解。第六，关于如何建设社会主义，毛泽东提出了一个总的指导方针，这就是调动一切积极因素，为社会主义建设事业服务的基本方针。围绕这一基本方针，毛泽东提出要处理好涉及社会主义建设事业的各种关系。第七，在政治建设方面，毛泽东从我国的历史和现实出发，力图突破苏联那种权力过分集中的政治体制，取得了可喜的成果：明确提出处理共产党与各民主党派的关系要实行“长期共存，互相监督”的方针；提出正确处理汉族和少数民族关系的正确政策；提出处理是非关系的政策和“惩前毖后，治病救人”的方针。第八，在思想文化建设方面，毛泽东提出“百花齐放、百家争鸣”、“古为今用、洋为中用”若干建设社会主义文化基本方针。

（二）党的第一代中央领导集体发展思想的主要贡献

毛泽东在领导我们党进行社会主义改造和建设的过程中，鉴于苏联建设社会主义的经验教训，提出一系列符合中国实际的正确思想，开始了建设社会主义的新探索。回顾毛泽东对适合中国国情的社会主义建设道路的探索历程，虽然探索出现了曲折和失误，发生了“大跃进”运动和十年“文化大革命”等沉痛的教训，但新民主主义革命的胜利、社会主义基本制度的建立，为中国的发展进步奠定了根本的政治前提和制度基础，为开辟中国特色社会主义新道路奠定了重要基础。其贡献主要有如下几个方面：

1. 为中国的进一步发展提供了基本条件

新中国成立之初，以毛泽东为核心的党的第一代中央领导集体所面临的困难是极为巨大的，“一穷二白”正是旧中国留下的烂摊子的真实写照。在党的第一代中央领导集体发展思想的指导下，尽管经历了“大跃进”、“文化大革命”这样的严重挫折，中国社会经济等各方面的发展还是取得了显著成就。一是发展速度较快。从“一五”时期（即执行发展国民经济的第一个五年计划的时期）开始到1976年的20多年，虽然经过了严重的曲折，但这个时期中国经济的发展速度仍然是比较快的。1952年到1978年，工农业总产值平均年增长率为8.2%，其中工业年均增长11.2%。二是建立了独立的比较完整的工业体系和国民经济体系，不仅使中国在赢得政治上的独立之后赢得了经济上的独立，而且为中国以后的发展奠定了牢固的物质技术基础。三是农业有了较大的发展，初步满足了中国人民的基本生活需求；文化与医疗卫生事业的发展，促进了人民生活水平的提高。四是国防和科技事业有了实质性进步，原子弹、氢弹、人造卫星相继研制成功，大大提升了中国的国际地位。

2. 党在实践探索中取得的经验教训成为后人的宝贵财富

总的来说，中国共产党第一代中央领导集体在进行社会主义建设中取得的成绩是巨大的，在取得这一成就的过程中逐步形成了一系列成功的经验和原则。这些重要的经验和原则中最基本的一条就是，强调要把马克思主义普遍真理和中国实际相结合，走自己的路，反对照搬外国发展模式。这一经验的总结是新中国建立初期从照搬苏联模式到探索走中国自己的社会主义建设道路的过程中形成的。新中国成立初期，苏联建设社会主义的模式对中国起着引导和示范作用。客观地说，这一模式也曾发挥过积极作用。在苏联的帮助下，新中国初期在经济建设方面也取得了巨大成就。20世纪50年代中期，随着苏联模式的弊端逐渐暴露，以毛泽东为核心的第一代中央领导集体提出要以苏联为借鉴，探索适合中国国情的社会主义道路。在实践和探索的基础上，党的第一代中央领导集体形成了一系列有价值的理论成果，最具有代表性的是毛泽东的《论十大关系》、《关于正确处理人民内部矛盾的问题》等。

从实际出发、实事求是、勇于探索是以毛泽东为首的中国共产党第一代中央领导集体在实践中留下的最宝贵的原则与经验。正如邓小平所说：“我们取得的成就，如果有一点经验的话，那就是这几年来重申了毛泽东同志提倡的实事求是的原则。中国革命的成功，是毛泽东同志把马克思列宁主义同中国的实际相结合，走自己的路。现在中国搞建设，也要把马克思列宁主义同中国的实际相结合，走自己的路。”①

社会主义是人类历史上全新的事业。由于中国是在经济文化比较落后的基础上建设社会主义，其困难就更大，曲折也不可避免地会更多。在探索中国经济社会发展的历程中，中国共产党也曾犯下严重错误，留下了深刻教训。例如，由于过分强调阶级斗争，频繁发动政治运动，没有始终抓住经济建设这个中心；由于缺乏经验，用运动的方式搞经济建设，造成了“大跃进”破坏性后果；而十年“文化大革命”的严重错误更是造成了灾难性的局面。产生这些错误的原因是多方面的，但是归根到底，并不是由社会主义根本制度所造成的。中国共产党也正是从这些错误中吸取教训，从而走出一条成功的中国特色社会主义道路。

3. 丰富和发展了马克思主义发展理论

从理论渊源看，中国共产党第一代中央领导集体发展思想来源于马克思主义社会发展理论，是马克思主义社会发展理论在中国的实践，是马克思主义关于发展的世界观和方法论在中国的运用，是马克思主义关于发展的具体构想在中国的尝试。从理论发展看，以毛泽东为核心的党的第一代中央领导集体在探索中国社会主义发展道路过程中提出的一系列重要思想，又进一步丰富和发展了马克思主义社会发展理论。正如邓小平在评价毛泽东和毛泽东思想时所说：“在六十年代以前或五十年代后期以前，他的许多思想给我们带来了胜利，他提出的一些根本的原理是非常正确的。他创造性地把马列主义运用到中国革命的各个方面，包括哲学、政治、军事、文艺和其他领域，都有创造性的见解。”②

在经济发展方面，党的第一代中央领导集体主张通过生产关系的变革，改变生产资料所有制，建立社会主义公有制来建设和发展中国经济；通过对农业、手工业和资本主义工商业的社会主义改造，中国建立起社会主义公有制，既确保了中国人民当家作主，也促进了中国经济发展；在社会主义基本制度建立后，提出和论述了中国工业化的发展道路应该走适合

① 《邓小平文选》第3卷，人民出版社1993年版，第95页。

② 《邓小平文选》第2卷，人民出版社1994年版，第345页。

中国国情的道路，强调以农业为基础，发展工业与发展农业同时并举，以农、轻、重为序安排国民经济；针对高度集中的计划经济体制在运行过程中暴露出的问题，毛泽东提出要发挥中央和地方两个积极性，认为国家、生产单位和生产者不能只顾一头，要统筹安排，以调动各方面的积极性；陈云提出了“三个主体、三个补充”的构想，主张在所有制结构、经济运行和市场结构三个方面，允许保留一部分个体经营、一部分产品自由生产、一定范围的自由市场，以弥补所有制的单一和不足；针对“一平二调”的共产风和消灭商业、货币的错误观点，毛泽东提出价值法则是一个伟大的学校，只有利用它，才有可能教会我们几千万干部和几万万人民建设社会主义，中国是一个商品生产很不发达的国家，很需要有一个发展商品生产的阶段，必须有计划地大力发展商品生产；在社会主义建设中，强调要处理好一系列重大关系，如经济建设和国防建设、汉族和少数民族、沿海和内地、中央和地方、积累和消费等等；强调经济建设要在独立自主、自力更生的基础上实行对外开放。

在政治发展方面，中国共产党根据马克思主义基本原理，结合中国的国情与历史，确立了人民民主专政的国体和人民代表大会制度的政体，保证了中国人民当家作主；提出并实施了中国共产党领导的多党合作和政治协商制度，在共产党与民主党派关系上实行“长期共存、互相监督”的方针；社会主义制度在中国建立后，毛泽东曾指出大规模的群众性的阶级斗争基本结束了，要求调动国内外一切积极因素为社会主义事业服务；在社会主义社会的矛盾问题上，毛泽东指出社会主义社会仍然存在着矛盾，正是这些矛盾推动着社会向前发展，社会主义社会的基本矛盾具有“又相适应又相矛盾”的特点，是在人民根本利益一致基础上的矛盾，提出中国存在着敌我矛盾和人民内部矛盾两种不同性质的矛盾，正确处理人民内部矛盾是国家政治生活的主题。

在文化教育发展方面，党的第一代中央领导集体主张要坚持以马克思主义为指导，用马克思主义占领一切思想阵地；在科学文化工作中，提出要实行“百花齐放、百家争鸣”、“古为今用、洋为中用”的方针；要求大力培养无产阶级的知识分子队伍，努力培养社会主义事业的接班人。早在建立新中国的初期，毛泽东就对广大青年提出了“身体好、学习好、工作好”的希望，要求青年坚持走“又红又专”的道路，并提出德、智、体全面发展的教育方针，把德、智、体全面发展作为培养社会主义接班人的重要标准。

二、党的第二代中央领导集体发展思想的基本内容与主要贡献

“文化大革命”结束后，中国面临向何处去的重大历史抉择。党的十一届三中全会召开后，以邓小平为核心的党的第二代中央领导集体，将马克思主义基本原理与当代中国实际紧密结合起来，在和平与发展成为时代主题的条件下，在汲取国内外社会主义建设经验教训的基础上，围绕“什么是社会主义、怎样建设社会主义”这一根本问题，开始了中国特色社会主义道路的艰辛探索，开辟了中国经济社会发展的新篇章。

（一）党的第二代中央领导集体发展思想的基本内容

党的第二代中央领导集体提出了许多发展思想，主要有如下三个方面内容：

1. 实行改革开放政策，走出一条全新的社会发展道路

社会主义社会应当是不断改革的社会。1890 年，恩格斯在致伯尼克的信中精辟地指出：“我认为，所谓社会主义不是一种一成不变的东西，而应当和任何其他社会制度一样，把它看成是经常变化和改革的社会。”人类社会是在生产力与生产关系的矛盾运动中前进的，其中生产力是决定性的因素。“文化大革命”结束后，在中国面临向何处去的重大关头，邓小平总结国际国内社会主义建设正反两方面的经验，立足于当代中国的现实，以开辟社会主义新道路的政治勇气，果断地作出了实行改革开放的决策。党的十一届三中全会，开启了改革开放的新篇章。邓小平多次明确指出：“革命是解放生产力，改革也是解放生产力。”“不坚持社会主义，不改革开放，不发展经济，不改善人民生活，只能是死路一条。”“改革是生产力发展的必由之路”，“改革是中国的第二次革命”，“改革开放要贯穿中国整个发展过程”。

尊重世界的多样性，实行对外开放。要发展生产力，不改革不行，不开放也不行。世界上各种文明相互交流和借鉴，是人类社会进步的动力。各种文明和社会制度应该而且可以长期共存，并且在竞争比较中取长补短，在求同存异中共同发展。正如邓小平指出："我们在制定对内经济搞活这个方针的同时，还提出对外经济开放。总结历史经验，中国长期处于停滞和落后状态的一个重要原因是闭关自守。经验证明，关起门来搞建设是不能成功的，中国的发展离不开世界。"①

2. 提出社会主义初级阶段理论

党的十一届三中全会以来，随着解放思想、实事求是思想路线的重新确立，以邓小平为核心的中国共产党第二代领导集体运用马克思主义唯物史观，在总结世界社会主义运动正反两方面经验教训和我国基本国情的基础上，作出我国还处于社会主义初级阶段的科学论断。1981 年《关于建国以来党的若干历史问题的决议》提出"我们的社会主义制度还是处于初级的阶段"。1982 年十二大报告正式提出"我国的社会主义社会现在还处在初级发展阶段，物质文明还不发达"。1986 年十二届六中全会进一步明确指出，我国还处在社会主义的初级阶段。1987 年十三大报告首次全面、系统地阐述了社会主义初级阶段的基本含义、历史地位、基本特征和基本任务。十三大报告明确指出，我国社会主义的初级阶段，是特指我国在生产力落后、商品经济不发达条件下建设社会主义必然要经历的特定阶段。社会主义是共产主义社会的第一阶段。社会主义发展也有不同的阶段，社会主义初级阶段是共产主义社会第一阶段中的初级阶段，也就是不发达的阶段。我国从 50 年代生产资料私有制的社会主义改造基本完成，到社会主义现代化的基本实现，至少需要上百年时间，都属于社会主义初级阶段。社会主义初级阶段所面临的主要矛盾，是人民日益增长的物质文化需要同落后的社会生产之间的矛盾。十三大制定了社会主义初级阶段的长远指导方针，确立了党在社会主义初级阶段的"一个中心、两个基本点"的基本路线。在社会主义建设的战略步骤上，十三大提出"三步走"

---

① 《邓小平文选》第 3 卷，人民出版社 1993 年版，第 78 页。

的战略步骤：第一步在20世纪80年代国民生产总值翻一番，解决温饱问题；第二步到20世纪末，国民生产总值再翻一番，达到小康水平；第三步在21世纪中叶达到中等发达国家水平。1992年，邓小平在“南方谈话”中再次强调社会主义初级阶段问题。这些重要思想形成了比较完整的社会主义初级阶段理论与发展战略，也是建设有中国特色社会主义理论的重要基础。同时，这生动地告诉我们：实现共产主义是一个非常漫长的历史过程，它只有在社会主义社会充分发展和高度发达的基础上才能实现。我们既要树立共产主义远大理想，坚定信念，更要脚踏实地地为实现党在现阶段的基本纲领而不懈努力，扎扎实实地做好现阶段的每一项工作，把现阶段纲领和最高纲领统一于建设中国特色社会主义的实践中。

3. 以经济建设为中心，集中力量发展生产力

人类社会的发展规律告诉我们：生产力是最活跃最革命的因素，是社会发展的最终决定力量，是人类社会发展的根本动力。人类社会的发展，就是先进生产力不断取代落后生产力的历史进程。以经济建设为中心，集中力量发展生产力，这是邓小平站在生产力是社会发展最终决定作用力量的高度，从我国社会生产力现状和社会主义生产关系本质要求出发，着眼于社会发展的最深层次提出的重大决策。早在1978年，邓小平就指出：“现在在世界上我们算贫困的国家，就是在第三世界，我们也属于比较不发达的那部分。我们是社会主义国家，社会主义制度优越性的根本表现，就是能够允许社会生产力以旧社会所没有的速度迅速发展，使人民不断增长的物质文化生活需要能够逐步得到满足。按照历史唯物主义的观点来讲，正确的政治领导的成果，归根结底要表现在社会生产力的发展上，人民物质文化生活的改善上。如果在一个很长的历史时期内，社会主义国家生产力发展的速度比资本主义国家慢，还谈什么优越性?”① 后来，他又不断反复地强调马克思主义的基本原则就是要发展生产力，社会主义的首要任务是发展生产力，社会主义要消灭贫穷，社会主义的优越性要体现在更快地发展生产力上。总之，社会主义建设和发展的各项事业的基础在于

① 《邓小平文选》第2卷，人民出版社1994年版，第128页。

生产力的发展，在于经济的发展。邓小平关于以经济建设为中心、大力发展生产力的思想可以概括为以下四点：

第一，发展生产力是社会主义的本质要求。社会主义的本质是解放生产力，发展生产力，消灭剥削，消除两极分化，最后达到共同富裕。马克思主义的最高目的是要实现共产主义，而共产主义的高级阶段要实行各尽所能，按需分配，就要求社会生产力高度发展，社会物质财富极大丰富。所以作为共产主义第一阶段的社会主义的根本任务、首要任务就是发展生产力。只有这样，才有可能为向共产主义迈进创造物质基础和物质条件。特别是在不发达的社会主义初级阶段，发展生产力的任务尤为突出。正如邓小平所指出："贫穷不是社会主义，社会主义要消灭贫穷。不发展生产力，不提高人民的生活水平，不能说是符合社会主义要求的。"①

第二，更快地发展生产力是社会主义优越性的体现。生产力是最活跃最革命的因素，是社会发展的最终决定力量，是人类社会发展的根本动力。人类社会的发展，就是先进生产力不断取代落后生产力的历史进程。中国人民在中国共产党领导下选择了社会主义，社会主义是有优越性的，它的优越性不仅要体现在消灭剥削，人民当家作主和精神文明等方面，而且要体现在解放和发展生产力上，体现在改善和提高人民物质文化生活上，"社会主义的优越性归根到底要体现在它的生产力比资本主义发展得更快一些、更高一些，并且在发展生产力的基础上不断改善人民的物质文化生活"②。

第三，是否发展生产力是衡量政治领导成果的标准。历史唯物主义认为，政治是经济的集中表现。根据这一思想，邓小平反复强调，在人民日益增长的物质文化需要同落后的社会生产不能满足这种需要成为社会主要矛盾的社会主义初级阶段，经济工作是最大的政治，经济问题是压倒一切的政治问题，要"抓住时机，发展自己，关键是发展经济"③，党和各级政府不但要把工作重点放在经济工作方面，而且应该把是否有利于生产力

① 《邓小平文选》第3卷，人民出版社1993年版，第116页。
② 《邓小平文选》第3卷，人民出版社1993年版，第63页。
③ 《邓小平文选》第3卷，人民出版社1993年版，第375页。

发展、是否有利于改善人民物质文化生活作为衡量政治领导是否正确的标准。

第四，提出了“科学技术是第一生产力。”1978 年邓小平就指出：“科学技术正在成为越来越重要的生产力。”“科学技术作为生产力，越来越显示出巨大的作用。”1988 年在会见捷克总统胡萨克时，邓小平对科学技术的作用做了新的概括：“马克思讲过科学技术是生产力，这是非常正确的，现在看来这样说可能不够，恐怕是第一生产力。将来农业问题的出路，最终要由生物工程来解决，要靠尖端技术。对科学技术的重要性要充分认识。”① 在“南方谈话”中，邓小平明确指出“科学技术是第一生产力。”邓小平的这些论述，把科学技术发展和应用的重要性提到了经济建设的核心位置上，既是对科学技术本质属性和当代社会价值的揭示和概括，也是对现代发展生产力有效、可靠途径的揭示和概括，这一论断深刻反映了现代社会的根本特征，体现他对唯物史观关于人类社会发展规律的根本问题认识的新突破。

（二）党的第二代中央领导集体发展思想的主要贡献

如果说，马克思恩格斯创立了历史唯物主义并进而提出科学社会主义的伟大学说，列宁和毛泽东在理论和实践上创造性地丰富并发展了历史唯物主义，并使社会主义由理想变为现实的话，那么邓小平的贡献则在深刻理解历史唯物主义的基础上，创立了系统的建设有中国特色社会主义理论——邓小平理论，从而找到了一条在经济文化发展比较落后的国家中建设并发展社会主义社会的新道路。具体来说，邓小平的贡献主要有如下几个方面：

1. 丰富和发展了马克思主义关于东方社会发展道路的理论

马克思主义创始人以资本主义为主要研究对象，以唯物史观和剩余价值学说为理论基础，批判了资本主义的剥削本质，论证了资本主义发展的历史命运，预测了资本主义必然被社会主义所取代的发展趋势，并提出东方落后国家由于特殊的历史条件，将走一条跨越资本主义“卡夫丁峡谷”

① 《邓小平文选》第 3 卷，人民出版社 1993 年版，第 275 页。

的特殊发展道路的设想。但由于受时代条件的制约，他们并没有也不可能对未来社会的发展路径提出具体规划，较多考虑的只是这些东方落后国家如何跨越、能不能跨越，以及跨越的条件等问题。至于落后国家在实现了跨越之后，如何继续沿着跨越的取向走下去，如何巩固通过跨越所取得的成果，马克思恩格斯当时并没有深入考虑。因此，经济文化落后的国家在建立社会主义制度后，怎样才能巩固和发展社会主义，就成为马克思主义社会发展理论在当代面临的最严峻课题。以邓小平为核心的党的第二代中央领导集体继承和发展了马克思主义，坚持解放思想、实事求是的原则，在探索建设社会主义现代化的进程中，逐步找到了一条在经济文化落后国家"怎样建设社会主义"的新路径，并结合中国的具体国情创造性地提出了一系列新思想、新观点。具体体现在：理论层面上，对社会主义的传统理论进行了深刻反思，创造性地解决了长期以来在"什么是社会主义"、"如何建设社会主义"问题上的困惑，带领党创立了建设有中国特色社会主义理论。实践层面上，邓小平的发展观使中国社会主义现代化与世界现代化进程统一了起来。邓小平认为，现在世界上真正的大问题，带全球性的战略问题除了和平问题之外，就是发展问题。因此他主张应该把发展提到全人类的高度来认识，要从这个高度去观察问题和解决问题。现代化进程的内外统一，使中国社会主义现代化获得了外部世界的巨大牵引力。以邓小平为核心的党的第二代中央领导集体的发展思想回答了东方落后国家如何建设社会主义的问题，完成了社会主义从"实现"到"建设"的历史性转变。

2. 丰富和发展了马克思主义关于发展社会生产力的思想

马克思主义认为，人类要生存繁衍，要追求美好生活，要获得自身的解放和发展，首先必须解决衣食住行等物质生活资料问题。因此，物质资料生产是人类社会存在和发展的基础，社会历史发展，归根结底，是生产力的东西、经济的东西、物质的东西所决定的。"一切历史冲突都根源于生产力和交往形式之间的矛盾。"① 列宁结合十月革命胜利后的实际，对

① 《马克思恩格斯选集》第1卷，人民出版社1995年版，第115页。

此也作了深刻的论述。他说："无产阶级取得国家政权以后，它的最主要最根本的需要就是增加产品数量，大大提高社会生产力。"① "在任何社会主义革命中，当无产阶级夺取政权的任务解决以后，随着剥夺剥夺者及镇压他们反抗的任务大体上和基本上解决，必然要把创造高于资本主义的社会结构的根本任务提到首要地位，这个根本任务就是：提高劳动生产率"②。以邓小平为核心的党的第二代中央领导集体在继承马克思主义经典作家关于充分发展生产力思想的基础上，科学分析中国社会存在的种种矛盾，深刻总结国内外的历史经验教训，站在社会主义发展的历史高度，不仅始终坚持发展生产力是社会主义的"根本任务"、"首要任务"、"第一任务"，反复强调"在社会主义国家，一个真正的马克思主义政党在执政以后，一定要致力于发展生产力，并在这个基础上逐步提高人民的生活水平"③，"马克思主义最注重发展生产力。我们讲社会主义是共产主义的初级阶段，共产主义的高级阶段要实行各尽所能、按需分配，这就要求社会生产力高度发展，社会物质财富极大丰富。所以社会主义阶段的最根本任务就是发展生产力"④，而且提出了一系列极其重要的思想观点。这些新观点有：一是把生产力同社会主义革命联系起来，强调要通过改革，解放和发展生产力；二是深刻揭示出社会主义的本质，把解放和发展生产力规定为社会主义本质的要求；三是提出了"科学技术是第一生产力"的科学论断，强调发展生产力必须依靠科学技术和提高劳动者素质。

3. 构成科学发展观的理论来源

从科学发展观的理论来源看，它既以马克思主义关于发展的世界观和方法论为指导，又继承和发展了以毛泽东、邓小平、江泽民等为主要代表的中国共产党人的发展思想，还批判地借鉴了中国传统文化中的合理思想以及国外发展的成功经验。其中，以邓小平为核心的党的第二代中央领导集体关于发展的重要思想是科学发展观最直接的理论来源，为科学发展观

① 《列宁全集》第 42 卷，人民出版社 1987 年版，第 369 页。
② 《列宁选集》第 3 卷，人民出版社 1995 年版，第 490 页。
③ 《邓小平文选》第 3 卷，人民出版社 1993 年版，第 28 页。
④ 《邓小平文选》第 3 卷，人民出版社 1993 年版，第 63 页。

的确立奠定了思想理论基础。主要表现在：

第一，从“发展才是硬道理”到“第一要义是发展”。邓小平指出：“发展才是硬道理”①，这是邓小平科学发展思想的集中体现，其中生产力的发展是整个发展观的核心。生产力的发展体现在具体工作中就是发展经济，以经济建设为中心，其他一切工作都要服从和服务于这个中心不能动摇，离开这个中心就有丧失物质基础的危险，经济发展是社会发展的基本前提。以胡锦涛为总书记的党中央继承和发展了邓小平“发展是硬道理”的理念，指出科学发展观的第一要义是发展。在2004年召开的中央人口资源环境工作座谈会上，胡锦涛指出：“发展是党执政兴国的第一要务，是解决我国所有问题的基础和关键”②，“树立和落实科学发展观，必须始终坚持以经济建设为中心，聚精会神搞建设，一心一意谋发展。科学发展观，是用来指导发展的，不能离开发展这个主题，离开了发展这个主题就没有意义了。”③ 科学发展观的发展理念与邓小平发展思想是一脉相承的理论体系。

第二，从人民利益至上到坚持“以人为本”。邓小平认为，把人民利益放在首位，全心全意为人民服务，是共产党员必须坚持的一贯准则。邓小平将实现人民群众的根本利益上升到社会主义本质的高度来认识，他从生产力和生产关系相结合，发展手段和发展目的相结合的角度，指出社会主义不仅要不断促进生产力的解放和发展，还必须消灭剥削根源，消除两极分化，最终实现全体人民的共同富裕。但不论是生产力的发展，还是剥削制度的消除，最终目标都是为了实现人民的共同富裕。这种富裕不仅包括物质方面，也包括人民充分享有民主权利以及精神生活的日益丰富，充分体现了邓小平发展观的人文关怀。1992年春，邓小平在“南方谈话”中更加明确地将其概述为“三个有利于”的标准，其中人民的根本利益标准是最根本的方面。也就是说，不论是生产力的快速发展还是综合国力的持续增强，最终目的都是为了提高人民的生活水平。党的十六大以后，

---

① 《十四大以来重要文献选编》（上），人民出版社1996年版，第448页。
② 《十六大以来重要文献选编》（下），中央文献出版社2008年版，第67页。
③ 《十六大以来重要文献选编》（上），中央文献出版社2005年版，第850页。

胡锦涛深刻指出，人心向背，是决定一个国家、一个政党兴亡的根本性因素，全心全意为人民服务是党的根本宗旨，并要求全党始终坚持以人为本的基本要求，必须做到“情为民所系、权为民所用、利为民所谋”，要把实现好、维护好、发展好最广大人民的根本利益作为党和国家一切工作的出发点和落脚点，不断满足人民多方面的利益诉求，促进人的全面发展。胡锦涛“以人为本”的发展思想是对邓小平人民本位发展观的运用和创新。

第三，从“各方面都需要综合平衡”到“全面协调可持续”。实现社会的全面发展、协调发展和可持续发展是邓小平发展思想的首要内容和基本特点，同时也构成了科学发展观的基本理念。邓小平认为，社会发展不仅包括经济增长，更是社会各系统要素的全面统筹发展。邓小平指出，建设社会主义物质文明的同时不可放松精神文明建设，要促进两个文明协调发展。经济建设必须坚持两手抓、两手都要硬的方针，并反复强调没有两手不行，一手软一手硬也不行，只有各个方面协调发展，社会主义现代化建设才能顺利进行。邓小平还指出，经济发展要与人口增长、资源利用、环境保护相结合，社会发展是包括经济、政治、文化、生态等因素在内的整体协调的持续发展过程。“现代化建设的任务是多方面的，各个方面需要综合平衡，不能单打一。”① 另外，邓小平还提出保护生态环境、植树造林等可持续发展思想。这些思想是邓小平发展观的主要内容，也为科学发展观的提出提供了重要的理论参考。党的十七大报告要求全面推进经济建设、政治建设、文化建设和社会建设，促进社会各方面全面发展，同时还明确提出建设生态文明的新任务，走生产发展、生活富裕、生态良好的文明发展之路，建设资源节约型、环境友好型社会。这些思想是在新的时代条件下对邓小平发展思想的具体运用和创新。

4. 开辟了一条符合中国国情的发展道路，形成了中国社会主义发展新模式

发展道路问题是现代化建设的重要问题。选择什么样的发展道路，事

① 《邓小平文选》第2卷，人民出版社1994年版，第250页。

关现代化建设的成败。以邓小平为核心的党的第二代中央领导集体解放思想，实事求是，打破了传统观念的束缚，深刻总结了我国和其他社会主义国家现代化建设进程中的经验教训，尤其是总结了发达国家和新兴工业化国家和地区实现现代化的经验教训，把在经济落后基础上产生起来的社会主义国家与马克思恩格斯所设想的脱胎于发达资本主义的社会主义国家加以严格区分，以唯物辩证法的视角，将现代化的一般规律与中国社会主义初级阶段的特殊规律区别对待，大胆利用市场经济这一人类社会所共有的调节社会经济运行的有力手段，从而开辟了通过社会主义与市场经济相结合实现我国现代化的新道路，使我们走出姓“资”姓“社”争论的迷宫，摆脱了传统观念的束缚，极大地解放了人们的思想，也极大地解放和发展了我国社会生产力。面对世界日益加速的经济发展，只有社会主义市场经济这条道路而没有别的其他道路能够引领中国实现社会主义现代化。

5. 提出了“特色社会主义论”，巩固和发展了中国社会主义事业

“中国特色社会主义”的科学概念最初来源于邓小平在党的十二大首次明确提出的“走自己的道路，建设有中国特色的社会主义。”邓小平发展理论中的“特色社会主义论”，即多种发展模式论，彻底否定了苏联的社会主义发展的单一模式，为世界社会主义运动指明了方向，从而巩固和发展了中国社会主义事业。特色社会主义论就是在坚持社会主义公有制为主体，逐步实现共同富裕的本质特征前提下，根据各国的实际国情建设社会主义，不能照抄照搬别国的模式。邓小平在领导中国特色社会主义现代化建设过程中，把马克思主义的基本原理同中国具体国情相结合，创造性地提出了一系列行之有效的发展战略思想，如：“先富带后富”，“两手抓，两手硬”、“抓重点，带全面”、“三步走”等等。同时，邓小平从社会主义初级阶段的现实出发，制定和实行了“一个中心、两个基本点”的基本路线和一整套方针政策，这是对一成不变的社会主义观念和模式的有力破除，从而找到了适合本国国情的独特发展道路。实践证明，用邓小平特色社会主义理论指导中国改革开放获得了成功，给社会主义注入了新的活力，是世界社会主义发展新阶段的最重要标志。正如邓小平所指出的：中国现代化的实现，“不但是给占世界总人口四分之三的第三世界走

出了一条路，更重要的是向人类表明，社会主义是必由之路，社会主义优于资本主义。”①

三、党的第三代中央领导集体发展思想的基本内容与主要贡献

马克思主义之所以是科学，就在于它能够根据历史条件的变化不断揭示人类社会的发展的客观规律。从党的十三届四中全会开始，以江泽民为核心的党的第三代领导集体集中全党智慧创立的“三个代表”重要思想，植根于中国改革开放的全新实践，反映了当代世界和中国发展变化的新要求，进一步回答了什么是社会主义、怎样建设社会主义的问题，创造性地回答了在长期执政的历史条件下建设什么样的党、怎样建设党的问题，深化了我们对新的时代条件下推进中国特色社会主义事业和加强党的建设的规律的认识。

（一）党的第三代中央领导集体发展思想的基本内容

自党的十三届四中全会至党的十六大，以江泽民为核心的党的第三代中央领导集体，高举邓小平理论伟大旗帜，在领导中国进行社会主义现代化建设的实践中，面对复杂的国内外环境，紧紧围绕如何坚持和发展中国特色社会主义这个根本问题，在关于发展的地位、发展的时机、发展的主体、发展的动力、发展的战略、发展的模式、发展的目的等方面提出了一系列新观点，并在实践中取得了巨大成就，把中国特色社会主义成功推向了21世纪。

1. 生产力是社会发展的本质与最终决定力量

马克思主义的唯物史观认为，人类社会发展的历史，归根到底是生产力发展的历史。生产力决定生产关系，进而从根本上决定社会形态的性质及演化过程。社会的经济形态、政治形态及整个社会形态，最终是由社会生产力的发展决定的。江泽民在继承唯物主义历史观这一基本思想的基础上进行了科学的理论创新，提出了以下新判断：

---

① 《邓小平文选》第3卷，人民出版社1993年版，第224—225页。

第一，就人类社会发展的性质而言，物质生产力的发展是人类社会发展的本质。江泽民曾反复强调指出："必须把集中力量发展社会生产力摆在首要地位。生产力是社会发展的最终决定力量。"① "人类社会的发展，就是先进生产力不断取代落后生产力的历史进程。社会主义现代化必须建立在发达生产力的基础之上。"②

第二，科学技术是先进生产力的集中体现和主要标志。江泽民在继承邓小平"科学技术是第一生产力"的基础上，高度重视科学技术的重要作用，重视发展科学技术事业，认为科学技术已成为现代生产力的最重要的因素。早在1991年他就指出，"当今世界，科学技术飞速发展并向现实生产力迅速转化，愈益成为现代生产力中最活跃的因素和最主要的推动力量。科学技术为劳动者所掌握，就会极大地提高人们认识自然、改造自然和保护自然的能力"③。在2001年"七一"讲话中，江泽民明确指出："科学技术是第一生产力，而且是先进生产力的集中体现和主要标志。"

第三，社会主义国家的根本任务就是发展生产力。江泽民说："社会主义的根本任务是发展生产力，增强社会主义国家的综合国力，使人民的生活日益改善，不断体现社会主义优于资本主义的特点。"④ 目前，我国社会生产力不发达的状况总体上还没有改变，我们必须充分认识中国社会主义现代化建设的艰巨性、长期性和复杂性，必须看到，实现共产主义理想还将经历一个漫长的历史过程。所以，社会主义是一个不断解放和发展生产力的过程，同时也是一个不断改革生产关系、上层建筑以适应生产力发展的过程。

第四，在推进生产力的发展时要注意人与自然的全面协调发展，正确处理经济发展与人口、资源、环境的关系，坚决实施可持续发展战略，建设生态文明。江泽民十分强调重视生产力发展规律对社会主义建设规律和党的执政规律的决定性影响，强调历史上所有进步的阶级、政党、政权都

---

① 《十五大以来重要文献选编》（上），人民出版社2000年版，第682页。
② 《十五大以来重要文献选编》（下），人民出版社2003年版，第1904页。
③ 《十三大以来重要文献选编》（下），人民出版社1993年版，第1590页。
④ 《江泽民文选》第3卷，人民出版社2006年版，第274页。

要将代表先进生产力的发展要求和推进先进生产力的发展作为自己的安身立命之本。因此，中国共产党必须始终代表中国先进生产力的发展要求，这既是对我党执政规律和社会主义建设规律的科学概括，又是对人类社会发展一般规律的深化。

2. 人民是历史的真正创造者，人才是社会发展最重要的资源

唯物史观不仅认为人类社会是在生产力与生产关系、经济基础与上层建筑之间的矛盾运动中发展的，而且认为这种社会基本矛盾运动主要体现为人民群众创造历史的作用。江泽民继承和发展了唯物史观关于人民群众是创造历史的动力的思想，并在新形势下提出了依靠人民、服务人民的“三个代表”重要思想，以及确立了人才资源是最重要社会资源的思想。

第一，尊重社会发展规律与尊重人民历史主体地位的一致性。江泽民在 2001 年“七一”讲话中指出：“任何时候我们都必须坚持尊重社会发展规律与尊重人民历史主体地位的一致性，坚持为崇高理想奋斗与为最广大人民谋利益的一致性，坚持完成党的各项工作与实现人民利益的一致性。”① 尊重社会发展规律的客观性，这是马克思主义所坚持的真理性前提，而尊重包含人民利益在内的人民历史主体地位则是马克思主义所坚持的价值性前提，江泽民提出坚持二者的一致性，这就实现了真理性与价值性的统一。

第二，人民群众是历史发展的主体。江泽民说：“人民是历史的真正创造者。”② “人民群众是先进生产力和先进文化的创造主体，也是实现自身利益的根本力量。”③ 历史表明，人民群众是创造物质财富和精神财富的主体，是历史发展的主体，是历史的真正创造者。过去，我们讲人民的历史主体地位往往只是强调人民的历史创造作用，而忽略了人民的利益主体地位。江泽民的“三个代表”重要思想，则全面地阐明了人民创造财富拥有财富的历史主体地位，这是我们所必须深刻理解和全面把握的。包括知识分子在内的我国工人阶级，是推动中国先进生产力发展的基本力

① 《十五大以来重要文献选编》（下），人民出版社 2003 年版，第 1909 页。
② 《十五大以来重要文献选编》（下），人民出版社 2003 年版，第 1899 页。
③ 《十五大以来重要文献选编》（下），人民出版社 2003 年版，第 1911 页。

量，农民阶级和其他劳动群众与工人阶级紧密团结，是推动我国社会发展的重要力量。

第三，把人民的根本利益作为出发点和归宿，充分发挥人民群众的主动性和创造性。马克思认为，历史不过是追求自己目的的人的活动而已，而人们奋斗所争取的一切，都同他们的利益有关。江泽民从历史主体的唯物史观出发，指出要“充分发挥人民群众的积极性主动性创造性”①。坚持人民是历史的创造主体，不仅要全心全意为人民服务，还要尊重人民、相信人民，充分发挥人民群众的主观能动性和伟大的创造性，使人民真正当家作主人，真正能积极地创造历史。这也是尊重社会发展客观规律的必然要求。

第四，牢固确立人才资源是发展的第一资源的思想。江泽民密切关注时代特征和社会发展大趋势，从新的历史特征及需要中概括出新的理论。江泽民非常重视人才在当代社会发展中的作用，阐发了许多重视人才作用的观点：“推进科技进步，关键要创新。科技创新是提高科技实力的中心环节。没有自主创新，就没有我们在世界科技领域中的位置。科技创新问题，说到底还是人才问题。”② “科技要发展，人才是关键。”③ 这是在新的历史条件下对人民是创造历史主体的唯物史观思想的进一步丰富和发展。

3. 坚持社会的全面发展与人的全面发展的统一

人与社会的辩证统一发展，构成了人类发展的基本规律。江泽民在新的历史条件下，从建设中国特色社会主义的实际出发，继承并进一步发展了马克思主义关于人与社会辩证发展的思想。主要有：

第一，努力促进人的全面发展。人的全面发展是社会发展的必然要求，也是马克思主义的一个重要观点。江泽民在2001年“七一”讲话中指出：“我们建设有中国特色社会主义的各项事业，我们进行的一切工作，既要着眼于人民现实的物质文化生活需要，同时又要着眼于促进人民

---

① 《十五大以来重要文献选编》（下），人民出版社2003年版，第1909页。
② 《江泽民文选》第3卷，人民出版社2006年版，第121页。
③ 《十三大以来重要文献选编》（中），人民出版社1991年版，第788页。

素质的提高，也就是要努力促进人的全面发展。这是马克思主义关于建设社会主义新社会的本质要求。我们要在发展社会主义社会物质文明和精神文明的基础上，不断推进人的全面发展。”① 在我们党的纲领性文献中，这是第一次明确提出和系统阐述人的全面发展问题。江泽民把人的全面发展问题提到了建设社会主义新社会的本质要求的高度，从一个全新的视角丰富和发展了科学社会主义理论和唯物主义历史观。

第二，人的全面发展与社会的全面发展是互为前提和基础的。人的发展与社会的发展是人类发展的两个不可分割的方面，相互联系、相互渗透、相互促进、相互统一。江泽民指出：“推进人的全面发展，同推进经济、文化的发展和改善人民物质文化生活，是互为前提和基础的。人越全面发展，社会的物质文化财富就会创造得越多，人民的生活就越能得到改善，而物质文化条件越充分，又越能推进人的全面发展。”② 实践证明，正确地处理人与社会的相互关系，追求人与社会相互协调发展，是一个永恒的历史课题，更是推动社会主义发展的不可回避的课题。

4. 文明的多样性是人类社会进步的动力

世界文明的多样性问题，既是一个悠久的历史问题，也是一个突出的现实问题。党的十三届四中全会以来，江泽民以宽广的眼光观察世界，既着眼于当代世界的现实，又洞察古往今来的人类文明历史，对于世界文明的多样性及发展大趋势给予了充分的关注，提出和阐明了许多重要观点，极大地丰富了马克思主义的文明观和历史观。

第一，世界文明的多样性，是人类社会的基本特征。文明（Civilization）是人类在认识世界和改造世界的过程中所逐步形成的思想观念以及不断进化的人类本性的具体体现。美国学者亨廷顿曾说过：“文明是一个文化单位。”“文明是人类文化最高层次的组合，也是人类文化认同的最广领域：再要推广就是人类与禽兽的分别了。它一方面由语言、历史、宗教、风俗、制度等共同客观因素决定，另一方面也有个人认同的因

① 《十五大以来重要文献选编》（下），人民出版社 2003 年版，第 1925 页。
② 《十五大以来重要文献选编》（下），人民出版社 2003 年版，第 1926 页。

素。"[1] 在2001年"七一"讲话中，江泽民指出："世界是丰富多彩的。各国文明的多样性，是人类社会的基本特征，也是人类文明进步的动力。应尊重各国的历史文化、社会制度和发展模式，承认世界多样性的现实。世界各种文明和社会制度，应长期共存，在竞争比较中取长补短，在求同存异中共同发展。"[2] 这是基于对人类社会发展规律的深刻把握而得出的科学结论。

第二，互动互补，应尊重各国的历史文化、社会制度和发展模式，承认世界多样性的现实。世界各种文明和社会制度应长期共存，在竞争比较中取长补短，在求同存异中共同发展。江泽民不仅认定世界文明的多样性是人类社会的基本特征，而且认为它是人类文明进步的动力，也是促进世界发展和进步的重要条件。"我们需要世界各国'共赢'的经济全球化，所有国家，无论南方还是北方，不管是大国还是小国，都应是全球化的受益者；""我们需要世界各国共存的经济全球化，只有相互尊重，相互促进，保持经济发展模式、文化和价值观念的多样性，世界文明才能生机盎然地发展。"[3] 这些思想告诉我们，对于坚持社会主义方向的中国共产党人来说，既不能主观地认为世界革命将要很快到来，更不能把支援世界各国革命作为自己现实工作中的头等大事，作为自己全部工作的基点，这无疑是完全符合人类文明进步的历史潮流和规律的。

（二）党的第三代中央领导集体发展思想的主要贡献

以江泽民为核心的党的第三代中央领导集体的发展思想的形成、丰富和发展，既根植于中国社会主义现实国情的深厚土壤，蕴涵着鲜明的时代气息、浓厚的创新性与实践性，又立足于马克思主义发展理论和中国特色社会主义理论，与时俱进、开拓创新，进一步丰富和深化了马克思主义发展理论。党的第三代中央领导集体的发展思想，指导着世纪之交的中国特色社会主义现代化建设，将中国特色社会主义事业成功带入21世纪，因此无论在理论价值上，还是实践意义上，都具有承前继后、继往开来的重

---

① 亨廷顿：《文明的冲突》，《二十一世纪》总第19期，第6页。
② 《十五大以来重要文献选编》（下），人民出版社2003年版，第1929页。
③ 江泽民：《在千年首脑会议分组讨论会上的发言》，《人民日报》2000年9月8日。

要意义。

1. 涵盖社会系统的主要领域，体现了构成要素的全面性、系统性

系统论认为，系统是由若干相互联系、相互作用的要素组成的，具有一定结构和功能的有机整体。系统性就是指系统的整体性，各要素之间、部分与整体之间的有机组织性，系统要素之间、系统与环境之间的协变性。战略思维作为一种以国家整体安全和长远发展为主要价值取向的思维方式，必须要把思维对象作为一个有机整体来看待。由于现代化建设是一个系统工程，因此，我们在思考问题、制定决策、处理事情的过程中，必须统筹兼顾，注意工作的整体性。以江泽民为核心的党的第三代中央领导集体的发展思想是一个融政治、经济、文化为一体的指导我国社会主义现代化建设的系统理论。其所提倡的社会发展并不是机械的、无轻重先后的发展，而是一个经济、政治、思想文化各方面协调运行、整体推进的过程，充分体现了其战略思维的系统性。

从理论的主要内容看，党的第三代中央领导集体的发展思想有着丰富而具体的含义：首先，发展包括经济社会的发展和人的发展两个基本方面；其次，发展是指构成完整社会形态的经济、政治、文化诸方面的协调发展；再次，发展要求社会主义国家的不同地区、不同区域、不同产业共同发展、协调推进，集中体现了社会发展的系统性思想。江泽民提出的发展时机论、发展模式论和发展动力论、发展目的论及“第一要务”论等新观点，明确地反映出社会主义现代化建设是一个系统工程，要整体协调、全面发展、系统控制，不能顾此失彼。

从理论的结构看，党的第三代中央领导集体的发展思想沿着两条线索展开：一条是社会的发展，另一条是人的发展。这两条线索并非独立平行的，而是相互渗透、相互交织的。社会的进步为人的发展提供了实践和可能，而人的发展又成为社会发展的终极目标。因此，党的第三代中央领导集体的发展思想自始至终紧紧围绕社会的发展和人的发展两个中心，成为联系和串联该理论的两条明晰的线索，构成其严谨的逻辑结构。

2. 与时俱进、开拓创新，丰富和深化了马克思主义社会发展理论

党的第三代中央领导集体的发展思想处处洋溢着创新精神，创新性是

其最突出的特色。与马克思主义发展理论相比较，党的第三代中央领导集体的发展思想实现了发展理论研究重点的转移，即从社会现实发展面临的难题、从加速社会主义现代化建设进程的重大问题出发，致力于适合具体运行问题的探讨，探寻现代化的具体实现方式和发展道路。

首先，第一次明确提出了“发展是执政兴国的第一要务”的重要思想，把解决发展问题与保持执政党的先进性紧密结合起来。江泽民不仅继承了邓小平“发展是硬道理”的思想，还将发展提升到加强党的建设的战略高度。这可以说是以江泽民为核心的党的第三代中央领导集体的发展思想中最具有创新价值的内容，它反映了知识经济时代的客观要求，体现了发展的本质特征。其次，第一次明确地提出社会发展与人的发展相统一，物质文明、精神文明与政治文明相协调的全面的社会发展目标。2002年“5·31”讲话和十六大报告中则更加明确地指出：“发展社会主义民主政治，建设社会主义政治文明，是全面建设小康社会的重要目标。”① 再次，第一次明确地确立了“生产发展、生活富裕、生态良好的文明发展道路”，作出了科教兴国战略、可持续发展战略、西部大开发战略三个具有重大现实意义和理论价值的战略决策。它们是对邓小平关于社会主义社会发展道路理论的创造性发展，具有很强的现实针对性，并从不同侧面为新形势下解决人口、资源、环境的协调发展问题、解决发展的动力和资源问题、解决发展的地区平衡问题提供了坚实的理论基础。

总的来说，江泽民创立的“三个代表”重要思想，推进了党的建设新的伟大工程，把马克思主义推进到一个新境界。“三个代表”重要思想，具有深厚的实践基础、理论基础和群众基础。它用一系列紧密联系、相互贯通的新思想、新观点、新论断，进一步回答了什么是社会主义、怎样建设社会主义的问题，创造性地回答了建设什么样的党、怎样建设党的问题，从而正确界定了我们党的历史方位，并从代表中国先进生产力的发展要求、中国先进文化的前进方向、中国最广大人民的根本利益的高度，提出坚持和发展党的先进性、提高党的执政能力的时代课题。这对于推进

① 《江泽民文选》第3卷，人民出版社2006年版，第553页。

中国特色社会主义伟大事业和党的建设新的伟大工程，都具有重大而深远的指导意义。

3. 指导实践，取得举世瞩目的发展成就

党的第三代中央领导集体的发展思想，源于实践，高于实践，发挥了对社会主义现代化建设实践的指导作用，取得举世瞩目的发展成就。

1989—2002 年，国际局势风云变幻，我国改革开放和现代化建设的进程波澜壮阔。20 世纪 80 年代末 90 年代初，国内发生严重政治风波，国际上，东欧剧变、苏联解体，世界社会主义出现严重曲折，我国社会主义事业的发展面临空前巨大的困难和压力。在这个决定党和国家前途命运的重大历史关头，以江泽民为核心的第三代中央领导集体，从容应对一系列问题，战胜在政治、经济领域和自然界出现的困难和风险，经受住一次又一次考验，排除各种干扰，保证了改革开放和现代化建设的航船始终沿着正确的方向破浪前进，取得了重大的历史性成就。

第三节　科学发展观对党的三代中央领导集体发展思想的新贡献

科学发展观是党中央从新世纪新阶段党和国家事业发展全局出发，坚持以马克思列宁主义、毛泽东思想、邓小平理论和“三个代表”重要思想为指导，立足社会主义初级阶段基本国情，深入分析我国发展的阶段性特征，总结我国发展实践，准确把握世界发展趋势，借鉴国外发展经验，适应新的发展要求提出来的。它体现了实践发展的需要，是中国特色社会主义理论体系最新成果，是中国共产党集体智慧的结晶，是指导党和国家全部工作的强大思想武器。

一、科学发展观是关于发展的科学理论体系

（一）发展是第一要义

党的十七大明确提出科学发展观的第一要义是发展，这既是对我国社会主义现代化建设实践的深刻总结，也是对马克思主义生产力决定生产关

系原理的深化。发展是社会主义初级阶段的客观要求，是巩固社会主义制度和党的执政基础、履行党的使命的重要任务。因此，深入贯彻落实科学发展观，必须紧紧抓住发展这个第一要义，促进社会经济又好又快发展。

科学发展观第一要义是发展，这是由社会主义初级阶段基本国情决定的，是实现中华民族伟大复兴的必然要求，是推动我国国民经济又好又快发展的必然要求，是应对艰难险阻、选择战略机遇期的正确抉择，是适应新时期的历史潮流和时代主题而提出来的。

发展是第一要义说明对于科学发展观而言，发展是不可或缺，极为重要的。科学发展观的发展涵盖了经济发展、政治发展、文化发展、社会发展和生态文明发展，但第一要义是发展主要还是侧重于生产力和经济的发展。邓小平在“南方谈话”中指出：“抓住时机，发展自己，关键是发展经济。现在，周边一些国家和地区经济发展比我们快，如果我们不发展或发展得太慢，老百姓一比较就有问题了。”① 江泽民也强调：“必须把发展作为党执政兴国的第一要务，不断开创现代化建设的新局面。”② 因此，继续推进中国特色社会主义伟大事业，必须要深刻领会发展这个第一要义，始终贯彻第一要义，切实抓好第一要义。胡锦涛强调：“科学发展观，是用来指导发展的，不能离开发展这个主题，离开了发展这个主题就没有意义了。”③

（二）发展的核心是以人为本

科学发展观坚持以马克思主义的人本思想为指导，坚持把以人为本作为整个科学发展观的实质与核心，为人们正确认识发展的本质、发展的内容、发展的原则、发展的目的等奠定了基础。

以人为本是对中国传统民本思想的继承和发展，民本思想贯穿于整个中国传统思想中，是中华民族传统文化所包含的一个基本理念，在我国历史上产生过重要的影响，发挥过巨大的作用，具有重要的历史价值。以人为本是对西方人本主义的扬弃与超越，马克思主义吸收了前人思想的精华

---

① 《邓小平文选》第3卷，人民出版社1993年版，第375页。

② 《十六大以来重要文献选编》（上），中央文献出版社2005年版，第10页。

③ 《十六大以来重要文献选编》（上），中央文献出版社2005年版，第850页。

和合理因素，创造性地发展了以人为本的思想，从而使“以人为本”获得了完全的科学的含义。

以人为本是中国共产党人的根本价值追求，在建设社会主义的实践中，中国共产党形成了符合中国实际、具有鲜明时代特色的人本观。以毛泽东为核心的党的第一代中央领导集体在领导中国人民取得民主革命胜利之后，在探索社会主义的过程中，深刻认识到人在社会发展中的作用，对人的地位、人的作用、人的价值、人性、人的自由和平等、教育的目的和方针作了深入阐述。以邓小平为核心的党的第二代中央领导集体在新的历史条件下把社会发展与人的发展统一起来。他所创立的中国特色社会主义理论，对社会主义的本质作了创造性的回答。以江泽民为核心的党的第三代中央领导集体根据我国经济社会发展的新形势适时提出“促进人的全面发展”思想，并明确提出社会的全面发展与人的全面发展过程相统一的重要思想。“三个代表”重要思想，从更深层次上体现了对人民主体地位的尊重与弘扬。以胡锦涛为主要代表的中国共产党人明确提出了“以人为本”的科学发展观，在科学发展观指导下的人本思想因而也具有了与以往不同的新内涵、新特点。

以人为本，主张人是发展的根本目的，一切为了人，一切服务于人，回答了为什么发展、为谁发展的问题；主张人是发展的根本动力，回答了怎样发展、靠谁发展的问题。作为执政党，中国共产党坚持权为民所用、情为民所系、利为民所谋，正确处理党同人民群众的关系。对于我们党来说，坚持以人为本，就是坚持立党为公、执政为民，就是坚持全心全意为人民服务，就是坚持在任何时候任何情况下，都要相信人民群众、依靠人民群众、为了人民群众，始终保持党同人民群众的血肉联系。

（三）发展的基本要求是全面协调可持续

党的十八大强调把全面协调可持续作为深入贯彻落实科学发展观的基本要求，全面落实经济建设、政治建设、文化建设、社会建设、生态文明建设五位一体总体布局，把科学发展观贯彻到我国现代化建设全过程、体现到党的建设各方面。

全面协调可持续发展具有丰富的内涵。坚持全面协调可持续发展，就要正确处理经济与社会发展，城市与农村发展，东中西部发展，人与自然界发展，国内发展和对外开放，改革发展稳定等现代化建设中的重大关系；就要统筹安排和处理好消费与投资、供给与需求，发展的速度和结构、质量、效益，科技进步与人力资源优势的充分发挥，市场机制与宏观调控等经济发展的重大问题；就要坚持把社会主义物质文明、政治文明、精神文明、和谐社会建设以及生态文明建设和人的全面发展，看成彼此相互联系、相互促进、不可分割的过程。

全面，是指发展要有全面性、整体性。全面发展是科学发展观的基本要求之一，包括“人的全面发展”和“社会的全面发展”。人的全面发展是科学发展观的核心理念“以人为本”的体现，是马克思主义关于共产主义社会的最高理想。社会全面发展即人类社会合乎规律地由低级向高级的前进运动，是科学发展观全面协调可持续发展内在的要求，是对现在一些国家和地区单纯追求经济增长，不重视社会发展和社会公平，忽视环境保护和能源、资源节约，导致出现社会发展滞后，能源、资源日趋紧张，生态环境恶化，以及高增长下的两极分化、失业增加、社会腐败、政治动荡等问题的反省。

协调，是指发展要有协调性、均衡性。协调发展是指社会各子系统之间出现良性互动、能量互补关系。它强调发展的整体性和综合性，要求将社会当做复杂的有机体看待，注重各阶段之间发展的协调性，这种发展观念符合现代系统科学理论。在我国，协调发展就是要“统筹城乡发展、统筹区域发展、统筹经济社会发展、统筹人与自然和谐发展、统筹国内发展和对外开放，推进生产力和生产关系、经济基础和上层建筑相协调，推进经济、政治、文化建设的各个环节、各个方面相协调。”

可持续发展，是指发展要有持久性、连续性，突出强调人口、经济、社会、资源、生态、环境等各种发展要素之间的相互协调。可持续发展重点要解决人口、环境保护、资源持续利用之间的关系以及经济、政治、文化、自然的协调互动，基本内容包括：资源和生态环境可持续发展、经济可持续发展、社会可持续发展、人与人的和谐发展。

（四）发展的根本方法是统筹兼顾

科学发展观的根本方法是统筹兼顾，它是唯物辩证法在发展问题上的科学运用，也是我们党在长期革命、建设和改革实践中形成的宝贵经验，它深刻反映了坚持全面协调可持续发展的必然要求。

党的十八大明确指出了统筹兼顾的科学内涵，“必须更加自觉地把统筹兼顾作为深入贯彻落实科学发展观的根本方法，坚持一切从实际出发，正确认识和妥善处理中国特色社会主义事业中的重大关系，统筹改革发展稳定、内政外交国防、治党治国治军各方面工作，统筹城乡发展、区域发展、经济社会发展、人与自然和谐发展、国内外发展和对外开放，统筹各方面利益关系，充分调动各方面积极性，努力形成全体人民各尽所能、各得其所又和谐相处的局面”①。也即是说要正确认识和妥善处理中国特色社会主义事业中的重大关系，总揽全局，科学筹划，兼顾各方，兼顾长远，充分调动一切积极因素，妥善处理各种利益关系，统筹经济建设、政治建设、文化建设、社会建设、生态文明建设和人的全面发展。

统筹兼顾是对唯物辩证法的继承和运用。唯物辩证法把世界看作是一个相互联系的整体，坚持用全面的和联系的观点看世界。统筹兼顾的科学方法，正是唯物辩证法的生动体现，也是唯物辩证法在发展问题上的科学运用。首先，统筹兼顾是全面观点在发展问题上的继承和运用。唯物辩证法要求用全面的观点看问题，具体到发展问题上就是要实现全面的发展。党的十八大强调要全面落实经济建设、政治建设、文化建设、社会建设、生态文明建设五位一体的总体布局，这说明我国在强调以经济建设为中心的同时，也着力于推动经济、政治、文化、社会、生态文明的全面协调发展。其次，统筹兼顾是联系观点在发展问题上的继承和运用。发展实际上是把由许多要素相互联系而组成的整体的功能发挥到最佳，因此必须充分考虑整体的组成结构，协调整体内部各要素的关系。实现社会主义现代化是一项复杂的任务，涉及到社会的方方面面，统筹兼顾要求各个环节、各

① 胡锦涛：《坚定不移沿着中国特色社会主义道路前进　为全面建成小康社会而奋斗》，《人民日报》2012年11月9日。

个方面相互协调充分体现了联系的观点。再次，统筹兼顾是发展观点在发展问题上的继承和运用。科学发展不仅要实现横向的社会的全面发展，而且注重在历史的纵向延伸上的可持续发展。只有在统筹兼顾的基础上，才能真正做到改善生态环境，提高资源利用率，促进人与自然的和谐，实现经济发展与人口、资源、环境相协调，走出生产发展、生活富裕、生态良好的文明发展道路。

统筹兼顾是社会主义建设的重要经验总结。统筹兼顾是我们党在长期的革命和建设实践中得出的重要结论，是我们处理各方面矛盾和问题必须坚持的重大战略方针，也是我们党一贯坚持的科学有效的工作方法。

（五）促进和谐发展

和谐发展体现了科学发展观的第一要义，它追求人与人、人与社会、人与自然的和谐。具体地说，和谐发展就是根据社会和谐这一中国特色社会主义的本质属性，积极主动地正视矛盾，化解矛盾，最大限度地增加和谐因素，最大限度地减少不和谐的因素。按照“民主法治、公平正义、诚信友爱、充满活力、安定有序、人与自然和谐相处”的要求，解决人民群众最关心、最直接、最现实的问题，形成全体人民共同建设，共同享有而又各尽其能、各得其所的和谐社会，它着重强调的是处理好“人”与“人”、“人”与“社会”的关系，增强社会主义社会感召力、凝聚力、吸引力，保证党和国家的长治久安。

（六）维护社会公平正义

胡锦涛在2005年2月省部级主要领导干部提高构建社会主义和谐社会能力专题研讨班开班仪式中，对社会公平正义进行了阐述：“公平正义，就是社会各方面的利益关系得到妥善协调，人民内部矛盾和其他社会矛盾得到正确处理，社会公平和正义得到切实维护和实现。”① 十八大报告又明确指出：“公平正义是中国特色社会主义的内在要求，要在全体人民共同奋斗、经济社会发展的基础上，加紧建设对保障社会公平正义具有

---

① 胡锦涛：《在省部级主要领导干部提高构建社会主义和谐社会能力专题研讨班开班仪式上的讲话》，《人民日报》2005年2月20日。

重大作用的制度，逐步建立以权利公平、机会公平、规则公平为主要内容的社会公平保障体系，努力营造公平的社会环境，保证人民平等参与、平等发展权利。”① 要特别注意的是，在社会主义初级阶段，社会公平只能是相对的公平，是与现阶段生产力发展水平相适应的。

首先，从全面性的要求看。科学发展观强调经济社会和人的全面发展，不仅注重经济的发展，而且更要关注经济发展成果的合理分配。要求在经济发展的同时，促进社会事业的发展和进步，包括社会结构、社会体制的完善；社会各方面利益关系的协调和社会主义民主政治的推进等。其次，从协调性要求看。科学发展观强调统筹兼顾，协调好各方面利益关系。其中统筹城乡发展的实质是促进城乡二元经济结构的转变，统筹区域发展的实质是抑制地区差距不断扩大的趋势。统筹城乡发展、区域发展，其基本价值取向是要维护社会公平原则。再次，从可持续发展的要求看。可持续发展强调的是一种机会均等的发展，既包括同代内的区际之间的均衡发展，也包括代际之间的均衡发展，既满足当代人的需要，又不损害后代的发展能力。要维持社会可持续发展就必须积极促进社会公正、安全、文明、健康，必须调节社会分配关系，消除两极分化，保持社会和谐和社会稳定。总之，注重社会公平是科学发展观的价值目标，也是我们党在发展观上的一个重大创新。

（七）坚持和平发展

贯彻和落实科学发展观，一方面靠内部的深化改革和社会稳定，另一方面靠外部的和平环境。坚持和平发展，制定正确的发展战略，营造良好的外部环境有助于开创中国特色社会主义事业的新局面、实现中华民族的伟大复兴。

选择科学发展观标志着中国正在走一条与世界主要大国所践行的传统的现代化完全不同的道路，而是一条人类追求进步的全新道路，其中和平发展是科学发展观的标志性特征。和平发展，就是既要争取和平的国际环

① 胡锦涛:《坚定不移沿着中国特色社会主义道路前进　为全面建成小康社会而奋斗》,《人民日报》2012 年 11 月 9 日。

境来发展自己，又要以自身的发展来维护和促进世界和平，要依靠自己的力量和改革创新来加快发展，同时要坚持实行对外开放，顺应经济全球化发展趋势，努力实现与各国的互利共赢和共同发展，坚持和平、发展、合作，与各国共同致力于推动建设持久和平与共同繁荣的和谐世界。和平发展强调的是处理好“中国”与“世界”的关系，使中国在实现中华民族伟大复兴的过程中，树立“和平中国”、“文明中国”的良好形象。在科学发展观指导下，中国坚持走和平发展道路，是历史的必然选择，也是对世界文明的重大贡献。

二、党的三代中央领导集体的发展思想是科学发展观的直接理论来源

党的三代中央领导集体的发展思想，既与时俱进，又一脉相承，是科学发展观的直接理论来源，对科学发展观的形成与发展有着直接而重大的影响。

（一）从科学发展观的第一要义是发展来看

以毛泽东为核心的中国共产党第一代中央领导集体在探索中国社会主义建设道路的时候，主张调动一切积极因素求发展，通过发展来解决矛盾与问题，并积极探索中国工业化道路。1956 年，毛泽东发表了著名的《论十大关系》，着眼于调动一切积极因素，提出一系列关于社会主义建设的重要理论观点，初步探索了符合我国情况的发展道路。党的八大在全面分析国内外形势的基础上，指出我国社会的主要矛盾是人民对于经济文化迅速发展的需要同当前经济文化不能满足人民需要的状况之间的矛盾，强调要集中力量发展社会生产力，实现国家工业化。1957 年，毛泽东发表《关于正确处理人民内部矛盾的问题》，提出为了解决社会主义社会生产关系与生产力、上层建筑与经济基础既相适应又相矛盾的问题，必须推动社会生产力的发展，提出并探讨了中国社会主义工业化的道路问题。后来由于种种复杂的原因，我国的发展走了弯路，出现了“大跃进”和“文化大革命”的失误。但是上述思想并没有过时，直至今日，始终是指导中国共产党人聚精会神搞建设、一心一意谋发展的科学论断。

党的十一届三中全会以后，邓小平提出“发展才是硬道理”的著名论断，突出强调坚持“一个中心、两个基本点”的社会主义初级阶段基本路线一百年不动摇，突出强调一定要实现社会主义现代化建设的“三步走”发展战略，突出强调要走自己的路、建设中国特色社会主义。党的十三届四中全会以后，以江泽民为核心的第三代中央领导集体强调发展是党执政兴国的第一要务，坚持用发展的办法解决前进中的问题，明确提出在发展社会主义市场经济条件下正确处理现代化建设中的一系列重大关系，提出科教兴国、可持续发展、西部大开发等重大战略。党的十六大以后，以胡锦涛为主要代表的中国共产党人从社会主义初级阶段基本路线和全面建设小康社会的总体要求出发，根据新世纪新阶段中国发展呈现的一系列新的阶段性特征，在吸取党的历代中央领导集体关于发展的重要思想的基础上，明确提出了科学发展观。科学发展观中所讲的发展，是强调以人为本的发展，是强调经济社会全面、协调、可持续的发展，是强调在“五个统筹”的基础上实现各方面事业有机统一、社会成员团结和睦的和谐发展，是强调实现又好又快的发展。这些发展和变化，既是发展的阶段、发展的难题、发展的任务发生重大阶段性变化使然，也是认识不断深入、不断发展使然。然而，无论如何发展变化，以经济建设为中心，以解决生产关系与生产力、上层建筑与经济基础的矛盾为基本问题，以不断解放和发展社会生产力为根本动力，以建成富强民主文明和谐的社会主义现代化国家为奋斗目标，以聚精会神搞建设、一心一意谋发展为精神状态，这些关于发展的基本原则始终没有改变。

（二）从科学发展观的核心是以人为本来看

全心全意为人民服务，这是中国共产党的根本宗旨。以人为本则是这一根本宗旨在发展理念上的贯彻和体现。在社会主义工业化的起步阶段，各方面的建设事业需要大量的资金，需要人民尽可能地克制自身的消费，从极其有限的物力和财力中节约出尽可能多的力量来集中发展基础工业。即便在这种条件下，毛泽东等领导人仍然十分关切提高人民生活水平的问题。毛泽东指出：“我国人民现在还要像苏联那个时候一样，忍受一点牺牲，但是只要我们能够使农业、轻工业、重工业都同时高速度地向前发展，我们就可以保证在迅速发展重工业的同时，适当改善人民的生活。苏联和我们的经验都证明，农业不发展，轻工业不发展，对重工业的发展是不利的。”① 经毛泽东提出、周恩来概括，还形成了“备战、备荒、为人民”的经济建设指导方针，在一个社会生产力落后、人口众多的大国里，保证了占世界 1/4 人口的基本生活需求。

党的十一届三中全会后，在改革开放和现代化建设中，更是把提高人民生活水平作为发展的基本目的，在短短 20 多年里实现了人民生活从初步解决温饱到总体实现小康的历史性跨越。在这一发展的重要时刻，科学发展观把“以人为本”作为发展的核心理念，体现了中国共产党的根本宗旨和社会主义制度的本质要求。从“备战、备荒、为人民”的建设方针，到人民生活实现小康水平的奋斗目标，再到科学发展观中的“以人为本”，清晰地勾画出从以毛泽东为核心党的第一代中央领导集体关于发展的思想到科学发展观的思想发展脉络。这条脉络本身，正是中国共产党带领全国人民创造幸福生活、实现中华民族伟大复兴的伟大奋斗历程的缩影。

（三）从科学发展观的基本要求是全面协调可持续来看

全面协调可持续，是科学发展观的基本要求，也是中国特色社会主义理论的创新之点。中国共产党第一代中央领导集体在这一方面提出了若干带有思想先驱性质的重要论断。党的八大确立了既反保守又反冒进即在综合平衡中稳步前进的经济建设方针。在读苏联《政治经济学教科书》期间，毛泽东还提出：“我们要以生产力和生产关系的平衡和不平衡，生产关系和上层建筑的平衡和不平衡，作为纲，来研究社会主义社会的经济问题。”② 他也看到了经济建设同保护自然的关系，指出：“如果对自然界没有认识，或者认识不清楚，就会碰钉子，自然界就会处罚我们，会抵抗。”③ 他还看到人口增长对经济发展和社会进步的巨大压力，提出：“我

① 《毛泽东文集》第 8 卷，人民出版社 1999 年版，第 121 页。
② 《毛泽东文集》第 8 卷，人民出版社 1999 年版，第 130—131 页。
③ 《毛泽东文集》第 8 卷，人民出版社 1999 年版，第 72 页。

国是一个有六亿五千万人口的大国，吃饭是第一件大事。”① “我们这个国家有这么多的人，这是世界上各国都没有的。要提倡节育，要有计划地生育。”②

党的十一届三中全会以后，随着改革开放和现代化事业的迅速发展，对于发展中的全面、协调、可持续提出了越来越高的要求。在充分吸取毛泽东在探索中提出的综合平衡等重要论断以及邓小平、江泽民等提出的相关重要思想后，以胡锦涛为主要代表的中国共产党人提出把全面协调可持续作为科学发展观的基本要求，就是要按照中国特色社会主义事业总体布局，全面推进经济建设、政治建设、文化建设、社会建设和生态建设，进而使人民在良好生态环境中生产生活，实现经济社会永续发展。

（四）从科学发展观的根本方法是统筹兼顾来看

统筹兼顾作为一项基本方针，是毛泽东在《关于正确处理人民内部矛盾的问题》一文中正式提出的。当时提出这一方针的立足点，是中国拥有占世界总数 1/4 的人口，人口总量达到 6.5 亿这一基本国情。毛泽东说：“这里所说的统筹兼顾，是指对于六亿人口的统筹兼顾。我们作计划、办事、想问题，都要从我国有六亿人口这一点出发，千万不要忘记这一点。”又说：“我们的方针是统筹兼顾、适当安排。无论粮食问题，灾荒问题，就业问题，教育问题，知识分子问题，各种爱国力量的统一战线问题，少数民族问题，以及其他各项问题，都要从对全体人民的统筹兼顾这个观点出发，就当时当地的实际可能条件，同各方面的人协商，作出各种适当的安排。决不可以嫌人多，嫌人落后，嫌事情麻烦难办，推出门外了事。”③ 统筹兼顾，也包括分配问题。他说：“在分配问题上，我们必须兼顾国家利益、集体利益和个人利益。对于国家的税收、合作社的积累、农民的个人收入这三方面的关系，必须处理适当，经常注意调节其中的矛盾。”④ 当时提出统筹兼顾方针的目的，是为了更好地调动各方面的

① 《毛泽东文集》第 8 卷，人民出版社 1999 年版，第 49 页。
② 《毛泽东著作专题摘编》（上），中央文献出版社 2003 年版，第 970 页。
③ 《毛泽东文集》第 7 卷，人民出版社 1999 年版，第 227—228 页。
④ 《毛泽东文集》第 7 卷，人民出版社 1999 年版，第 221 页。

积极性。由此出发，后来又进一步提出了若干个“并举”，例如发展农业与发展工业并举、中央积极性与地方积极性并举、大型项目与中小型项目并举等等，又叫作“两条腿走路”。

邓小平继承和发展了“统筹兼顾、适当安排”的思想，强调我们必须按照统筹兼顾的原则来调节各种利益的相互关系，提出了物质文明和精神文明“两手抓、两手都要硬”，要求把改革、发展同稳定辩证统一起来等。进入新世纪新阶段，改革开放和现代化建设处于历史机遇期、发展攻坚期和矛盾凸显期，发展遇到的问题和矛盾的两难特征日益显著。以胡锦涛为总书记的党的中央领导集体提出要把统筹兼顾作为化解矛盾、推动发展的根本方法，要求正确认识和妥善处理中国特色社会主义事业中的重大关系，统筹城乡发展、区域发展、经济社会发展、人与自然和谐发展、国内发展和对外开放，统筹中央和地方关系，统筹个人利益和集体利益、局部利益和整体利益、当前利益和长远利益，充分调动各方面积极性。

三、科学发展观对党的三代中央领导集体发展思想的发展

以胡锦涛为总书记的党中央，立足于社会主义初级阶段基本国情，总结我国发展实践，借鉴国外发展经验，适应新的发展要求，提出了科学发展观这一重大战略思想，从世界观和方法论上全面回答发展问题，进一步丰富和发展了党的三代中央领导集体关于发展的重要思想，开辟了马克思主义发展的新境界。

（一）进一步回答“为什么要发展”和“实现什么样的发展、怎样发展”的问题，深化了对发展重要性和发展本质的认识

以胡锦涛为总书记的党中央继承和发展了党的三代中央领导集体关于发展的重要思想，提出了科学发展观，进一步回答了新世纪新阶段我国“为什么要发展”的问题。胡锦涛指出，经过新中国成立以来特别是改革开放以来的不懈努力，我国取得了举世瞩目的发展成就，但我国仍处于并将长期处于社会主义初级阶段的基本国情没有变，人民日益增长的物质文化需要同落后的社会生产之间的矛盾这一社会主要矛盾没有变。这就要求

我们必须坚持聚精会神搞建设、一心一意谋发展。“发展，对于全面建设小康社会、加快推进社会主义现代化，具有决定性意义。”科学发展观，第一要义是发展。它创造性地回答了“实现什么样的发展、怎样发展”的问题，包括丰富发展内涵、把握发展规律、创新发展理念、转变发展方式、破解发展难题、提高发展质量等。在“实现什么样的发展”的问题上，科学发展观坚持以人为本，强调实现科学发展、和谐发展、和平发展，体现了发展的世界观；在“怎样发展”的问题上，科学发展的基本要求是全面协调可持续，根本方法是统筹兼顾，体现了发展的方法论。所以，科学发展观是马克思主义关于发展的世界观和方法论的集中体现，是马克思主义发展理论的最新成果。

（二）深入阐述“为谁发展、靠谁发展”的问题，深化了对发展根本目的和基本动力的认识

“为谁发展、靠谁发展”，是发展观的两个基本问题。以胡锦涛为总书记的党中央提出科学发展观的核心是以人为本，这进一步深化了党的三代中央领导集体对发展的根本目的和基本动力的认识。第一，以人为本是一种新的发展理念。一段时间内，一些地方和部门存在片面强调经济发展而忽视社会全面进步和人的全面发展的倾向。针对这种倾向，科学发展观阐明，发展不仅是物质财富的增长，而且是社会的全面进步，更重要的是人自身的发展，发展的根本目的在于满足人民群众日益增长的物质文化需要，实现人的全面发展。第二，以人为本深刻回答了“为谁发展、靠谁发展”的问题。坚持以人为本，最重要的是坚持发展为了人民、发展依靠人民、发展成果由人民共享。坚持发展为了人民，就是要始终把实现好、维护好、发展好最广大人民的根本利益作为党和国家一切工作的出发点和落脚点；坚持发展依靠人民，就是要尊重人民的主体地位和首创精神，始终相信群众、依靠群众，最广泛地动员和组织亿万群众投身中国特色社会主义伟大事业；坚持发展成果由人民共享，就是把改革发展的成果体现在不断提高人民的生活水平上，体现在充分保障人民的经济、政治、文化、社会等各方面权益上。

（三）强调全面协调可持续的内在统一，深化了对发展要求的认识

科学发展观的基本要求是全面协调可持续。党的三代中央领导集体在不同的历史时期，分别对“全面发展”、“协调发展”、“可持续发展”作过不同侧重、不同程度的论述。科学发展观的贡献在于：一是把“全面协调可持续”整合在一起，强调三者的内在统一，并且把它作为实现科学发展的基本要求明确提出来。只有坚持全面协调可持续的基本要求，才能有效破解制约我国发展的各种矛盾和问题，实现科学发展。二是对“全面协调可持续”的内涵进行了科学概括。全面发展，就是既要以经济建设为中心，又要全面推进经济建设、政治建设、文化建设、社会建设以及生态文明建设。协调发展，就是要促进现代化建设各个环节、各个方面相互协调，促进生产关系与生产力、上层建筑与经济基础相互协调。可持续发展，就是要促进人与自然和谐相处，实现经济发展和人口、资源、环境的良性循环，走生产发展、生活富裕、生态良好的文明发展道路。“全面”、“协调”强调的是发展在空间上的结构优化，“可持续”强调的是发展在时间上的动态均衡。“全面协调可持续”，深刻反映了我国经济社会发展进入新阶段的新要求。

（四）赋予统筹兼顾以新的内涵，深化了对发展方法的认识

统筹兼顾是中国共产党人在发展的方法论问题上的一贯主张。以胡锦涛为总书记的党中央，继承和发展了党的三代中央领导集体关于统筹兼顾的思想，提出科学发展观的根本方法是统筹兼顾，并深刻阐明了统筹兼顾的思想内涵。一是为“统筹兼顾”注入了新的内容。党的十六届三中全会提出了“五个统筹”的思想，即统筹城乡发展、统筹区域发展、统筹经济社会发展、统筹人与自然和谐发展、统筹国内发展和对外开放。党的十七大在“五个统筹”的基础上，进一步提出要统筹中央和地方关系，统筹个人利益和集体利益、局部利益和整体利益、当前利益和长远利益，统筹国内国际两个大局。二是提出统筹兼顾是实现科学发展的根本方法。以前，人们更多的是从经济层面、从正确处理人们之间不同利益关系的角度来理解统筹兼顾，而科学发展观进一步把统筹兼顾同科学发展紧密联系

在一起，使之成为指导整个经济社会发展的方法论。在发展实践中坚持统筹兼顾，就是要从党和国家事业发展的全局出发，正确认识和妥善处理现代化建设中的重大关系，在推进经济发展的同时兼顾各个方面的发展要求，把经济建设、政治建设、文化建设、社会建设以及生态文明建设及其各个环节统筹协调好，使之相互促进、相互支撑，实现良性互动。可以说，科学发展观对统筹兼顾内涵的新概括和功能的新定位，体现了我们党对社会主义建设规律认识的深化，为推动科学发展、促进社会和谐提供了根本的方法论指导。

第四章　科学发展观与当代中国经济社会发展

党的十七大以来，以胡锦涛为总书记的党中央坚持以科学发展观为指导，以科学制定和实施“十一五规划”、“十二五规划”为抓手，全面部署和推进中国特色社会主义的经济、政治、文化、社会和生态文明建设以及党的建设，我国的经济社会发展取得了一系列新的历史性成就。五年来，科学发展观指导下的当代中国经济社会发展新实践，既在实践中进一步检验了科学发展观的科学性，又使科学发展观自身在实践检验的过程中得到了进一步的丰富和发展。

第一节　新世纪新阶段中国经济社会发展的主要特征

当今世界正在发生广泛而深刻的变化，当代中国正在发生广泛而深刻的变革。进入新世纪新阶段，我国发展的国内外形势变得更加复杂多变。从国外看，国际局势风云变幻，综合国力竞争空前激烈，国际金融危机、周边外交争端等为我国发展增添了许多风险因素和不确定性；从国内看，中国特色社会主义事业进入到全面建设小康社会的新阶段，我国经济社会发展面临新的发展任务和阶段性特征，重大自然灾害和突发事件也对我国发展带来了新的挑战。这些复杂因素构成了十七大以来科学发展观新发展的时代坐标。只有准确把握新世纪新阶段我国发展面临的时代背景和阶段性特征，才能正确认识十七大以来科学发展观新发展的现实条件和客观要求，从而全面把握科学发展观新发展的具体体现和重大意义。

一、当代中国经济社会发展的世界背景

新世纪新阶段，国际局势风云变幻，综合国力竞争空前激烈。我国在快速推进改革开放的过程中，既面临重大机遇，也面临重大风险和挑战。

1. 世界经济发展出现新变化

2008 年爆发的国际金融危机使世界经济形势变化充满不确定性，同时导致各种形式的保护主义愈演愈烈，使多边贸易投资自由化面临困难，但经济全球化深入发展的大趋势没有中断。在经济全球化深入发展的背景中，世界经济出现新变化。一方面，经济全球化深入发展，促进共同发展的有利因素增加。进入新世纪以来，世界经济经历了一个新的上升周期，世界经济出现了增长速度较快和通货膨胀水平较低的格局。对于我国而言，在经济全球化深入发展过程中，生产要素在全球范围的流动和重组加快，尽管会带来一些挑战，但也带来了更多发展机遇。我国可以较快地从国际市场获得国内发展所需要的生产要素，包括资金、资源、技术和先进的管理方式与理念；这还有助于我国产品走向国际市场，提高企业国际竞争力，增强我国综合国力。特别是经济全球化过程中新科技革命方兴未艾，给发展中国家发挥后发优势、实现加快发展创造更多条件。从世界发展史看，经济危机往往孕育着新的科技革命，科技革命必然带来产业革命，而每一次产业革命都是一次国家综合实力的重新整合，一个国家能不能持续发展，关键是要抓住世界科技革命和新兴产业发展潮流。当前，以信息技术为前导并由此带动的新能源、生物技术、海洋技术等新科技革命已初露端倪，必将在不远的未来形成新科技革命浪潮。虽然发达国家在综合创新能力方面依然拥有比较明显的优势，但新兴市场国家特别是我国可以利用国内市场空间大和产业化能力强的优势，利用在部分领域接近或达到技术前沿的条件，通过大力提高国家科技创新能力，在一些关键领域率先取得技术突破，推动产业结构优化升级，实现跨越式发展。

另一方面，全球各领域全方位竞争日趋激烈，国际经济环境短期内难以明显好转。由国际金融危机引发的深层次影响还在不断显现，世界经济复苏的不稳定性不确定性上升，面临的下行压力和潜在风险有所加大，全球经济复苏乏力的状况可能要持续较长一段时间。在金融危机冲击下，全球供给结构和需求结构都发生了深刻变化，无论是发达国家还是发展中国家都面临调整经济结构的巨大压力，都在努力调整发展模式，以尽快摆脱危机影响，破解资源环境约束，重塑和发展具有比较优势的产业，抢占国际分工的制高点。国际金融商品市场可能持续动荡，由于世界经济复苏艰难，脆弱的市场信心不易恢复，因此跨国资本流动明显加剧，导致国际外汇、证券等市场有可能持续大幅波动。①

2. 国际政治风云变幻

新世纪新阶段，世界格局进入深度调整期，霸权主义、强权政治和新干涉主义有所上升，局部动荡频繁发生，传统安全威胁和非传统安全威胁相互交织，不稳定因素和不确定因素增多，世界仍然很不安宁。一方面，发达国家政治骚乱和政治问题频发。国际金融危机爆发以来，全球性经济危机至今仍未根本改观，欧美等发达国家几乎都被经济衰退、失业率居高不下和政府财政债务与行政危机困扰而难以自拔，许多地方出现了政治骚乱。另一方面，世界“民主化”浪潮风起云涌。以美国为首的西方国家将世界分为“民主与专制”两极，把推动世界的所谓“民主化”作为其国家安全战略的重要组成部分。他们通过政治、经济、舆论甚至战争等手段，在全世界掀起了一波又一波的“民主化”浪潮。新世纪以来，在发展中国家政治变革内因和西方国家外力推动下，以多党制、三权分立为主要特征的“民主化”潮流余波未平。但也要看到，国际力量对比朝着有利于维护世界和平方向发展，国际形势总体稳定。虽然局部动荡或局部战争时有发生，但和平与发展仍然是时代主题，维护和平、制约战争、牵制霸权的因素不断增长。新兴市场国家和发展中国家整体实力的大大增强，

---

① 潘盛洲：《全面建成小康社会决定性阶段的新机遇新挑战》，《求是》2012 年第 23 期。

使国际力量对比朝着有利于维护世界和平方向发展。

3. 文化发展与竞争日益激烈

在全球化的大背景下，文化日益为世界各国所重视，国与国之间的竞争，在很大程度上是一种文化的竞争。在多种思想文化相互激荡中，世界文化发展与竞争日益激烈。文化已经成为国家核心竞争力的重要因素，谁占据了文化发展的制高点，谁拥有强大的文化软实力，谁就能够在激烈的国际竞争中赢得主动。各种思想文化相互激荡成为当今世界文化发展与竞争的鲜明色调。固然，人类的实践随着信息化、网络化的拓展，突破了原有时空的限制，实现了文化传播、文化交流、文化交往等实践方式的全球化，人类文化呈现多样化发展。但是世界文化一方面在获得空前交流与发展的同时，另一方面各种思想文化交融交锋更加频繁，这也引发了一场前所未有的文化博弈。西方发达国家利用经济和政治上的优势，极力地向发展中国家推销他们的文化，实行“文化霸权主义”，通过文化渗透来竭力推销自己的文化价值观念，企图削弱和取代别国的民族文化，以期主导世界文化发展的潮流与方向。

4. 生态问题受到极大关注

近代以来，科学技术张扬了人类对自然的占有欲，人类逐步打碎了敬畏自然的传统，开始了“自然的祛魅”，人类的力量与野心无限地膨胀。同时，资本主义的扩张使资本的逐利本性得到了彻底的暴露，导致了其在全球范围内对资源的疯狂掠夺，排放废弃物，造成了世界范围的生态环境灾难。值得欣慰的是，自然的无情报复使西方世界开始对工业文明展开反思。美国生物学家卡逊 1962 年出版的《寂静的春天》可以被看作是人类生态意识觉醒的标志，是生态学新纪元的开端，强烈震撼了社会广大民众，促使人们反思人类与自然的关系、经济与生态的关系，并由此掀开了一场轰轰烈烈的全球性环境保护运动，如“罗马俱乐部”的成立及其提出的增长极限论、法国经济学家佩鲁的著作《新发展观》、世界环发委发表的长篇报告《我们共同的未来》表达的可持续发展观、《京都议定书》与国际气候大会等。

二、当代中国经济社会发展的国内背景

1. 国内经济发展面临新挑战

一方面，在新世纪新阶段，我国经济已经站在可以发挥综合优势的发展新起点上，面临经济发展的物质技术基础更加强固、市场需求潜力巨大、宏观调控体系不断完善、制度优势日益显现的重大机遇。但另一方面，国内经济发展也面临着各种风险和挑战。一是经济增长下行压力加大。2008 年以后，国际金融危机对我国经济增长的影响非常明显，增速明显回落。二是经济结构调整进展缓慢。尽管近些年结构调整不断推进，但我国第一产业基础不稳、第二产业核心竞争力不强、第三产业发展不快的问题仍然突出。随着经济增速回落，产业结构不合理特别是部分产品产能过剩问题进一步暴露。产能过剩不仅造成能源资源的浪费，还造成恶性竞争、行业利润率下降、失业增加等影响经济社会发展的严重后果。三是科技创新能力不强。产业技术水平整体偏低，以企业为主体、市场为导向、产学研相结合的技术创新体系尚不健全，缺少自主知识产权和名牌产品，新兴产业带动作用还不强。①

2. 国内政治建设面临新挑战

首先，政治领域潜在风险不断积聚。在经济市场化、政治民主化、社会多元化、文化多样化的发展进程中，脱离群众成为我们党执政后最大危险已经显现；政治建设与经济建设、人的全面发展不协调也潜藏着极大风险；党在长期执政条件下，面对改革开放和市场经济的考验，面对复杂的国际形势，消极腐败的风险表现得更为突出和严峻。其次，民主政治有序发展面临新突破。公民政治诉求增多与表达机制的有序发展不协调；互联网特别是移动互联网的发展，加快了信息化向政治生活的渗透，迫切需要网络民主的有序发展；作为最大的发展中国家，中国的民主政治进程不仅面临着体制转型的影响，还需要解决中央权威问题、民族问题和台湾问题

① 潘盛洲：《全面建成小康社会决定性阶段的新机遇新挑战》，《求是》2012 年第 23 期。

等复杂问题，在多种风险和深层次矛盾凸显的背景下，实现民主政治的有序发展，显得更加重要。同时，社会上各种政治思潮相互激荡、碰撞，并深刻影响着人们的思想和改革发展的进程。

3. 文化发展面临严峻挑战

虽然我国文化建设取得长足的进展，但与“建设社会主义文化强国”的目标要求尚有差距。公共文化服务体系还不健全，文化产业仍处于起步的阶段，文化产品的国际竞争力还不强，文化建设与人民群众日益增长的精神文化需求的矛盾还很突出，外来文化对我国传统文化乃至思想观念的冲击还相当大，“庸俗、低俗、媚俗”文化还在较大范围内存在，社会主义文化发展还面临诸多问题和挑战。

4. 社会矛盾与发展风险不断积聚

现代性的基本特征就是“高风险性”①。一方面，中国已进入中等收入国家的行列，能否由中等收入国家升级为高收入国家，关键在于社会建设能否提供有力支撑。但由“中”到“高”的难度比由“低”到“中”更大。拥有13亿多人口的中国能否跳出“中等收入陷阱”是一个很大的挑战。另一方面，伴随社会结构深刻变动、利益格局深刻调整，社会矛盾也进入多发期。中国由于人口众多、资源有限，现代化过程中产生的矛盾就更加尖锐和复杂。特别是进入新世纪以来，住房、教育、医疗、养老、就业等民生问题日益突出；贫富差距、城市差距、区域差距持续扩大；劳资关系、干群关系等社会利益群体矛盾日益显化；土地征用、房屋拆迁、企业改制等引发社会不稳定的问题凸显；一些地方杀人、绑架等严重暴力犯罪增多，抢劫、抢夺、盗窃等刑事犯罪案件上升，社会治安出现不少新情况。

5. 生态问题引发持续关注

不可否认，改革开放以来，中国的经济连续多年保持高速增长，人们的物质生活水平有了很大提高。但同时，却造成严重的环境污染和生态破

---

① ［德］乌尔里希·贝克：《风险社会》，何博闻译，译林出版社2004年版，第15页。

坏，付出了巨大的生态环境代价，生态环境形势十分严峻。我国经济社会发展面临着越来越突出的资源环境制约，主要是：资源约束趋紧，石油对外依存度已超过 55%，铁矿石等重要矿产资源对外依存度也都在 55%以上，全国年均缺水量超过 500 亿立方米，2/3 的城市缺水，大江大河特别是黄河、海河、淮河、辽河及西北内陆河区水资源开发利用接近或超过水资源承载能力，耕地面积已接近 18 亿亩红线；环境污染严重，一些重点流域水污染严重，部分城市灰霾现象凸显，重金属和持久性有机污染加重，环境状况总体恶化趋势没有得到根本遏制；生态系统退化，水土流失面积占国土面积 37%、沙化土地面积占 18%、石漠化面积占 1.3%，80%以上的草原不同程度退化，地面沉陷面积扩大，生物多样性锐减，生态系统抵御自然灾害能力减弱。环境问题不仅制约经济发展，而且影响社会稳定。近年来，重大环境污染事件频发，给人民群众身体健康带来危害，由此也直接酿成多起社会群体性事件。环境问题已经成为群体性事件的重要诱发因素，对社会和谐稳定构成了直接威胁。因此，正确认识和妥善处理经济与生态之间的关系，促进经济与生态的协调发展，既要金山银山，又要青山绿水；既要使广大人民群众吃上健康的食品，呼吸到新鲜的空气，喝上干净的水，在生态良好的环境下生产和生活，又能实现经济的可持续发展，成为摆在我们党面前的一道亟须破解的世界级难题。

三、当代中国经济社会发展的阶段性特征和任务

十七大以来，随着国际局势大变动大调整和国内经济社会发展的深刻变化，我国改革开放和社会主义现代化建设进入了新的发展阶段。一方面，虽然我国的各项事业取得了巨大成就，但是我国仍处于并将长期处于社会主义初级阶段的基本国情并没有改变。另一方面，我国发展又呈现出一系列新的阶段性特征，这些阶段性特征都是社会主义初级阶段基本国情在新世纪新阶段的具体表现。

我国经济社会发展面临的阶段性特征，主要表现为：（1）我国经济实力显著增强，但生产力水平总体上还不高，自主创新能力还不强，长期形成的结构性矛盾和粗放型增长方式尚未得到根本改变；（2）社会主义

市场经济体制初步建立，同时影响发展的体制机制障碍依然存在，改革攻坚面临深层次矛盾和问题；（3）人民生活总体上达到小康水平，同时收入分配差距拉大趋势还未根本扭转，城乡贫困人口和低收入人口还有相当数量，统筹兼顾各方面利益难度加大；（4）协调发展取得显著成绩，同时农业基础薄弱、农村发展滞后的局面尚未改变，缩小城乡、区域发展差距和促进经济社会协调发展任务艰巨；（5）社会主义民主政治不断发展、依法治国基本方略扎实贯彻，同时民主法制建设与扩大人民民主和经济社会发展的要求还不完全适应，政治体制改革需要继续深化；（6）社会主义文化更加繁荣，同时人民精神文化需求日趋旺盛，人们思想活动的独立性、选择性、多变性、差异性明显增强，对发展社会主义先进文化提出了更高要求；（7）社会活力显著增强，同时社会结构、社会组织形式、社会利益格局发生深刻变化，社会建设和管理面临诸多新课题；（8）对外开放日益扩大，同时面临的国际竞争日趋激烈，发达国家在经济科技上占优势的压力长期存在，可以预见和难以预见的风险增多，统筹国内发展和对外开放要求更高。

在这种纷繁复杂的社会背景下，我国的经济社会发展面临着诸多亟待解决的重大任务：

第一，我国面临着增强发展协调性、努力实现经济又好又快发展的重大任务。务必要在转变发展方式取得重大进展，在优化结构、提高效益、降低消耗、保护环境的基础上，实现人均国内生产总值到2020年比2000年翻两番。社会主义市场经济体制更加完善。自主创新能力显著提高，科技进步对经济增长的贡献率大幅上升，进入创新型国家行列。居民消费率稳步提高，形成消费、投资、出口协调拉动的增长格局。城乡、区域协调互动发展机制和主体功能区布局基本形成。社会主义新农村建设取得重大进展。城镇人口比重明显增加。

第二，我国面临着扩大社会主义民主，更好保障人民权益和社会公平正义的重大任务。务必使公民政治参与有序扩大，依法治国基本方略能够深入落实，全社会法制观念进一步增强，法治政府建设取得新成效。基层民主制度更加完善。政府提供基本公共服务能力显著增强。

第三，我国面临着加强文化建设，明显提高全民族文明素质的重大任务。务必使社会主义核心价值体系深入人心，良好思想道德风尚进一步弘扬。覆盖全社会的公共文化服务体系基本建立，文化产业占国民经济比重明显提高、国际竞争力显著增强，适应人民需要的文化产品更加丰富。

第四，我国面临着加快发展社会事业，全面改善人民生活的重大任务。务必使现代国民教育体系更加完善，终身教育体系基本形成，全民受教育程度和创新人才培养水平明显提高。社会就业更加充分。覆盖城乡居民的社会保障体系基本建立，人人享有基本生活保障。合理有序的收入分配格局基本形成，中等收入者占多数，绝对贫困现象基本消除。人人享有基本医疗卫生服务。社会管理体系更加健全。

第五，我国面临着建设生态文明，基本形成节约能源资源和保护生态环境的产业结构、增长方式、消费模式的重大任务。务必使循环经济形成较大规模，可再生能源比重显著上升。主要污染物排放得到有效控制，生态环境质量明显改善。生态文明观念在全社会牢固树立。

十七大以来，我国发展所处的阶段性特征和面临的重大发展任务，决定了全面贯彻落实科学发展观的重要性和紧迫性，同时也为科学发展观接受实践检验并在实践中进一步发展创造了必要条件。

第二节　十七大以来科学发展观与经济社会发展实践

党的十七大以来，我们党在科学发展观的指导下，面对国际金融危机的严重冲击和世界经济发展的新变化，以及国内经济发展遭遇的各种困难，把保持经济平稳较快发展作为经济工作的首要任务，及时调整我国经济发展的宏观政策，有力推动了经济社会又好又快发展。

一、科学发展观与经济建设实践

为有效应对国际金融危机带来的挑战，党中央积极应对经济发展新形势，在经济发展指导思想上及时作出转变，提出“保增长、保民生、保稳定”工作总思路；在经济发展方向上及时作出转变，提出经济发展方向要从依靠外需转向扩大内需上来，把经济发展的重点转向国内市场；在经济发展工作要求上及时作出转变，明确提出“出手要快，出拳要重，措施要准，工作要实”的工作要求。

党中央应对国际国内挑战的要求在宏观政策上表现得最为明显。

1. 实施积极的财政政策

为应对国际国内经济发展新形势，党中央于2008年适时将过去几年执行的“稳健的财政政策”调整为“实施积极的财政政策”，充分利用财政政策的手段来减少金融危机的影响。一方面，增加公共投资规模；另一方面，实行结构性减税和税费改革。财政资金的投入方向和领域，主要集中在支农、支持科技创新、民生、就业等方面。在支持农业方面，仅中央财政2009年全年安排的“三农”支出7161.4亿元，比上年增长20.2%；粮食直补、农资综合补贴、良种补贴、农机具购置补贴等4项与农民生产生活直接相关的补贴合计1230.8亿元。在支持科技创新方面，国务院专门部署中央和地方财政，加快一批能够支撑经济增长的重大科技专项的实施，并以贴息等方式支持企业发展和科技创新。在加大民生投入力度方面，仅2009年中央财政预算安排的民生支出中，促进就业资金增长66.7%，保障性安居工程资金增长171%。在促进和扩大就业方面，调整税收优惠、提供小额担保贷款、加大资金补贴、场地优先安排等措施，鼓励劳动者创业；加大对大量吸纳劳动者就业的轻工、纺织、建筑等劳动密集型产业的财税、金融等方面的扶持力度；加大对下岗再就业人员的扶持力度等。

2. 实施适度宽松、稳健的货币政策

出于应对金融危机的需要，党中央及时调整货币政策，由原定的“从紧”调整为“宽松”的货币政策，增加货币的投放来提高宏观经济的调控作用。随着国内外经济发展环境的复杂性增强，2010年的中央经济工作会议将货币政策调整为“稳健”，以确保经济平稳健康增长。

3. 大力实施产业调整和振兴规划

在国际金融危机将推动全球进入一个创新密集和新兴产业快速发展的

时代背景下，我国积极转变发展方式和调整经济结构，仅在2009年，国务院就陆续推出《汽车产业调整和振兴规划》和《钢铁产业调整和振兴规划》、《电子信息产业调整和振兴规划》、《物流业调整和振兴规划》、《纺织工业调整和振兴规划》、《装备制造业调整和振兴规划》、《有色金属产业调整和振兴规划》、《轻工业调整和振兴规划》、《石化产业调整和振兴规划》、《船舶工业调整和振兴规划》、《文化产业振兴规划》等，产业规划涵盖钢铁、汽车、船舶、石化、轻工、纺织、有色金属、装备制造、电子信息和物流等方面。同时，支持新兴产业发展。金融危机后，党中央继续强化政策支持，加大财政投入，努力培育新的经济增长点，大力发展新能源、节能环保产业、电动汽车产业、新材料、新医药产业、生物育种、信息工程产业等战略性新兴产业，我国产业结构得到进一步调整。

通过实施一整套重大战略部署，自党的十七大以来，经济建设取得新的重大进展。2007—2011年，经济年均增长9%以上，国内生产总值从24.6万多亿元跃升到47.3万多亿元，财政收入从5万多亿元增加到10万多亿元，成为世界第二大经济体，占世界经济总量的份额提高到10%左右。产业结构调整取得新进展，基础设施全面加强。城镇化水平明显提高，城镇化率超过51%，实现了中国社会结构的历史性变化。城乡区域发展协调性不断增强，中西部地区发展速度明显加快。科技创新能力不断提升，第三产业增加值占比从39%提高到43%，科技进步贡献率提高到40%左右。创新型国家建设成效显著，载人航天、探月工程、载人深潜、超级计算机、高速铁路等实现重大突破。

二、科学发展观与政治建设实践

十七大以来，中国特色社会主义政治建设在科学发展观的指导下，在改革创新精神的引领下取得新进展，社会主义民主政治制度建设不断完善、行政体制改革取得新突破、基层民主政治建设不断推进。

在科学发展观的指导下，社会主义民主政治制度建设不断完善。首先，中国特色社会主义根本政治制度得到进一步完善。人民代表大会制度是我国的根本政治制度，是人民有效行使民主权利的可靠保证。十七大以来，创新了人大代表选举制度，城乡开始逐步按相同人口比例选举人大代表，真正实现了城乡人大代表比例的平等，从而更好地体现了人人平等、地区平等、民族平等；人民代表大会的立法制度运行更透明，全国人大在立法层面上最大限度地发扬民主，调动公民参与，为不同阶层不同利益诉求的充分表达和公正博弈提供了平台；人大工作制度进一步健全，人民代表大会及其常委会工作机构和干部队伍建设得到加强，逐步形成了一批素质高、能力强、业务精的人大机关干部队伍，为适应日益繁重的人大工作奠定了组织基础和人员保障。其次，中国特色社会主义基本政治制度不断发展。十七大以来，按照《中共中央关于加强人民政协工作的意见》健全和发展人民政协制度，坚持“党委重视、政府支持、政协主动、部门配合、社会关注”，人民政协定位更加明确；全国政协积极开展工作，紧扣党和国家中心工作协商议政，独特优势得到发挥。再次，中国特色社会主义法律体系形成，社会主义法治国家建设成绩显著。十七大以来，一个立足中国国情和实际、适应改革开放和社会主义现代化建设需要、集中体现中国共产党和中国人民意志，以宪法为统帅，以宪法相关法等多个法律部门的法律为主干，包括行政法规、地方性法规等多个层次的法律法规构成的中国特色社会主义法律体系已经形成，法律体系内部总体做到科学和谐统一。

在科学发展观的指导下，行政体制改革取得新突破。十七大以来，政府职能得到积极转变，在理顺政府和市场的关系、强化政府的社会管理和公共服务职能方面取得突破性进展；开始按照大部制的思路，整合优化政府的组织结构；进一步精简放权，推进省直管县改革，优化纵向行政层级结构；科学制定事业单位改革总体方案，并逐步在全国启动事业单位改革。通过改革，向党的十七届二中全会提出的实现“三个根本转变”迈出了坚实一步，即：实现政府职能向创造良好发展环境、提供优质公共服务、维护社会公平正义的根本转变；实现政府组织机构及人员编制向科学化、规范化、法制化的根本转变；实现行政运行机制和政府管理方式向规范有序、公开透明、便民高效的根本转变，建设人民满意的政府。

在科学发展观的指导下，基层民主政治建设不断推进。十七大报告第一次将“基层群众自治制度”纳入中国基本政治制度的范畴，这使得人民在国家政治生活中的主体地位得到了制度化的保障。中国特色社会主义政治发展道路内涵中的中国特色社会主义制度“四大制度、一个体系”中，基层群众自治作为社会主义民主政治的总体战略部署的一部分，体现了基层民主在社会主义民主政治建设中的地位和作用。在民主实践过程中，通过多种居民自治形式，城乡居民的自治权利得到切实保障，基层群众自治制度也逐步走向完善；进一步加强社会组织建设与管理，增强社会服务功能，基层民主政治建设逐渐成为中国政治制度建设和完善的基础性工程。

三、科学发展观与文化建设实践

十七大以来，党中央把文化建设作为现代化建设总体布局的重要组成部分加以推进，在科学发展观指导下，围绕中国特色社会主义文化发展道路进行了深入探索，开创了文化建设的新局面。

1. 通过加强和改进党对文化工作的领导，坚持社会主义先进文化发展方向

思想政治建设是党的优良传统和政治优势，也是思想文化建设的基本保证。加强领导班子的思想政治建设，不断改进党对文化工作的领导，就是要为文化建设提供坚强的政治、思想和组织等方面的保证。在政治保证上，主要是坚持从中国特色社会主义的战略和全局出发，正确制定和不断完善社会主义文化建设的基本方针政策、战略目标和任务。在思想保证上，主要是坚持马克思主义在意识形态领域的指导地位，坚决反对意识形态的多元化，保证社会主义先进文化前进方向。在组织保证上，主要是坚持党管干部和党管人才原则，抓好文化领域的领导班子、党的基层组织、人才队伍和党员队伍建设。十七大以来，为贯彻落实科学发展观的要求，各级党委认真抓好文化领域领导班子建设，一大批政治立场坚定、理论和学历水平较高、熟悉和热爱文化工作的年轻干部充实到领导岗位上来，形成了坚强的领导集体，从而牢牢把握了意识形态工作主导权，掌握了文化改革发展领导权，确保了文化改革发展沿着正确道路前进。同时，通过加

强和改进对文化工作的领导方式，不仅把文化体制改革和文化建设摆在全局工作的重要位置，纳入经济社会发展总体规划，纳入科学发展考核评价体系，而且建立健全了文化建设领导体制和工作机制，坚持一手抓繁荣、一手抓管理，牢牢把握文化发展主动权，从而有力推进了文化发展科学化水平。

2. 通过坚持统筹规划，大力推进文化产业发展

党的十七大明确提出将“文化产业占国民经济比重明显提高、国际竞争力显著增强，适应人民需要的文化产品更加丰富”设计为全面建设小康社会的奋斗目标。党的十七届六中全会提出推动文化产业成为国民经济支柱性产业，把中国文化产业发展提到前所未有的高度。在国家扶持政策、公共服务平台和文化人才培养的有力推动下，党的十七大以来，我国文化产业进入快速发展的新时期。文化旅游、动漫业、演艺业、文化娱乐、艺术品、网络文化、出版等文化产业蓬勃发展，社会力量投资文化产业热情高涨，群众文化消费十分活跃，文化产品丰富多样，新型文化业态不断涌现，文化产业在国民经济中所占比重逐步增加、成为国民经济支柱性产业的潜力日益显现。

3. 通过坚持以改革创新为动力，来推动文化建设的大发展、大繁荣

创新是文化发展的本质要求，文化的生命力在于文化的创造力。只有把改革创新精神贯穿文化建设全过程各领域，才能更好地促进文化繁荣发展、开创社会主义文化建设新局面。党的十七届六中全会对新形势下推进文化改革发展作出全面部署，提出一系列新任务新举措新要求。例如，鲜明提出以科学发展为主题、以建设社会主义核心价值体系为根本任务、以满足人民精神文化需求为出发点和落脚点、以改革创新为动力，从而为科学发展观指导下的文化领域科学发展确立了实践方向。近年来，文化体制改革逐步深入，已从最初的“开展试点、积极探索”，经过“扩大试点、由点到面”，再到“加快推进、全面展开”的文化体制改革的攻坚阶段。文化体制改革的深入推进，步伐的不断加快，力度的不断加大，使得一些重点领域和关键环节取得重要突破，改革成效日益显现。这些实践无不凸显出科学发展观指导下的文化建设的新发展。

四、科学发展观与社会建设实践

十七大以来，在科学发展观指导下，我国社会保障体系建设成效显著，社会保险、社会救助、养老保险制度等全面建立，教育、医疗、住房、就业等民生事业迅速发展，社会管理体制、机制进一步创新，社会和谐稳定、社会建设领域也取得了巨大成就。

1. 以改善民生为重点的社会建设稳步推进，充分体现了党执政为民、科学发展的理念

其一，进一步完善惠及全民的社会保障体系。在科学发展观的指导下，国民的社会保障水平有了明显提高，按照“广覆盖、保基本、多层次、可持续”的要求，已经基本建成适合我国国情的社会保障体系。

其二，进一步完善基本医疗卫生制度。十七大以来，我国基本医疗卫生制度得到很大的完善，覆盖城乡的公共卫生体系和基本医疗服务体系初步建立。公共卫生服务体系建设得到进一步加强；基层医疗卫生服务体系已经大为完善，长期存在的“看病难、看病贵”的问题一定程度上得到了解决；医疗保障体系得到进一步健全，初步构建起基本医保网，保障水平也在逐步提高。

其三，坚持教育的公益性和普惠性。十七大以来，党和政府始终把教育摆在优先发展的位置，全面实现免费义务教育，在推动城乡义务教育均衡发展方面取得了重大进展；高等教育数量与质量均衡发展；职业教育取得突破性进展。

其四，提高了住房保障水平。为了解决群众住房问题，实现广大群众住有所居，党中央努力健全住房供应体系，初步形成市场供应与政府保障结合，以市场为主满足多层次需求、以政府为主提供基本保障的住房供应体系。

其五，积极扩大和稳定就业。十七大以来，党和政府始终把促进就业作为安国之策，强调把促进就业放在经济社会发展的优先位置。通过实施积极的就业政策，基本形成覆盖城乡的公共就业和人才服务制度与体系，初步构建了市、区县、街道（乡镇）、社区 4 级公共就业和人才服务网

络，加大劳动者职业培训力度，完善了劳动者自主择业、市场调节就业、政府促进就业相结合的机制，我国的就业形势基本保持稳定。

2. 以“加强和创新”为工作重心的社会管理，为实现科学发展营造了良好的社会环境

十七大以来，围绕全面建设小康社会的总体目标，不断加强和创新社会管理工作，社会发展总体保持了良好秩序，有效地防范了社会风险的发生。其一，在健全社会管理格局、推进社会管理制度建设方面，社会管理工作领导体系不断健全，构建了社会管理组织网络，完善了社会管理基本法律法规，初步形成“党委领导、政府负责、社会协同、公众参与”的社会管理格局。其二，在加强基层社会管理和服务方面，加快建设新型城市社区，加强农村公共服务和社会管理，我国基层社会管理和服务得到进一步加强。其三，在完善群众权益维护机制方面，不断完善群体利益诉求的表达机制和利益维护的保障机制，使群众的合法权益得到充分的尊重与实现。其四，在加强社会组织管理方面，通过积极培育社会组织的发展，使社会组织能够有效承担行政部门转移出去的各项职能，有力地配合了政府机关行政体制改革的推进和“简政放权”的实现。其五，在加强公共安全体系建设方面，保障食品药品安全，严格安全生产管理，完善突发事件应急体系，健全社会治安防控体系，维护了社会稳定和广大人民群众生命财产安全，促进了经济持续快速协调健康发展与社会的和谐稳定。

五、科学发展观与生态文明建设实践

科学发展观摒弃片面追求经济效益而不顾生态效益的行为，反对以牺牲环境为代价来求得经济、社会的发展。党的十七大以来，在科学发展观的指导下，我国生态文明建设在实践上不断创新，获得新的发展。

1. 以转变经济发展方式为着力点，大力推动绿色经济发展

在科学发展观的指导下，党中央深刻认识到加快转变经济发展方式对生态文明建设的重大意义，深化了对经济发展方式转变的认识，进一步阐明了转变经济发展方式思想的深刻内涵和要求，对转变经济发展方式重要性、紧迫性的认识更加深刻。在 2010 年省部级主要领导干部专题研讨班

上，胡锦涛提出了转变经济发展方式八个方面的重点工作，它们各有侧重、相互依存、互为补充，凸显了生态文明建设在转变经济发展方式中的重要性。其中，把加快推进绿色经济发展作为转变经济发展方式的重点工作，这是近年来在转变经济发展方式上的新突破，很好地解决了推动科学发展、促进社会和谐、加快发展方式转变有机结合的问题。

2. 以节能减排工作为重点，大力推动低碳经济发展

“十一五”期间，我国把节能减排作为调整经济结构、转变经济发展方式、推动科学发展的重要抓手和突破口，节能减排取得显著成效。为持续深入推进节能减排工作，确保实现“十二五”节能减排目标，国务院印发《节能减排“十二五”规划》，并提出十大措施：

一是坚持绿色低碳发展，在制定和实施发展战略、专项规划、产业政策时，要体现节能减排要求；二是强化目标责任评价考核，进一步完善节能减排统计、监测、考核体系，加强评价考核，实行问责制；三是加强用能节能管理，切实改变敞开供应能源、无约束使用能源的现象；四是健全节能环保法律、法规和标准，加快制（修）订配套法规，完善节能环保标准体系，依法推进节能减排；五是完善节能减排投入机制，引导企业、社会资金积极投入节能减排，提高财政资金使用效率；六是完善促进节能减排的经济政策，具体包括价格、财政、税收和金融等政策；七是推广节能减排市场化机制，建立能效“领跑者”标准制度，推行节能发电调度、电力需求侧管理、合同能源管理等新机制，开展排污权、碳排放权交易试点；八是推动节能减排技术创新和推广应用，加强节能减排基础性、前沿性和共性技术研究开发，加快推广先进、成熟的新技术、新工艺、新设备和新材料；九是强化节能减排监督检查和能力建设，强化执法监督，加强重点用能单位、重点污染源和治理设施运行监管，健全节能管理、监察、服务“三位一体”节能管理体系；十是开展节能减排全民行动，崇尚勤俭节约、反对奢侈浪费，推动节能、节水、节地、节材、节粮，倡导与我国国情相适应的文明、节约、绿色、低碳生产方式和消费模式。

3. 以制度建设为保障，努力完善环保法规政策

一方面，党中央大力推进环保体制改革。国家环保总局升格为环境保

护部，标志着环保部门由国务院直属单位变为国务院的组成部分，在参与国家有关重大决策方面拥有了更大的“话语权”。另一方面，党中央进一步完善了环境保护法律法规与政策，修订后的《水污染防治法》、《中华人民共和国循环经济促进法》等法律法规陆续出台，法律体系更加完善；《声环境质量标准》以及工业企业、社会生活环境噪声排放标准，解决了长期困扰噪声监管工作的标准缺失问题，环境标准体系更加完善；通过实施绿色信贷政策，绿色保险政策、绿色贸易政策、绿色证券政策和制定有关环境税收政策，环境经济政策继续完善。

第三节　科学发展观在经济社会发展实践中的新发展

党的十七大以来，我们党在科学发展观的指导下，成功应对了发展困境，最大限度地减少金融危机对中国经济的危害，保持了经济持续稳定的增长。与此同时，科学发展观也在指导实践的过程中，理论自身不仅得到进一步检验，而且得到新的发展。

一、经济：以科学发展为主题，以加快转变发展方式为主线

党的十七大以来，党中央逐步确立以科学发展为主题，从容应对各种困难，实现了经济平稳较快增长，进一步深化了对科学发展观的认识，赋予了科学发展观新的时代内涵。

（一）关于主题的认识进一步深化

新世纪新阶段，我国经济发展处在关键时期，面临着经济发展方式粗放、经济结构不合理、农业稳定发展、农民持续增收任务艰巨、自主创新能力特别是企业核心竞争力不强、人口资源环境约束加大等各种问题。为此，高扬主题、突出主题，对于审视问题、化解矛盾，显得特别重要。

十七大以来，党中央提出以科学发展为主题，并明确其基本要求为四个“更加”、一个“促进”。其一，更加注重以人为本，强调要凸显这一核心，“物质化”的发展必须转变为“人本化”的发展。其二，更加注重

全面协调可持续发展，强调要紧扣这一要求，现代化建设各个环节各个方面、生产关系与生产力、上层建筑与经济基础、经济发展与人口资源环境之间要相协调。其三，更加注重统筹兼顾，强调要抓住这一根本方法，进一步统筹城乡发展、区域发展、经济社会发展、人与自然和谐发展、国内发展和对外开放；进一步统筹中央和地方关系；进一步统筹个人利益和集体利益、局部利益和整体利益、当前利益和长远利益；进一步统筹国内国际两个大局。其四，更加注重保障和改善民生，强调要把保障和改善民生作为经济发展的根本出发点和落脚点，推动经济平稳较快发展，不断实现好、维护好、发展好最广大人民的根本利益。其五，促进社会公平正义，强调要落实这一必然要求，把提高效率同更加注重社会公平结合起来，最大限度增加和谐因素，最大限度减少不和谐因素，不断促进经济效率提高、促进社会和谐。

党中央提出坚持以科学发展为主题，鲜明体现了发展的时代要求。在世界各国纷纷调整发展战略、寻找发展新道路的背景下，强调以科学发展为主题，体现了未来发展目标的要求，具有鲜明的时代性。随着国内经济不断发展，人的需求和各种诉求不断提升，通过注重保障和改善民生，满足人民的需求、回应人民的新期待，使老百姓过得更富裕、更舒心、更有尊严，体现了以人为本的发展理念。特别是面对 30 多年来改革开放积累下来的深层次矛盾和问题，党中央提出要拓展对外开放广度和深度，提高开放质量，完善内外联动、互利共赢、安全高效的开放型经济体系，加强同世界各国的经济技术交流合作，这深化了改革开放的时代意义。

（二）关于主线的认识进一步深化

十七大以来，党中央特别强调以加快转变经济发展方式为主线是关系我国发展全局的战略抉择，必须贯穿经济社会发展全过程和各领域，实现经济社会又好又快发展。

经过 30 多年改革开放，我国经济实力虽然显著增强，但经济发展过程中形成的结构性矛盾和粗放型增长方式尚未根本改变，对未来经济目标的实现形成了制约，转变经济发展方式已越发迫切；在贯彻落实科学发展观的实践中，党中央认为转变经济发展方式是提高我国经济国际竞争力和抗风险能力的根本举措，是实现全面建设小康社会奋斗目标的重要保证，在工作中必须坚持创新驱动、必须坚持城乡统筹、必须坚持节约资源和保护环境、必须坚持内外协调、必须坚持以人为本，这“五个坚持”进一步深化了对转变经济发展方式的认识；当面对国际金融危机的巨大冲击，党中央认为这实质上是对经济发展方式的冲击，并将调整经济结构确立为转变经济发展方式的战略重点，这对于加快转变经济发展方式具有决定性意义。

转变经济发展方式，除了涵盖转变经济增长方式的全部内容外，还对经济发展的理念、目的、战略、途径等提出了新的更高的要求，不仅要求经济增长方式由“粗放型”向“集约型”转变，实现质量和效益的提高，同时还要求由追求单纯的经济增长向全面协调可持续发展转变。

十七大以来，对于如何实现经济发展方式的转变，也取得了新的认识成果，那就是在具体实践中，我们需要从转变思想认识、完善制度、转变政府职能和培养科技人才等方面加以改革和整体推进才能化解。转变经济发展方式，需要改变旧有的思维方式，这是前提；需要一系列制度给予保证，要深化收入分配制度改革、完善公共财政体制、健全和完善社会保障制度、科学制定政绩考核制度、调整外贸外资政策、完善资源价格形成机制等；深化行政管理体制改革、转变政府职能，这是关键环节；需要创新科技，需要深入实施科教兴国战略和人才强国战略，这是根本出路。这些认识成果，大大深化了我党对发展主线的认识。

（三）关于目的的认识进一步深化

党的十七大以来，党中央在应对金融危机的过程中提出“保增长，保民生”，党的十七届五中全会提出“更加注重以人为本”，党的十八大提出要“使发展成果更多更公平惠及全体人民”[1]，这些科学论断进一步加深了对经济建设目的的认识，其终极目标是满足人的全面发展，这丰富了以人为本的内涵。

---

① 胡锦涛：《坚定不移沿着中国特色社会主义道路前进　为全面建成小康社会而奋斗——在中国共产党第十八次全国代表大会上的报告》，人民出版社 2012 年版，第 15 页。

突出以人为本，赋予了经济建设目的新内涵。“以人为本”不仅是执政为民和全面建设小康社会的出发点，而且是经济建设的落脚点。胡锦涛在论述转变经济发展方式重要性时，从财富权利的角度进一步强调了以人为本，要求认真总结现代过程中机器排挤劳动和资本挤占劳动所得的现象，“妥善处理发展资本密集型产业和劳动密集型产业的关系，实现技术进步和扩大就业的有机统一，提高劳动参与分配能力，促进创造财富和公平分配的协调，更加注重发展成果的普惠性，更加注重改善民生。”① 要让广大劳动群众实现体面劳动，让人民生活得更加幸福、更有尊严，更加注重人性价值的回归，把人的社会权利上升到人的发展内容，赋予了以人为本新的时代内涵。

在具体实践中，党中央围绕“人的发展”提出的经济建设新思路和新要求，鲜明体现了以人为本的发展思想。党中央强调要促进创造财富和公平分配的协调，更加注重发展成果的普惠性，更加注重改善民生，其实质就是解决人的发展需要，并为未来的发展提供人才动力，说到底就是贯彻落实“以人为本”；就是以人的需要为出发点来确立经济发展方向，不但要通过经济发展来满足人的生存需要，还要加快满足人的新要求和新期待，这是围绕“人的发展需要”来建设的具体体现；就是把民生改善的程度作为衡量发展实绩的标准，把经济发展的考核体系由过去重视财富积累转移到人的幸福指数上，体现了经济发展的人文关怀，为经济建设确立了一个新的发展标准，这实现了发展主体价值的回归。

（四）关于经济结构调整的认识进一步提升

改革开放30多年来，虽然我国经济总量不断攀升，但发展中的结构性矛盾却十分明显，成为制约中国经济可持续发展的瓶颈。主要表现在：投资与消费结构不合理，长期重视投资拉动经济增长，忽视了居民消费对经济增长的作用，形成重投资轻消费的发展理念，消费的作用没有得到充分发挥；内需与外需结构不合理，在长期的经济发展过程中，重视对外引进，轻视内需增长，把经济的增长建立在过度依靠外需之上，内外需比例

① 《十七大以来重要文献选编》（上），中央文献出版社2009年版，第79—80页。

严重失调；产业结构不合理，工业、农业和服务业比例失调，重工业，轻农业和服务业，经济增长动力单一。特别是在国际金融危机的冲击下，调整经济结构已成为世界各国实现经济转型的重要举措，这对我国经济结构调整形成了巨大压力，倒逼我们必须加紧解决经济结构不合理问题。

党的十七大以来，党中央对经济结构调整的认识有了进一步的提升，具体体现在：把扩大内需作为保持经济平稳增长的主攻方向，作为经济结构调整的首要任务；城镇化是促进农村富余劳动力向城市高效率行业转移的过程，推进城镇化是经济结构调整的重要内容；产业结构优化升级直接关系着经济发展质量，加快产业结构优化升级是经济结构调整的重要方面；加快建设经济结构调整的制度体系，进一步完善社会主义市场经济体制。

同时，党中央还明确提出，加快推进经济结构调整，就是要在三个方面实现转变，即：其一，实现由重经济发展速度向重视经济发展的质量和效益的转变。当基本解决温饱问题后，人民群众开始从重视物质需求转向重视精神需求，这在一定程度上就决定了我国经济发展要从强调数量转变到追求质量和效益上来，实现速度和结构质量效益相统一、经济发展与人口资源环境相协调。其二，实现经济建设从引进品牌向重视自主创新和能力建设的转变。我国经济总量和经济规模虽然庞大，但规模大而不强、多而不优、自主品牌少的特点非常明显，实现经济建设从引进品牌向重视自主创新和能力建设的转变非常迫切，否则，不改变此现状，我们将很难在国际竞争中抢占制高点。其三，实现由重物质发展向更加重视人的全面发展的转变。经济的快速发展使社会财富迅速增加，但物质财富的积累不是经济发展的最终目的，人的发展才是经济发展的动力和归宿，为此，要实现由重物质发展向更加重视人的全面发展的转变。总的来看，党中央关于经济结构调整的认识进一步在实践中得到深化和提升。

（五）关于区域经济发展的认识进一步深化

党的十七大以来，为缩小地域经济发展的差异，党中央相继出台了区域经济发展规划，对加快区域经济发展和统筹有了更深入认识。

通过进一步加大区域发展总体战略的实施力度，作出科学布局，区域发展战略更加清晰、任务更加明确。党中央根据各个区域的优势，进行准确定位。将西部地区确定为区域发展的重点，以发展经济改善民生为重点，主要强化加快经济发展思想，维护边疆稳定为主导。将中部地区定位为承东启西的“桥梁”地位，一方面使其成为东部产业发展转移的承接者，通过产业转移来加快经济发展；另一方面要使其为西部及边疆地区发展发挥桥梁作用，使东、中、西部联成一体。东部地区要在更高的产业层和高科技层面来发展经济，重在调整经济结构和自主创新，以求在国际竞争中占有一席之地。对于东北老工业基地主要是依托原有产业和技术进行工业升级改造和转型，使发展步入新轨道。同时，加强区域间的合作，消除各种壁垒，引导资源、技术和产业有序流动。

为进一步兼顾到各个区域的发展特色，减轻发达地区的自然承载量，使相对落后地区实现产业转移和对接，党中央出台了主体功能区规划。通过实施主体功能区战略，科学地把全国的自然资源进行统筹规划，加强区域调控，更好地促进经济发展与自然和谐相处，实现人与自然相协调。主体功能区战略的提出，解决了传统区域发展理论不能解决的内部要素和其他空间的联系、协调、组合发展问题，弥补了传统区域发展理论中空间发展理论的不足，开拓了区域发展理论的新境界。突出强化主体功能区在我国经济发展的重要地位和作用，为我国国土空间开发和区域协调发展提供了新的思路，进一步丰富和深化了区域协调发展战略思想。

在此基础上，党的十八大继续对区域经济发展进行了总体规划：继续实施区域发展总体战略，充分发挥各地区比较优势，优先推进西部大开发，全面振兴东北地区等老工业基地，大力促进中部崛起，积极支持东部地区率先发展。采取对口支援等多种形式，加大对革命老区、民族地区、边疆地区、贫困地区扶持力度。科学规划城市群规模和布局，增强中小城市和小城镇产业发展、公共服务、吸纳就业、人口集聚功能。①

---

① 参见胡锦涛：《坚定不移沿着中国特色社会主义道路前进　为全面建成小康社会而奋斗——在中国共产党第十八次全国代表大会上的报告》，人民出版社 2012 年版，第 22—23 页。

二、政治：坚定不移走中国特色社会主义民主政治发展道路

中国特色社会主义政治建设实践以科学发展观为指导，紧紧围绕着发展社会主义民主政治来展开。政治制度的完善、政治体制改革的推进和基层政治建设都围绕着民主这一核心，以民主推动政治建设，在政治建设过程中，社会主义民主不断扩大。科学发展观在指导中国特色社会主义政治建设的实践中，以政治建设取得的新思想、新理念、新判断、新成果推动理论自身获得新发展。

（一）提出了中国特色社会主义政治发展道路的新概念

"人民民主是我们党始终高扬的光辉旗帜。"① 在这面光辉旗帜引领下，我们坚持中国特色社会主义政治发展道路，为实现最广泛的人民民主确立了正确方向。2012 年 7 月 23 日，胡锦涛在省部级主要领导干部专题研讨班的讲话中第一次明确提出中国特色社会主义政治发展道路的概念，"改革开放以来，我们始终把政治体制改革摆在改革发展全局的重要位置，坚定不移加以推进，取得了重大进展，成功开辟和坚持了中国特色社会主义政治发展道路"。

这条道路，实际上就是在建设社会主义政治文明的过程中，坚持把马克思主义基本原理同中国具体实际和时代特征相结合，走出的一条符合中国实际的政治发展道路。这条道路，就是以马克思主义为指导，以建立和巩固人民当家作主的政治地位、坚持和发展人民民主、实现中国人民的最大利益为宗旨，以发展社会主义民主政治、建设社会主义政治文明、构建社会主义和谐社会、建设社会主义现代化事业，促进社会的全面进步和人的全面发展为目标，坚持社会主义方向、坚持党的领导、人民当家作主和依法治国有机统一，坚持人民民主专政和民主集中制为原则，完善人民代表大会制度、中国共产党领导的多党合作和政治协商制度、民族区域自治制度及城乡基层民主制度相互融合互相补充的基本政治制度模式的道路。

---

① 胡锦涛：《坚定不移沿着中国特色社会主义道路前进 为全面建成小康社会而奋斗——在中国共产党第十八次全国代表大会上的报告》，人民出版社 2012 年版，第 25 页。

这条道路的核心思想是“以人为本”。“以人为本”中的人是指以占中国人口绝大多数的普通工人、农民及其他劳动者为主体的全体人民，契合了社会主义民主的本质要求，突出强调了最广大人民群众作为民主政治主体的地位，凸显了社会主义民主政治建设的实践性和真实性。

党中央提出中国特色社会主义政治发展道路具有重要意义。党的十八大报告指出，“中国特色社会主义道路是实现途径，中国特色社会主义理论体系是行动指南，中国特色社会主义制度是根本保障，三者统一于中国特色社会主义伟大实践，这是党领导人民在建设社会主义长期实践中形成的最鲜明特色”①。由此可见，中国特色社会主义政治同中国特色社会主义经济、文化、社会、生态建设共同构成了中国特色社会主义。其中，中国特色社会主义政治，就是由中国特色社会主义政治理论、中国特色社会主义政治发展道路和中国特色社会主义政治制度三位一体所构成的统一整体。中国特色社会主义政治，作为实践模式，表现为中国特色社会主义政治发展道路；作为思想概括，表现为中国特色社会主义政治理论；作为根本保障，表现为中国特色社会主义政治制度，三者是不可分割的统一体。它们根植于中国特色社会主义民主政治建设实践之中，这是对马克思主义民主政治理论的新发展。

（二）提出了人民民主是社会主义生命的论断

党的十七大报告提出“人民民主是社会主义生命”。人民民主是党领导人民群众当家作主、建设社会主义的重要制度基础和依托。中国共产党不断发展和完善中国特色社会主义民主，人民群众在政治、经济、文化和社会等方面的权益得到了充分实现。在我国，人民代表大会制度、多党合作和政治协商制度、民族区域自治制度以及基层民主管理制度等，构成了人民民主制度的基本框架，在保障人民民主权利上发挥了重要作用，促进和保障了人民群众管理国家和社会事务。坚持人民民主是社会主义的生命，意味着必须坚持党的领导、人民当家作主、依法治国有机统一，其根

① 胡锦涛：《坚定不移沿着中国特色社会主义道路前进　为全面建成小康社会而奋斗——在中国共产党第十八次全国代表大会上的报告》，人民出版社2012年版，第13页。

本是保证人民当家作主，其目标是增强党和国家活力、调动人民积极性。因此，必须扩大社会主义民主，加快建设社会主义法治国家，发展社会主义政治文明，更加注重健全民主制度、丰富民主形式，保证人民依法实行民主选举、民主决策、民主管理、民主监督。要更加注重改进党的领导方式和执政方式，保证党领导人民有效治理国家；更加注重发挥法治在国家治理和社会管理中的重要作用，维护国家法制统一、尊严、权威，保证人民依法享有广泛权利和自由。

提出“人民民主是社会主义生命”，是对改革开放以来中国发展进步的政治经验的科学总结，并且为进一步发展社会主义民主提供了借鉴。对于在社会主义市场经济条件下，如何保证广大人民群众的主人翁地位、如何在长期执政条件下保持共产党的先进性和纯洁性两大问题，要求必须实行人民民主，高度重视保障广大人民群众，特别是工农群众的各项民主权利，扩大他们有序的政治参与；要求更加注重社会公平，使全体人民共享改革开放和经济社会发展的成果，实现社会的和谐发展；要求必须在深化改革开放的全过程中始终注重执政党的自身建设，扩大和完善党内民主，抓好党的作风建设，以保证党的先进性和纯洁性，防范特殊利益集团的形成，防止党的组织和干部的蜕变。

把民主政治视为社会主义的生命，将民主与社会主义的生命力联系在一起，关于“人民民主是社会主义生命”的论断，赋予了社会主义民主政治理论以新的生机和活力；与马克思主义民主政治理论一脉相承，是自马克思主义诞生以来，社会主义民主政治思想的又一次升华。

（三）确立了社会主义协商民主的新地位

十八大报告提出“健全社会主义协商民主制度”[①]，第一次在党的重要文献中明确提出协商民主是我们党在社会主义民主政治理论和制度创新中取得的最新成果。

社会主义协商民主的实质，就是要实现和推进公民有序的政治参与。

① 胡锦涛：《坚定不移沿着中国特色社会主义道路前进　为全面建成小康社会而奋斗——在中国共产党第十八次全国代表大会上的报告》，人民出版社 2012 年版，第 26 页。

在中国共产党的领导下，是在把协商民主与选举（票决）民主结合起来的过程中，体现“公民有序的政治参与”这一现代民主精神，并把它作为民主和法治的重要内容，引导公民有序表达利益要求、解决利益矛盾。与当代西方协商民主理论所提出的协商民主机制的一个本质区别在于，“我国的政治协商制度首先强调的是坚持中国共产党的领导。”“在协商民主的制度框架内，广泛充分地进行政治协商，必须坚持中国共产党对政治原则、政治方向和重大方针政策的领导。”“我国协商民主政治实践的范围已经远远超出政治协商机构，而成为党中央、全国人民代表大会以及各级政府决策的一个基本模式。这也是中国的协商民主与西方的协商民主根本区别的一个重要方面。”①

协商民主主要有四个层面的协商。一是中国共产党作为执政党，就事关国计民生的重大问题充分征求各民主党派、无党派人士的意见和建议已经成为中国共产党工作惯例。十七大以来，仅中共中央、国务院及委托有关部门召开的民主协商会、座谈会和情况通报会就达上百次。二是国家政权机关的立法、决策协商。主要包括人民代表大会的立法协商和政府与社会的协商对话。就立法方面来说，采取了开门立法的方式，建立了立法论证听证制度，通过各种途径，鼓励公众参与立法。全面收集立法信息，尽力使各方面的利益和要求都能得到体现和表达，制定出符合公众利益的法律。另外，随着政府决策民主进程的加快，在全国各地涌现了许多政府与社会协商对话的形式，其中，决策听证会具有代表性，还有就物价等关系民生的重要问题举行听证会。三是人民政协的政治协商，这是协商民主的重要渠道。我国人民政协的协商已形成了比较完备的制度体系、工作方法、实践模式和工作网络，有着深厚的历史基础，产生了广泛的社会影响，为我国协商民主的继续推进积累了宝贵经验。四是基层民主协商，主要包括恳谈会、听证会、咨询会等多种形式。目前全国不少地方都大力推进多种多样的民主协商实践。全社会也正在形成一种重视协商、崇尚协商的民主氛围，有效地保障了人民群众的民主权利。

① 龚群:《中国协商民主与西方协商民主的本质区别》,《红旗文稿》2011 年第 8 期。

协商民主将党内民主、人民民主、基层民主、社会民主结合起来，将民主价值、民主制度、民主机制和程序，以及民主意识、民主精神有机结合起来。协商民主的发展，有助于拓展公民有序政治参与的渠道；有助于党和国家决策的科学化民主化；有助于改进党的领导方式和执政方式；有助于推动国家权力结构优化，增强政治体系的开放性和包容性；有助于体现我国社会主义民主政治的特色和优势；对于推动人类政治文明发展必将作出有益贡献。

（四）明确了社会主义廉洁政治建设的新目标

中国共产党一直高度重视党风廉政建设。反对腐败、建设廉洁政治不仅是马克思主义政党建设的本质要求，也是中国共产党面对新情况、新问题、新挑战加强自身建设，推进中国特色社会主义民主政治发展的新要求。胡锦涛在庆祝中国共产党成立 90 周年大会上强调：坚持中国特色反腐倡廉道路，坚持标本兼治、综合治理、惩防并举、注重预防方针，全面推进惩治和预防腐败体系建设，做到干部清正、政府清廉、政治清明。十八大报告特别强调："反对腐败、建设廉洁政治，是党一贯坚持的鲜明政治立场，是人民关注的重大政治问题。这个问题解决不好，就会对党造成致命伤害，甚至亡党亡国。"① "建设廉洁政治"的提法第一次出现在党的代表大会报告中。

建设干部清正、政府清廉、政治清明的廉洁政治是发展社会主义政治文明和民主政治的重要内容。社会主义政治文明内含了廉洁政治的发展要求，社会主义民主政治体现了廉洁政治的发展要求，三者相互支持和促进。其中，干部清正是建设廉洁政治的微观基础，着力解决个体廉洁问题；政府清廉是建设廉洁政治的主要内容和关键，着力解决组织廉洁问题；政治清明是建设廉洁政治的宏观价值，着力解决制度廉洁问题，这是核心。建设廉洁政治是一项内容广泛而复杂的系统工程，需要纳入社会主义民主政治建设的大范围、大格局中去认识和把握，需要全党全社会共同

① 胡锦涛：《坚定不移沿着中国特色社会主义道路前进　为全面建成小康社会而奋斗——在中国共产党第十八次全国代表大会上的报告》，人民出版社 2012 年版，第 54 页。

努力，更需要科学有效的建设思路。建设廉洁政治的关键在于依法治腐、依法防腐，把反腐倡廉建设纳入法制化轨道，坚定地走法治反腐道路。在建设廉洁政治的总目标和总框架内，干部清正、政府清廉、政治清明，组成一个有机整体，其着眼于建设。建设廉洁政治的提出，标志着中国特色反腐倡廉道路已进入全面拓展的新时期，其目标更加明确、思路更加清晰、内容更加丰富。对当前和今后进一步推进反腐倡廉建设具有重大而深远的意义。这使反腐倡廉建设既有惩处腐败的短期目标，又有预防腐败的长期目标，彰显了党反对腐败的坚定决心。这有利于把反腐倡廉建设摆在更加突出的位置，从国家战略层面来谋划、部署、推进这项工作，从社会关切角度及时解决党风廉政建设面临的新情况新问题，努力适应治国理政的新要求，进一步丰富和发展了科学发展观。

三、文化：推动中国特色社会主义文化大发展、大繁荣

十七大以来，我们党始终坚持马克思主义指导思想，结合中国实际，不断创新和发展社会主义文化，拓展和丰富了马克思主义文化观的基本内涵，实现了科学发展观在文化建设领域中的新发展。

（一）提出了科学发展是文化发展主题的新命题

十七大以来，党中央提出了推动文化科学发展，建设社会主义文化强国的战略命题。

改革开放30多年来，我国的国际竞争力不断增强，综合国力迈上新台阶，人民生活总体达到小康水平，长期困扰我们的经济短缺状况已经从根本上得到改变。但从总体上看，文化发展的步伐严重滞后于经济发展。为此，我们党把科学发展确立为文化发展的主题，提出了建设社会主义文化强国的奋斗目标。这既是对我国文化改革发展实践的科学总结，也是破解文化发展难题，赢得文化发展优势的战略选择。

提出以科学发展为主题推动文化大发展，体现了我们党对世界文化发展大局的准确把握。当今世界，文化已经成为衡量社会文明程度和人民生活质量的显著标志。我国是一个文化资源大国，但我国丰富的文化资源还没有转化为较强的文化竞争力，我国文化在国际上的影响力和竞争力与我

国国际地位还不相称，与五千年文明大国的文化底蕴还不相称。这些情况迫切要求我们必须深入贯彻落实科学发展观，加大文化建设力度，加快文化发展步伐，更好地提升文化软实力，推动我国尽快从文化资源大国转变为文化强国，使我国在新的国际竞争中立于不败之地。

提出以科学发展为主题，是保证文化又好又快发展的必由之路。文化的发展不能是片面的、畸形的、难以持续的发展，而应该是全面的、协调的、可持续的发展，是又好又快的发展。一句话，应该是科学发展。因此，我们朝社会主义文化强国迈进，要走的是科学发展之路、协调发展之路、和谐发展之路。坚持科学发展，就要把全面、协调、可持续的思想，把建设社会主义文化强国的要求，贯穿到所有发展的战略、发展的过程、发展的任务、发展的举措中。同时，要推动文化建设与经济建设、政治建设、社会建设以及生态文明建设协调发展。坚持走科学发展之路，文化强国的基础才会更为扎实，文化强国建设之路才能越来越宽。

（二）深化了社会主义文化发展规律的认识

十七大以来，党中央推动社会主义文化大发展大繁荣，深化了社会主义文化发展规律的认识。

党中央高度重视文化发展，强调这是社会主义文化建设的第一要务。十七大以来，党中央开始从经济社会发展角度来看待文化发展问题，强调“在坚持以经济建设为中心的同时，自觉把文化繁荣发展作为坚持发展是硬道理、发展是党执政兴国第一要务的重要内容，作为深入贯彻落实科学发展观的一个基本要求，进一步推动文化建设与经济建设、政治建设、社会建设以及生态文明建设协调发展，更好满足人民精神需求、丰富人民精神世界、增强人民精神力量”①。“文化繁荣发展”是“经济社会发展”的重要内容，也是把握发展规律、创新发展理念、破解发展难题的第一要务；更是准确把握我国经济社会发展新要求，准确把握当今时代文化发展新趋势，准确把握各族人民精神文化生活新期待的重要任务。这是十七大

① 《中共中央关于深化文化体制改革推动社会主义文化大发展大繁荣若干重大问题的决定》，《人民日报》2011年10月26日。

以来科学发展观在文化建设领域中的新发展，既明确了文化建设的“核心立场”，又提升了文化发展的“第一要义”。

党中央进一步明确了文化建设要坚持以人为本的服务宗旨。“以人为本”是科学发展观的核心，也是文化建设的服务宗旨。坚持“以人为本”，就是以“人民群众的文化需求”为本；就是基于“人才资源是第一资源”的观念，发挥各类文化人才的积极性、主动性和创造性，这把“以人为本”的文化发展道路推向更深的层面。

党中央进一步认识到，繁荣发展社会主义文化要努力实现文化建设与经济建设、政治建设、社会建设和生态文明建设的协调发展。文化是民族的血脉，是人民的精神家园，也是一个国家的灵魂和核心竞争力。党的十八大报告指出：“必须更加自觉地把全面协调可持续作为深入贯彻落实科学发展观的基本要求，全面落实经济建设、政治建设、文化建设、社会建设、生态文明建设五位一体总体布局，促进现代化建设各方面相协调，促进生产关系与生产力、上层建筑与经济基础相协调，不断开拓生产发展、生活富裕、生态良好的文明发展道路。”① 文化建设在“五位一体”总体布局中处于灵魂地位。

党中央进一步认识到，繁荣发展社会主义文化要全力统筹文化事业和文化产业的发展。文化事业和文化产业既相互联系、相互促进，又相互区别。文化产业是经济与文化融合的重要载体，对于提高产业发展的文化含量，满足社会多层次文化需求，提升产业发展的档次，具有积极的作用。文化事业对于提高全民族的科学文化素质，培育和弘扬民族精神，非常重要。文化事业与文化产业是文化建设的两个轮子，缺一不可。“十二五”规划纲要提出，推动文化大发展大繁荣，要“坚持一手抓公益性文化事业、一手抓经营性文化产业，始终把社会效益放在首位，实现经济效益和社会效益有机统一”。统筹文化事业、文化产业是十七大以来科学发展观在文化建设领域的一大贡献。

---

① 胡锦涛：《坚定不移沿着中国特色社会主义道路前进　为全面建成小康社会而奋斗——在中国共产党第十八次全国代表大会上的报告》，人民出版社 2012 年版，第 9 页。

（三）强化了社会主义文化发展的战略地位

文化是一个民族的血脉，是一个民族文明程度和实力的关键因素，它能够深刻影响一个国家的发展进程，甚至改变一个民族的命运。党的十七大以来，我们党对文化发展战略地位的认识有了很大的提高。

文化建设是中国特色社会主义事业“五位一体”总体布局的重要组成部分，是开创中国特色社会主义事业新局面的题中之义。中国特色社会主义建设必须是经济建设、政治建设、文化建设、社会建设和生态文明建设的“五位一体”。在今天，没有文化的大发展大繁荣，经济社会的发展也难以持续。一个民族和国家的强大，绝不仅仅是经济、军事等硬实力的增长，其中包括文化、科技等软实力的增长。《中共中央关于深化文化体制改革推动社会主义文化大发展大繁荣若干重大问题的决定》强调：“文化越来越成为民族凝聚力和创造力的重要源泉，越来越成为综合国力竞争的重要因素，越来越成为经济社会发展的重要支撑，丰富精神文化生活越来越成为我国人民的热切愿望。”四个“越来越”集中表达了中共中央在进入新世纪后对文化建设战略地位与作用的认识，标志着我党对文化建设的认识达到了一个新的高度。党的十八大站在时代发展和战略发展的高度，进一步深刻阐述了加强文化建设的重要性和紧迫性：全面建成小康社会，实现中华民族伟大复兴，必须推动社会主义文化大发展大繁荣。

中国特色社会主义文化是综合国力的重要标志，是重要的“文化软实力”。随着信息时代的到来，文化在社会发展中的重要地位日益凸显，成为促进经济发展和社会进步的强大力量。文化广泛渗透于上述各种力量之中，是与经济、政治相互交融、相互影响、相互渗透、相互促进的重要因素，形成一种独特的“文化软实力”。综合国力竞争的一个显著特点，就是文化的地位和作用更加凸显，经济较量中的文化因素日益突出。党的十七大报告指出，“要坚持社会主义先进文化前进方向，提高国家文化软实力，使人民基本文化权益得到更好的保障，使社会文化生活更加丰富多彩，使人民精神风貌更加昂扬向上”。这是十七大报告的一大亮点，它首次把“文化软实力”的概念写进党的报告，说明国家更加强调文化的力量。党的十八大再次强调要扎实推进社会主义文化强国建设、提高国家文化软实力，明确提出了建设社会主义文化强国的大政方针和目标要求。

（四）明确了社会主义文化发展道路

党的十七大以来，在文化建设的实践中，我们党逐步探索并形成了中国特色社会主义文化发展道路的认识。中国特色社会主义文化发展道路内涵十分丰富，既包括指导思想、方针原则，又包括战略目标，发展任务；既包括发展方向、发展动力，又包括领导力量和依靠力量等一系列带有方向性、根本性、战略性的重大问题。

我们党在实践中，进一步明确了社会主义文化发展的指导思想。那就是必须以中国化的马克思主义为指导。坚持马克思主义文化发展指导思想，就是要弘扬和传承中华优秀传统文化，倡导和发展中国先进文化；就是要不断推进马克思主义中国化、时代化、大众化的理论进程；就是要让中国化的马克思主义，成为中国社会主义文化的核心和灵魂。

我们党在实践中，进一步提出和确立了“建设社会主义文化强国”的战略目标。在明确提出建设社会主义文化强国的战略目标前提下，强调建设社会主义核心价值体系，因为，“社会主义核心价值体系是兴国之魂，是社会主义先进文化的精髓，决定着中国特色社会主义发展方向”，为此，要坚持用社会主义核心价值体系引领社会思潮。

我们党在实践中，进一步指明了社会主义文化的发展方向。随着经济体制深刻变革、社会结构深刻变动、利益格局深刻调整、思想观念深刻变化，坚持社会主义先进文化前进方向的重要性更加凸显，以一元统领多元、以主旋律引领多样化的要求更为迫切。建设社会主义文化强国，最根本的就是要坚持社会主义先进文化的发展方向，这是党的先进性的重要体现，是马克思主义政党思想精神上的旗帜。坚持社会主义先进文化前进方向，是文化工作的根本和命运之所在。

我们党在实践中，进一步强调了社会主义文化的领导力量和依靠力量。强调社会主义文化发展必须坚持中国共产党的领导，这是文化建设取得成功的根本保证；强调社会主义文化发展必须坚持人民群众主体地位，把人民是否满意作为根本标准，尊重差异、包容多样，努力满足人民多层次、多方面、多样化的精神文化需要，让人民共享文化发展成果，促进人的全面发展。

中国特色社会主义文化发展道路的明确，充分表明我们党对当今时代发展趋势和我国文化发展方位的科学把握，体现了我们党在新的历史条件下的高度文化自觉。这是十七大以来实现文化科学发展的重大理论成果，必将推动中国文化建设走向大发展大繁荣，兴起社会主义文化建设新高潮，最终实现中国特色社会主义文化强国的目标。

四、社会：加快推进社会建设，创新社会管理

十七大以来，在科学发展观的指导下，以改善民生、创新社会管理为重点的社会建设取得巨大成就。社会建设在得到扎实推进的同时，社会管理科学化水平也得到提高，科学发展观也得到进一步丰富和发展。

（一）确立了社会建设“以人为本”的根本理念

树立“以人为本”的根本理念，把实现人的全面发展确立为社会建设的根本目标，是在总结我国现代化建设经验基础上提出来的。这在十七大报告中再次得到强调，“社会建设与人民幸福安康息息相关。必须在经济发展的基础上，更加注重社会建设，着力保障和改善民生，推进社会体制改革，扩大公共服务，完善社会管理，促进社会公平正义，努力使全体人民学有所教、劳有所得、病有所医、老有所养、住有所居，推动建设和谐社会”。

十七大以来的社会建设，始终强调把实现好、维护好、发展好最广大人民的根本利益作为一切工作的出发点和归宿，做到发展为了人民、发展依靠人民、发展成果由人民共享。在“以人为本”理念指导下，社会建设在诸多领域取得突破性进展，统筹推进国家基本公共服务体系建设，建立健全覆盖城乡的基本公共服务网络，完善了基本公共服务体制机制；大力促进社会事业各领域的发展，教育、医疗、住房、就业等民生建设成效显著；在民生改善中推动社会管理创新，提高了社会管理科学化水平。

树立以人为本的理念，并以此作为社会建设的根本目标，不仅是在新时代对党的群众路线的继承发扬，而且也是顺应世界现代化发展潮流的需要。许多发展中国家曾经出现“有增长而无发展”的情况，经济增长偏

离民众生活的基本需求，失业率上升、贫富差距拉大、公共服务欠缺，导致社会矛盾冲突。坚持"以人为本"，让发展的成果惠及全体人民，顺应和满足人民的新诉求和新期待，才能使社会呈现和谐有序的局面。

（二）落实了社会建设的民生导向

十七大以来，党中央始终强调，社会建设以改善民生为重点，民生导向非常突出。以改善民生为重点，这与关于现阶段基本矛盾的判断相关联。尽管通过30多年的快速发展，我国经济总量很大，但是我国现阶段社会的主要矛盾仍然是人民日益增长的物质文化需要与落后的社会生产之间的矛盾。在现实社会中，不仅许多群众尚未脱困，还有很多人在教育、医疗、住房等方面存在困难，因此以改善民生为重点的社会建设，要在社会政策、社会工程上实现"民生转型"。从十七大到十七届五中全会再到十八大，着力保障和改善民生成为非常鲜明的一道亮色。

民生导向在具体的政策实践当中，体现为民生建设上的三个转型。一是财政政策上实现"民生财政"。近年来，中央和地方各级财政向教育、医疗等基本公共服务倾斜，出台了一系列改善民生的公共政策。通过大力降低行政成本、限制政府机关的"三公"消费，把更多的财政资源用于民生建设，注重为改善民生"买单"，政府财政也逐渐由原来的"吃饭财政"向"民生财政"转型。二是在分配政策上构筑"民生分配"。三次分配制度当中，第一次分配是市场分配，第二次分配是政府收取税费之后的再分配，第三次分配是企业的社会责任和个人的慈善、捐赠。以民间捐赠或慈善事业为主的第三次分配，已经成为民生分配中不可或缺的内容。三是在社会政策上实施"民生工程"。十七大报告提出，"加快推进以改善民生为重点的社会建设，实施民生工程，提高人民群众的生活水平，促进经济社会和谐发展"，目标是"努力使全体人民学有所教、劳有所得、病有所医、老有所养、住有所居，推动建设和谐社会"。实施民生工程既是全面落实科学发展观、促进社会稳定、构建和谐社会的重要举措，也是科学发展观新发展在社会建设领域的重要表现。

（三）提升了优化社会结构的科学认识

从优化社会结构入手改革社会体制，是加强社会建设的基本途径。胡锦涛曾指出：各级党委、政府和领导干部切实加强对社会结构发展变化的调查研究，深入认识和分析阶层结构、城乡结构、区域结构、人口结构、就业结构、社会组织结构等方面情况的发展变化和发展趋势，深入认识和分析我国社会利益结构、利益关系等方面情况的发展变化和发展趋势，以利于完善政策措施，更好地统筹各方面的利益关系和利益要求。优化社会结构，意味着社会建设不是仅仅从细枝末节上进行修补，而是要从根本上解决社会发展结构失衡的问题。

关于优化社会阶层结构。社会结构的核心结构是社会阶层结构。党中央强调“最大多数人民群众的利益高于一切”，要以此作为调整社会阶层结构、协调社会阶层关系、完善各项政策措施的出发点和归宿点。为此，提低限高，扩大中间社会阶层的比例，成为改善社会阶层结构的主要做法。

关于优化分配结构。形成合理的收入分配结构，对于民生发展和实现社会公平公正、国家长治久安均具有重大的战略意义。《中华人民共和国国民经济和社会发展第十二个五年规划纲要》对调整收入分配关系进行了科学的规划，提出要“坚持和完善按劳分配为主体、多种分配方式并存的分配制度，初次分配和再分配都要处理好效率和公平的关系，再分配更加注重公平，加快形成合理有序的收入分配格局，努力提高居民收入在国民收入分配中的比重，提高劳动报酬在初次分配中的比重，尽快扭转收入差距扩大趋势”①。

关于调整人力资源结构。党中央充分认识人力资源结构优化在经济社会发展中的关键性作用，加快推进劳动力素质的提升，推动人力资源服务管理工作迈上新台阶。劳动力的就业结构也得到进一步优化，目前我国有2亿多农民“离土又离乡”，从第一产业转入第二、第三产业，我国的就业人口主体已经从以第一产业为主转向以第二、三产业为主。

关于优化城乡结构。为了统筹城乡经济社会发展、打破城乡二元结

① 《中华人民共和国国民经济和社会发展第十二个五年规划纲要》，人民出版社2011年版，第92页。

构，中央在“三农”领域大力推进各项改革，制定并实行了“工业反哺农业”、“城市支持农村”以及“多予少取放活”的方针，出台了一系列支农惠农强农的重大政策，使农民增收的渠道和途径大大拓展，广大农民群众的生活水平有了切实的改善，为从根本上解决“城乡二元分化”问题、促进经济社会全面协调发展奠定了坚实的基础。

随着社会主义市场经济体制的不断完善，社会建设也不断前进，形成一个与社会主义市场经济体制相适应、与现代型经济结构相协调的现代型社会结构，为全面协调可持续科学发展创造一个良好的社会环境，也是实现“民主法治、公平正义、诚信友爱、充满活力、安定有序、人与自然和谐相处的社会主义和谐社会”的社会基础。

（四）形成了改革社会管理体制的政策要求

面对社会问题多发凸显的新形势，推进社会体制改革、加强和创新社会管理成为我国发展新的核心议题。加强和创新社会管理，就要加快推进社会体制改革，以建立与社会主义市场经济和民主政治相适应的新的社会体制，最终形成“政府有效调控、市场合理竞争、社会有序治理”的新局面。构建和谐社会，就是要创造一个既充满活力、又安定有序的社会，形成这样的社会必须靠公平正义、诚信互助、民主法治、共同富裕等一些基本价值观念和政策制度来维系。正是从这个意义上讲，加强和创新社会管理是党领导社会建设的一项重大的课题。

2011 年 7 月，党中央、国务院印发《关于加强和创新社会管理的意见》，明确了加强和创新社会管理的指导思想、基本原则、目标任务和主要措施，为各地各部门创新社会管理、化解社会矛盾提供了总体上的指导和具体的规定。中央社会治安综合治理委员会正式更名为“中央社会管理综合治理委员会”，并被赋予协调和指导社会管理工作的重要职责。

党的十八大提出加快推进社会管理体制改革的具体要求，指出要围绕构建中国特色社会主义社会管理体系，“加快形成党委领导、政府负责、社会协同、公众参与、法治保障的社会管理体制，加快形成政府主导、覆盖城乡、可持续的基本公共服务体系，加快形成政社分开、权责明确、依法自治的现代社会组织体制，加快形成源头治理、动态管理、应急处置相结合的社会管理机制。”① 这“四个加快”实质上就是深化社会体制改革的基本任务和基本要求，它们之间既密切联系，又各有侧重。“社会管理体制侧重于明确各类社会主体作用，保持社会关系协调、富有活力、有序运行；基本公共服务体系侧重于满足公众基本需求，保障和改善民生；现代社会组织体制侧重于创新社会治理方式，充分发挥社会组织在社会治理中的作用；社会管理机制侧重于社会全过程重要环节的调节、治理。这些方面构成了新型社会体制的基本框架和主要支柱。”②

党的十八大报告还提出进一步加强和创新社会管理的战略任务：“提高社会管理科学化水平，必须加强社会管理法律、体制机制、能力、人才队伍和信息化建设。改进政府提供公共服务方式，加强基层社会管理和服务体系建设，增强城乡社区服务功能，充分发挥群众参与社会管理的基础作用。完善和创新流动人口和特殊人群管理服务。正确处理人民内部矛盾，建立健全党和政府主导的维护群众权益机制，畅通和规范群众诉求表达、利益协调、权益保障渠道。建立健全重大决策社会稳定风险评估机制。强化公共安全体系和企业安全生产基础建设，遏制重特大安全事故。深化平安建设，完善立体化社会治安防控体系，强化司法基本保障，依法防范和惩治违法犯罪活动，保障人民生命财产安全。完善国家安全战略和工作机制，高度警惕和坚决防范敌对势力的分裂、渗透、颠覆活动，确保国家安全。”③

可以看出，十七大以来，一方面党中央不断改善民生、加强社会事业发展，另一方面社会管理的重要地位也不断得到提高，各项社会管理的政策措施更加丰富和完善。

（五）坚持了统筹兼顾的根本方法

在社会主义建设的实践探索过程中，我们党逐渐形成了统筹兼顾的战

① 胡锦涛：《坚定不移沿着中国特色社会主义道路前进　为全面建成小康社会而奋斗——在中国共产党第十八次全国代表大会上的报告》，人民出版社 2012 年版，第 34 页。

② 魏礼群：《加快构建中国特色社会主义社会体制》，《人民日报》2013 年 7 月 8 日。

③ 胡锦涛：《坚定不移沿着中国特色社会主义道路前进　为全面建成小康社会而奋斗——在中国共产党第十八次全国代表大会上的报告》，人民出版社 2012 年版，第 38 页。

略方针，统筹经济社会发展全局，兼顾各方面利益关系，从而调动一切积极因素，营造发展的有利环境。党的历代领导核心都非常重视统筹兼顾的根本方法。进入新世纪新阶段后，党中央把统筹兼顾定位为科学发展观的根本方法，具体要求是“既要总揽全局、统筹规划，又要抓住牵动全局的主要工作、事关群众利益的突出问题，着力推进、重点突破”①。要统筹中央和地方关系，统筹个人利益和集体利益、局部利益和整体利益、当前利益和长远利益，统筹国内国际两个大局，将兼顾各方、综合平衡的思想方法贯穿于社会建设全部过程。这深刻体现了唯物辩证法在发展问题上的科学运用，深刻揭示了实现科学发展、促进社会和谐的基本途径，是正确处理经济社会发展中重大关系的方针原则。

统筹兼顾根本方法在社会建设中的运用，首先表现为实现经济增长与社会建设的统筹发展。某种程度而言，经济增长是要使社会财富总量不断增加，而社会建设则是如何公平地分配社会财富。蛋糕做大后，每个社会成员可能分配到的份额才能增加。然而，有具体数据表明，2007 年到 2012 年，中国的 GDP 总量从 24.6 万亿元增长到 51.9 万亿元，翻了一番，但城乡居民的收入增长幅度远远落后于 GDP 的增长和财政收入增长。这说明，社会建设还没有跟上经济增长的步伐，严重滞后于经济发展水平。因此，当前应当以社会建设为重点，缩小收入分配差距，使发展成果更多地惠及全体人民。

统筹兼顾根本方法在社会建设中的运用，其次表现为实现城乡社会统筹发展。城乡二元格局是在我国现代化发展过程中历史形成的，城乡二元结构对于集中力量发展工业、集中资源建设城市具有重大的历史贡献。但随着我国经济产业结构的调整，城乡二元结构已经不再适合发展的需要。消除城乡二元格局，统筹城乡发展，推进城乡一体化建设，是新的发展阶段的必然要求。统筹城乡社会发展在目前阶段主要是推进城乡基本公共服务均等化，实现公共服务在城乡的全覆盖。

---

① 胡锦涛：《高举中国特色社会主义伟大旗帜　为夺取全面建设小康社会新胜利而奋斗——在中国共产党第十七次全国代表大会上的报告》，人民出版社 2007 年版，第 16 页。

统筹兼顾根本方法在社会建设中的运用，然后表现为统筹政府主导与社会主体，充分发挥两个方面的积极性。社会建设应当坚持政府的主导地位，但政府不是万能的，政府无法完全满足市场经济的条件下，多层次、多样化、不断变化的社会需求，政府包办所有的公共事务会导致所谓“政府失灵”的现象。社会建设应当充分调动各类市场主体和社会组织的积极参与，充分发挥社会资本或其他社会力量的主体作用。通过统筹政府主导与社会主体两方面的作用，可以极大地改变政府在社会管理中错位、缺位、越位的现象，按照政社分开、政事分开、政企分开、经营性与非经营性分开的原则，建立社会化的公共服务供给机制，扩大公共产品和公共服务的供给，提高服务质量和服务效率，同时还可以大大降低服务成本。

统筹兼顾根本方法在社会建设中的运用，还表现为实现全面推进与重点突破的统筹，既要在社会建设各个领域全面推进，同时对于群众反映强烈、矛盾集中的重点领域加大突破的力度。党的十七大以来，党中央按照统筹兼顾的方针，一方面抓紧解决当前存在的突出问题，解决薄弱环节；另一方面也要实事求是，坚持一切从实际出发，充分考虑现有的经济发展水平和财政承受能力，要按照随着经济发展规模办事，立足于当前、着眼于长远，有步骤、有计划地发展民生事业、提高社会保障水平。

五、生态：把生态文明建设贯穿于经济、政治、文化、社会建设全过程

从提出生态文明，继而提出生态文明建设的主题，是十七大以来科学发展观在回应如何解决社会发展问题上的逐步深入与持续进步，更是我们党科学发展理论的丰富与发展。科学发展观在生态文明建设上的实践既是对科学发展理念的现实检验，又为科学发展观理论本身提供了进一步丰富与发展的宝贵资料。生态文明建设的提出，是我们党对于国内文明建设整体推进的理性思考和果断抉择，不仅充实了科学发展观的内容，也为人类文明进步作出了重要的思想贡献。

（一）揭示了生态文明建设的战略地位

中国共产党在借鉴并吸收西方文明发展反思成果、总结国内改革开放

经验教训的基础上，创造性提出“生态文明建设”。党的十八大把生态文明建设放在更加突出地位，强调建设生态文明是关系人民福祉、关乎民族未来的长远大计。

“生态文明建设”的提出，指明了文明发展的方向与未来。中国共产党提出的“生态文明建设”，强调把“以人为本”作为核心立场，把“实现好、维护好最广大人民根本利益”作为出发点和落脚点，以“促进人的全面发展”为目标来开拓“生产发展、生活富裕、生态良好的文明发展道路”，这是一种新的文明模式，是对西方工业文明的发展与超越，是文明发展的必然选择，也是文明发展的必然走向。

“生态文明建设”的提出，意在解决这一中国社会发展的紧迫问题。当前，我们正处于改革开放的攻坚阶段，一方面国际经济环境风云突变，另一方面国内经济处于发展方式转变的紧要时期。因此，为了保证国民经济的持续快速健康发展，为了解决人民日益增长的物质文化需求，对于那些突出的环境与生态问题，已经到了非解决不可的地步。鉴于此，党的十七大报告中正式提出“生态文明”并将其作为社会建设的突破口与目标之一。在科学发展观的指导下，党的十七届三中全会上又进一步将“生态文明建设”与经济建设、政治建设、文化建设、社会建设并提；十八大报告中更是明确提出“必须更加自觉地把全面协调可持续作为深入贯彻落实科学发展观的基本要求，全面落实经济建设、政治建设、文化建设、社会建设、生态文明建设五位一体总体布局”，强调“面对资源约束趋紧、环境污染严重、生态系统退化的严峻形势，必须树立尊重自然、顺应自然、保护自然的生态文明理念，把生态文明建设放在突出地位，融入经济建设、政治建设、文化建设、社会建设各方面和全过程，努力建设美丽中国，实现中华民族永续发展”①。这表明生态文明建设不仅已成为我国基本的治国方略，而且成为全党意志，进入到国家政治经济生活主战场、主阵地。这是我们党对后发工业化国家如何解决工业文明负面危机，

---

① 胡锦涛：《坚定不移沿着中国特色社会主义道路前进　为全面建成小康社会而奋斗——在中国共产党第十八次全国代表大会上的报告》，人民出版社2012年版，第39页。

进入世界文明发展引领者的回应与行动，凸显了生态文明建设的战略地位。

（二）构建了生态文明建设的系统理论

生态文明是人类正确处理和对待人与自然关系，使之朝向协调、正向促进方向发展，建设相互依存、相互促进、共处共融生态社会而取得的物质成果、精神成果和制度成果的总和。① 社会主义生态文明，从其思想孕育、理论形态形成与发展、成熟与完善，至构成中国特色社会主义建设“五位一体”总布局，是十七大以来科学发展观新发展的重大理论成就，形成了一个较为全面、完整的理论体系。

为什么建设生态文明？一方面，把生态文明建设放在突出地位，是深入贯彻落实科学发展观的根本要求；另一方面，把生态文明建设放在突出地位，也是破解我国经济社会发展面临资源环境瓶颈制约的必然选择。十七大以来，我们党多次指出，当前我国经济增长面临的最大困难是资源环境的约束加剧，“必须清醒地看到，我国发展中不平衡、不协调、不可持续问题依然突出，主要是，经济增长的资源环境约束强化”②。十八大报告则更加明确地指出，“资源环境约束加剧”③。同时，把生态文明建设放在突出地位，还是更好地参与国际竞争和合作的客观需要。强调生态文明建设，有利于我国在国际环境与发展领域的话语权的增强，有利于提升我国参与气候变化和可持续发展领域国际谈判和对话交流的位势。

如何建设以及形成什么样的生态文明？十七大报告指出，“建设生态文明，基本形成节约能源资源和保护生态环境的产业结构、增长方式、消费模式”④。这是我们党第一次把生态文明建设作为一项战略任务明确提出来，并对怎样建设生态文明作了阐述。建设生态文明，实质上就是要建设以资源环境承载力为基础、以自然规律为准则、以可持续发展为目标的

① 参见黄承梁：《生态文明建设的重要意义和战略任务》，《人民日报》2012 年 8 月 20 日。

② 《十七大以来重要文献选编》（中），中央文献出版社 2011 年版，第 974 页。

③ 胡锦涛：《坚定不移沿着中国特色社会主义道路前进　为全面建成小康社会而奋斗——在中国共产党第十八次全国代表大会上的报告》，人民出版社 2012 年版，第 5 页。

④ 《十七大以来重要文献选编》（上），中央文献出版社 2009 年版，第 16 页。

资源节约型、环境友好型社会。十八大又进一步深化了对生态文明建设理论内涵的认识，指出要坚持节约资源和保护环境的基本国策，坚持节约优先、保护优先、自然恢复为主的方针，形成节约资源和保护环境的空间格局、产业结构、生产方式、生活方式；按照人口资源环境相均衡、经济社会生态效益相统一的原则，控制开发强度，调整空间结构；提高海洋资源开发能力；全面促进资源节约，推动资源利用方式根本转变，加强全过程节约管理，大幅降低能源、水、土地消耗强度，提高利用效率和效益，加强生态文明制度建设。① 十八大强调的新要求，明确了推进生态文明建设的着力方向，是我国建设生态文明的重要指导方针。

至此，生态文明建设的理论内涵得到进一步丰富和发展。党的十六届三中、四中和五中全会，依次提出并确立了科学发展观、和谐社会理念和两型社会战略目标，为生态文明建设提供了最为坚实的政治保障、思想基石和理论基础；另一方面，这些理论成果中关于人与自然科学统筹、和谐相处的思想又辩证地统一于十七大报告首次提出的建设生态文明的历史性任务之中，发展于十七届四中全会、五中全会关于生态文明建设战略部署和提高生态文明水平的时代要求之中，成熟于胡锦涛关于“生态文明建设是涉及生产方式和生活方式根本性变革的战略任务”的科学新论断之中，系统完善于十八大大力推进生态文明建设、努力建设美丽中国的时代召唤中。② 从十六大到十八大，生态文明建设从理念到理论，从理论形态到理论体系，历届中央全会都从根本上为生态文明建设提供了有力的战略指导思想，表明生态文明建设的理论内涵得到发展与丰富。

（三）明确了生态文明建设的目标任务

在“五位一体”的中国特色社会主义建设总体布局之中，生态文明建设的目标与任务得到进一步明确。

---

① 参见胡锦涛：《坚定不移沿着中国特色社会主义道路前进　为全面建成小康社会而奋斗——在中国共产党第十八次全国代表大会上的报告》，人民出版社 2012 年版，第 39—41 页。

② 参见叶晓楠：《努力走向社会主义生态文明建设新时代——专访山东省生态文明研究中心主任黄承梁》，《人民日报》（海外版）2012 年 11 月 23 日。

“生态文明建设”的总体目标是实现现代化。把中国建设成为社会主义现代化国家，是几代人的共同追求。党的十七大提出“富强、民主、文明、和谐”的社会主义现代化奋斗目标，为我们指明了前进的方向。可以说，这四个目标是一个完整的有机体系，是对经济建设、政治建设、文化建设与社会建设奋斗方向的具体说明。然而，离开了生态文明建设的支撑，社会主义现代化的奋斗目标是难以实现的。我们党在十七大提出中国特色社会主义奋斗目标之后，为了使这一奋斗目标操作性更强、目的性更明确、方向性更准确，及时提出了生态文明建设这一时代要求。

“生态文明建设”的归宿是全面建成小康社会。党中央把生态文明建设与经济建设、政治建设、文化建设、社会建设一并作为中国特色社会主义事业总体布局，使生态文明建设全面融入中国特色的发展道路的战略布局，相互之间构成“一体”关系。党中央在五位一体总体布局下，强调要实现全面建成小康社会的宏伟目标，这是生态文明建设的归宿。为实现这一目的，第一，在经济建设中，党中央把“促进经济又好又快发展”作为建设目标，把“转变发展方式”作为基本途径，其实质就是要促进“生产力”的发展，就是要求我们把从以损害环境为代价的技术进步提升生产力转变到以协调环境发展和技术进步提升生产力上来，就是要发展“绿色生产力”，要走一条科技含量高、经济效益好、资源消耗低、环境污染少的中国特色社会主义经济建设道路。第二，在政治建设中，“民主和公平正义”是基本目标，这一目标的实现同样也离不开生态文明建设。“民主”就是要求更多的人参与政治生活，让社会主义民主政治普惠于民。而只有那些与公众切身利益密切相关的事件才能吸引公众参与。生态问题恰恰就是能让更多的人参与到社会主义政治生活的最佳契机。“公平正义”要解决的是公众权利的公平正义。在公众权利中，生存权是最基本、最首要的权利。如果没有环境公平，人民无法实现基本的生存权，所谓社会主义公平正义的实现就失去了现实内容。第三，在文化建设上，推动文化的“大发展大繁荣”是基本目标，这一目标的实质就是全民族人民精神生活的丰富，整体素质的提升。要实现这一目标，就需要我们转变生活方式，选择过更文明、更优雅、更和谐的生活，也就是一种健康、文明、绿色的生态生活方式。第四，在社会建设上，“改善民生”是重点，要做到发展为了人民、发展依靠人民、发展成果由人民共享。人民群众最关心、最直接、最现实的利益问题就是生存问题，对良好生态环境的需求问题。当前许多社会问题都与环境有关，决定了我们改善和提高人民生活质量的前提与条件是要有良好的生态环境。所以，生态文明建设在推进中国特色社会主义事业中具有基础性的地位和作用。要建设资源节约型和环境友好型社会，就要以生态文明建设为基础，总体考虑中国特色社会主义经济建设、政治建设、文化建设和社会建设基本目标，走中国特色社会主义发展道路。

总的来看，党的十七大以来科学发展观在生态文明建设领域的新发展具有重大理论和实践意义。科学发展观在生态文明建设领域的新发展，进一步深化了对中国特色社会主义建设规律的认识；不仅适应了破解改革开放进程中发展难题的实际需要，而且适应了科学理论需要不断发展和丰富的必然要求，进一步丰富了科学发展观的理论内涵；明确彰显了中国共产党“为谁执政”的价值取向，清晰揭示了中国共产党“如何执政”的科学向度，深刻揭示了中国共产党“长期执政”的基础和条件，深化了中国共产党的执政理念，彰显了马克思主义中国化的当代实践。

第五章　科学发展观对三大规律认识的丰富与发展

自《共产党宣言》发表160多年来，历代马克思主义者围绕如何建立无产阶级政权、如何进行社会主义革命和建设等重大问题，进行了艰辛的实践探索和深刻的理论总结，不断深化了对共产党执政规律、社会主义建设规律和人类社会发展规律的认识，推动着马克思主义理论与时俱进。中国共产党人的不懈探索也为深化认识三大规律作出了杰出贡献。进入21世纪以来，面对改革发展新形势，在继承和发展前人认识成果的基础上，中国共产党人适时提出科学发展观，对新形势下实现什么样的发展、怎样发展等重大问题作出了新的科学回答，把对共产党执政规律、社会主义建设规律和人类社会发展规律的认识提高到了新的水平，开辟了当代中国马克思主义发展的新境界。

第一节　三大规律的科学内涵及深化认识的重大意义

所谓“三大规律”，是对共产党执政规律、社会主义建设规律和人类社会发展规律的简称。唯物辩证法认为，规律是不以人的意志为转移的，是事物发展本身所固有的、本质的和必然的联系以及发展的必然趋势。把握客观规律是认识世界的本质要求，也是改造世界的必然前提。不断深化对“三大规律”的认识，既是共产党领导下的社会主义革命和建设事业胜利发展的客观要求，也是丰富和发展马克思主义的根本着力点。早在2002年，党的十六大报告就提出，要“在全党深入进行马克思主义发展史的教育，大力弘扬求真务实、开拓进取的精神，不断深化对共产党执政规律、社会主义建设规律和人类社会发展规律的认识，不断丰富和发展马克思主义。”① 可以说，马克思主义经典作家的理论阐述，为正确认识三大规律提供了科学指导；党的三代领导集体对于三大规律的创造性探索，把对三大规律的认识推进到了新的阶段。在新的历史条件下，继续深化三大规律的认识，是我们党肩负的重大理论使命。

一、三大规律的科学内涵和探索历程

共产党执政规律、社会主义建设规律和人类社会发展规律这“三大规律”，各有自身的特定内涵，同时又辩证统一、相辅相成，共同构成了一个内在统一的规律体系，是共产党领导下的社会主义事业发展必然要把握的客观规律。在马克思主义发展史上，马克思主义经典作家和中国共产党三代领导集体，对于揭示三大规律均作出了重要的探索和贡献，其成果凝结在不同时期的马克思主义理论创新成果之中。他们的探索历程和认识积淀对于我们在新的实践中进一步把握三大规律奠定了基础。

（一）共产党执政规律的科学内涵和探索历程

1. 共产党执政规律的科学内涵

共产党执政规律，就是处于执政条件下的共产党在其自身建设和执政活动中所固有的、本质的、必然的和稳定的联系，涉及执政理念、本质、宗旨、任务、政策、能力等多方面的内容和要求。② 执政作为社会上层建

---

① 《十六大以来重要文献选编》（上），中央文献出版社 2005 年版，第 39 页。

② 目前国内理论界对于共产党执政规律的含义有不同的界定，代表性的观点有五种。一是基本原则说，该观点从中国共产党执政所要遵循的基本原则来界定何谓中国共产党的执政规律（参见赵昌智等：《用改革精神研究共产党执政规律》，《江苏社会科学》2002 年第 5 期）。二是关系说，该观点从政党执政所涉及的一系列关系来界定中国共产党的执政规律（参见梁丽萍、李红：《研究执政规律全面推进党的建设——访中央党校党建部副主任王长江教授》，《中国党政干部论坛》2002 年第 8 期）。三是本质说，该观点从中国共产党的执政本质来界定中国共产党的执政规律（参见刘长江：《深入研究执政规律始终坚持执政为民》，《党建》2002 年第 8 期）。四是根本问题说，该观点从探索中国共产党的执政规律所解决的根本问题来阐述何谓中国共产党的执政规律（参见陈进国：《探索执政规律，巩固党的执政地位》，《学术交流》2003 年第 1 期）。五是要点说，该观点从中国共产党执政所要处理的要点来阐释何谓中国共产党的执政规律（参见李君如：《解放思想，不断深化对中国共产党执政规律的认识》，《党政干部学刊》2001 年第 9 期）。

筑领域里特殊的政治实践活动，必然有着内在的客观规律。共产党执政规律是政党执政规律的特殊形式。正如有学者所指出的，“共产党执政的规律，反映着共产党执政本质、必然性法则和客观要求，包括共产党必须遵循的执政理念和执政方略，应该采取的执政体制和执政方式，应该巩固的执政基础和执政资源，应该创造的执政条件和执政环境。共产党的执政规律来自于执政的实践，又寓于实践之中，共产党对执政规律的认识和把握绝不是一蹴而就，而是渐进的、不断深化的过程”①。

深刻把握共产党执政规律，是执政的各国共产党在执政实践中必然着力解决的重大课题。共产党在取得政权以后，面临着从“革命党”转变到“执政党”的这一重大挑战。“革命党”是指以取得政权为目标，以革命的手段为表现形式的政党。而“执政党”是指以掌好权执好政为目标，以行使执政权为表现形式的政党。各国共产党在从“革命党”向“执政党”转变的历史进程中，几乎都犯过这样或那样的错误，影响了世界社会主义事业的发展。在这一转变过程中，最大的失误在于共产党掌握政权后，仍然难以摆脱革命斗争时期的思维方式，并按照这一方式来治理国家，导致阶级斗争随意化、政治运动经常化，经济建设时常中断而让步于政治运动。这种现象给许多社会主义国家带来了严重的后果，也是苏联、东欧等社会主义国家共产党丧失执政权的重要原因之一。毫无疑问，不断深化对共产党执政规律的认识，是丰富和发展马克思主义政党执政理论的内在要求，是创新执政方式与手段、体制与机制，提高执政能力的必然要求，是总结世界政党特别是共产党执政的基本经验与教训，切实解决共产党执政过程中出现的种种问题，实现长期执政的现实要求。

中国有着自身独特的国情和发展要求，中国共产党有着自己独特的社会基础和历史使命，这一切都决定了中国共产党在执政过程中，既要努力遵循共产党执政的一般规律，又要努力探索在中国执政的特殊规律。“作为一种客观的政治活动，中国共产党执政必须遵循一般的执政规律，如生

① 赵智奎主编：《“三个代表”与中国共产党执政规律》，四川人民出版社2006年版，第5—6页。

产关系一定要适应生产力发展规律，民心向背的变化始终是决定政权兴衰的规律等，同时，中国共产党掌权执政又具有自身的特殊规律，即党领导人民夺取政权、巩固政权、运用政权和建设社会主义的客观规律。”① 一般来说，共产党执政规律，都必然涉及执政主体、执政客体、执政目标、执政方式这四个基本要素，而这四个基本要素在中国共产党的执政实践中又必然有着特殊的表现形式和实现要求，需要立足于中国的实际条件进行实事求是的把握。因此，中国共产党执政规律是普遍规律和特殊规律、一般规律和具体规律的有机统一。

2. 马克思主义经典作家对共产党执政规律的科学揭示

1847 年，世界上第一个共产主义政党——共产主义者同盟在欧洲诞生，这是共产主义运动史上具有深远影响的重大事件。共产主义者同盟明确地提出了其宗旨：推翻资产阶级，建立无产阶级统治，消灭旧的以阶级对立为基础的资产阶级社会和建立无阶级、无私有制的新社会。作为共产主义者同盟的灵魂人物——马克思恩格斯为该同盟起草了纲领，并由此产生了国际共产主义运动第一个纲领性文献《共产党宣言》，系统地阐述了无产阶级政党的性质、理论基础和纲领策略、原则，并指出，工人阶级是推翻资本主义，实现共产主义的现实力量，共产党是工人阶级政党，担负着组织无产阶级和劳动人民实现共产主义的历史责任。《共产党宣言》有力地指导着世界各国共产党和无产阶级的革命和斗争，为各国共产党走向执政的舞台，奠定了思想理论基础。

马克思恩格斯致力于对共产党执政规律的探索，马克思主义经典作家的相关著述中，蕴含着丰富的共产党执政思想，归纳起来主要有：第一，揭示了政党的本质。马克思恩格斯站在辩证唯物主义的立场上，从阶级分析和利益分析的角度，科学地揭示了政党的阶级本质，即政党是阶级服务的工具。第二，确立了无产阶级政党的性质、宗旨和奋斗方向。马克思恩格斯在《共产党宣言》中阐明共产党的性质和历史使命时指出，共产党是工人阶级的政党，是整个工人阶级利益的代表。共产党是为工人阶级的

① 张士义：《中国共产党对执政规律的深化及启示》，《党建研究》2004 年第 4 期。

共同利益斗争的，是“最坚决的、始终推动运动前进的部分”。马克思恩格斯的这些论述为无产阶级政党的建立和发展确立了明确的指导原则和方向。第三，从党与国家、党与政权、党与人民的关系等方面，科学地揭示对共产党如何执政，如何巩固其执政地位等一般性规律。关于党与国家的关系，马克思恩格斯认为：“过去一切阶级在争得统治之后，总是使整个社会服从于它们发财致富的条件，企图以此来巩固它们已经获得的生活地位。无产者只有废除自己的现存的占有方式，从而废除全部现存的占有方式，才能取得社会生产力。”① 关于党与政权，恩格斯在《〈法兰西内战〉导言》中明确指出，无产阶级在打碎旧的国家机器，建立无产阶级专政后，要防止国家机关工作人员去“追求升官发财”，“防止国家和国家机关由社会公仆变为社会主人”②。为此，必须加强共产党的领导方式、执政手段和执政能力建设。在党与人民群众的关系上，他们认为，“在无产阶级和资产阶级的斗争所经历的各个发展阶段上，共产党人始终代表整个运动的利益。”③ 不难看出，共产党人与人民群众的关系是：共产党人代表人民群众的根本利益，紧密联系广大人民群众。

3. 中国共产党对共产党执政规律的探索

早在 1945 年 7 月，当黄炎培先生向毛泽东提出中国共产党执政后如何跳出“历史周期率”问题时，毛泽东提出用民主来破除兴亡周期律。新中国成立以后，随着中国共产党执政地位的巩固，以毛泽东为核心的党的第一代中央领导集体对党的执政规律进行了初步探索。毛泽东对中国共产党的执政基础充满信心，认为“对于工人阶级、劳动人民和共产党，则不是什么被推翻的问题，而是努力工作，创设条件，使阶级、国家权力和政党很自然地归于消灭，使人类进到大同境域。”④ 改革开放以后，邓小平在领导全党开辟建设有中国特色社会主义道路的实践中，对共产党执政规律进行了富有成效的探索，不仅重新确立了“解放思想，实事求是”

① 《马克思恩格斯文集》第 2 卷，人民出版社 2009 年版，第 42 页。
② 《马克思恩格斯文集》第 3 卷，人民出版社 2009 年版，第 110 页。
③ 《马克思恩格斯文集》第 2 卷，人民出版社 2009 年版，第 44 页。
④ 《毛泽东选集》第 4 卷，人民出版社 1991 年版，第 1469 页。

这一党的治国理政思想路线，更提出了要用“人民满意不满意、拥护不拥护、答应不答应、赞成不赞成”来作为衡量党的一切工作得失成败的标准，这些都是对党的执政规律的重要探索成果。世纪之交，中国共产党的自身状况、其所处的国际国内环境和所承担的历史任务，都发生了很大的变化。建设什么样的党、如何建设党，如何巩固党的执政地位，更好地维护好、实现好、发展好最广大人民的根本利益，是当时摆在党面前的一项重大而紧迫的问题。为此，江泽民在庆祝中国共产党成立80周年大会上的讲话中指出，要“运用马克思主义基本理论研究现实中的重大问题，不断深化对共产党执政的规律、对社会主义建设的规律、对人类社会发展的规律的认识，不断吸取一切科学的新经验、新思想、新成果，我们就能够对丰富和发展马克思主义作出新的贡献。”① 从此，深化对于包括共产党执政规律在内的“三大规律”的认识，成为中国共产党人的高度理论自觉。进入新世纪新阶段，中国共产党人在新的历史条件下，为有效解决经济社会发展中涌现出的诸多新问题，进一步提出了要研究并自觉遵循共产党执政规律、社会主义建设规律和人类社会发展规律。也正是从这一时代发展要求出发，以胡锦涛为总书记的党中央领导集体站在当代中国社会主义事业全局和战略的高度，创造性地提出科学发展观，把握住党的执政规律，不断深化着对共产党执政规律的认识。

（二）社会主义建设规律的科学内涵和探索历程

1. 社会主义建设规律的科学内涵

社会主义建设规律，就是社会主义建设实践中固有的、本质的、必然的、稳定的联系，主要涉及建设社会主义的思想路线、发展道路、发展阶段和发展战略、根本任务、发展动力、依靠力量、国际战略、领导力量、根本目的等多方面的必然要求和发展趋势。简单地说，把握社会主义建设规律就是要正确回答“什么是社会主义、怎样建设社会主义”这两个根本性问题。

世界各社会主义国家在建设社会主义的实践中，留下了深刻的经验教

① 《江泽民文选》第3卷，人民出版社2006年版，第284页。

训。这其中，既有东欧八国从初始简单照搬苏联模式到各自摸索适合本国特色的发展道路，再到剧变后苏东社会主义建设事业的整体失败，也有像越南、老挝、古巴等国经过动荡更坚定走社会主义道路，倡导革新开放，开辟了社会主义建设新事业。社会主义建设事业的兴衰成败，无一不是受客观的社会主义建设规律制约的结果。也正是在历经曲折的建设实践中，人们总结经验教训，深化理论思考，从而不断地把对社会主义建设规律的认识引向深入。可以说，“社会主义建设规律是社会主义建设实践中成功经验的总结，是社会主义建设理论与社会主义国家客观现实相结合的理性认识”①。

在中国，社会主义建设规律具体体现为在中国这样一个经济文化落后的东方大国建设社会主义必须遵循的必然要求和发展的必然趋势。我国的社会主义建设是在人口众多、生产力落后、商品经济不发达等等这样一些特殊条件下展开的，面临着许多前所未有的特殊困难。这就决定了我国的社会主义建设，需要独立自主地探索符合自己国情的道路，努力把握具有自身特点的社会主义建设规律。应该说，这必然是一个充满艰难曲折的探索过程。新中国成立 60 多年来的社会主义建设过程中，我们历经曲折才找到了符合国情的社会主义道路，从而不断接近对于中国社会主义建设规律的正确认识，才有了中国特色社会主义事业的胜利发展。可以预见，中国特色社会主义的进一步发展，也必须是在继续深化认识社会主义建设规律的基础上才能实现。

2. 马克思主义经典作家对社会主义建设规律的初步探索

对社会主义建设规律的探索认识，首先离不开马克思主义经典作家关于社会主义建设的科学论述，这些科学论述为社会主义建设规律的形成提供了理论基础。科学社会主义创始人马克思和恩格斯运用历史唯物主义理论，在剖析资本主义社会的基本矛盾和特殊本质的基础上，围绕生产力与生产关系、经济基础与上层建筑的矛盾关系，对取代资本主义的未来社会

---

① 祝黄河：《科学发展观与当代中国社会发展实践》，人民出版社 2008 年版，第 20 页。

的发展趋势和一般规律进行了原则性论述和科学预见。

俄国十月革命的胜利，使社会主义实现了由理论到实践的伟大飞跃。列宁在没有现成经验和模式可供借鉴的情况下，对社会主义建设进行了大胆的探索。1920 年，列宁明确把共产主义社会划分为三个阶段，即低级阶段、中级阶段、高级阶段。同时列宁还指出要充分利用商品货币关系，全力抓住商业这个关键环节；要允许多种经济成分存在，利用资本主义作为提高生产力的途径和手段；应根据实践的发展而不是抽象地来谈论社会主义并确定社会主义建设的道路；认为社会主义建设的根本任务就是发展生产力。特别是 1921 年列宁实施的新经济政策，它着力于发展商品生产和多种形式的经营，活跃了市场经济和自由贸易，使高度集中的计划管理向一定限度内的对外开放、对内搞活过渡，促进了生产力发展，巩固了工农联盟，大大丰富了科学社会主义理论。列宁之后，斯大林在社会主义建设问题上也明确指出在社会主义制度下，经济发展规律是不以人的意志为转移的客观规律；其主要特点和要求是在高度技术基础上使社会主义生产不断增长和不断完善的办法来保证最大限度地满足整个社会经常增长的物质和文化需要。

3. 中国共产党对社会主义建设规律的探索

如何建设社会主义新中国，是中国共产党的重要历史使命。新中国成立初期，尽管我们由于缺乏实践经验而不得已搬用了苏联模式，但是以毛泽东为核心的第一代党中央领导集体高度重视对社会主义建设规律的认识，对新中国的现代化建设进行了初步探索，在建设社会主义的实践中提出了许多具有创见性的思想。毛泽东在《论十大关系》、《关于正确处理人民内部矛盾的问题》等著作和讲话中，运用唯物辩证法关于矛盾的观点深刻分析了社会主义建设中的各种关系，创立了社会主义社会基本矛盾理论，提出了严格区分和正确处理两类不同性质矛盾的科学思想，对社会主义社会的主要矛盾作出了正确判断，提出了建设社会主义的一系列方针。毛泽东的探索，起步是正确的，方向是明确的。但后来由于思想路线的错误，导致出现了越来越严重的失误。然而，以毛泽东为核心的第一代党中央领导集体的探索，无疑为后来的中国特色社会主义现代化实践留下了深刻的启迪。党的十一届三中全会后，在新形势和新任务面前，邓小平牢牢把握时代脉搏，紧紧抓住“什么是社会主义、怎样建设社会主义”这一基本问题，在深刻总结社会主义建设正反两方面经验、科学分析国情和时代特征的基础上，第一次比较系统地论述了社会主义的发展道路、历史阶段、根本任务、外部条件、政治保证、战略步骤等一系列问题，科学揭示了社会主义本质，提出社会主义初级阶段论，强调改革是中国的第二次革命，是解放和发展生产力、实现中国现代化的必由之路；在社会主义发展的根本任务上，指出“社会主义的优越性归根到底要体现在它的生产力比资本主义发展得更快一些、更高一些，并且在发展生产力的基础上不断改善人民的物质文化生活。”① 这一系列思想观点，准确地把握了当代中国的实际和时代变化，形成了比较系统地反映中国社会主义建设规律的科学理论体系，对社会主义建设规律的认识作出了突破性贡献。世纪之交，为使我国改革开放和现代化建设取得更大的成绩，江泽民在2001年的“七一”讲话和2002年的“5·31”讲话中，深刻总结了20多年来改革开放和社会主义现代化建设的成功经验，科学分析了社会主义的基本矛盾和主要矛盾，系统阐述了社会主义经济、政治、文化发展的规律和基本特征，使我们党对社会主义现代化建设规律的认识更加全面、更加深刻。

（三）人类社会发展规律的科学内涵和探索历程

1. 人类社会发展规律的科学内涵

人类社会发展规律，是指人类社会在其发展过程中的各种本质的、必然的、稳定的联系，主要涉及人类社会活动的基本条件、相互关系、发展目标、实现路径等方面的必然要求和发展趋势。人类社会发展规律，规定着人类社会生活的基本要求，也决定着历史发展的基本趋势，是对全人类共同起作用的规律。能否深刻把握和遵循人类社会发展规律，决定着一个民族、一个国家、一个政党的兴亡盛衰。深入研究人类社会发展的理论，探索和认识人类社会发展的规律，对于认识和把握共产党执政规律和社会主义建设规律，推动人类历史前进具有重要意义。只有深刻认识和理解人

① 《邓小平文选》第3卷，人民出版社1993年版，第63页。

类社会发展规律，才能正确认识和把握党的执政规律与社会主义建设规律，才能从根本上保证我们党的执政和社会主义建设在人类社会文明发展的大道上健康发展。

2. 马克思主义经典作家对于人类社会发展规律的科学揭示

马克思恩格斯考察了人类社会的发展过程，认为人类的发展史就是一部物质资料的生产史，生产力决定生产关系，并通过生产关系决定上层建筑；生产力与生产关系、经济基础与上层建筑的矛盾运动推动人类社会由低级向高级发展，这是人类社会发展始终必须遵循的根本规律。这种唯物史观彻底改变了过去用神、人和某种观念说明社会历史的唯心史观，把物质生产和社会生活作为历史的发源地，把人们所处的社会关系作为说明人及其精神和政治生活的基本依据，从而第一次把对社会历史的认识奠定在科学的基础之上。对社会关系和生产关系的科学揭示，是马克思实现历史观伟大变革的根本立足点，也是整个历史唯物主义的根本立足点。马克思把物质生产力作为人类社会发展的根本动力，同时把与之共生、与之相联系的交往关系、生产关系视为物质生产得以进行的基本条件，进而阐明了它们之间的内在联系，以及由此衍生的经济基础和政治的、观念的上层建筑，揭示了整个人类社会的有机构成和基本矛盾。马克思认为，人类社会像自然界运动一样，是一个自然运动过程，遵循着其内在的必然法则。马克思根据生产方式的不同将人类社会的发展分成五种不同的社会形态，依次是原始社会、奴隶社会、封建社会、资本主义社会和共产主义社会。

首先，关于人类社会发展规律的观点，马克思主义的唯物主义历史观与唯心主义历史观的不同在于，唯物主义历史观认为，社会存在决定社会意识，社会历史发展的最终决定性的因素是包括经济因素在内的物质因素；与形而上学规律观的不同在于，它是以社会实践为基础的辩证的历史决定论，它既承认社会物质条件对人的活动、人的作用的客观制约，也充分强调人的实践活动创造社会历史的伟大作用。

其次，马克思主义的唯物主义历史观与以往任何历史观在对待人类社会发展规律上也有着本质的区别。以往的规律观要么把历史发展看作是无限循环的，要么从神的意志那里寻找社会发展的规律，把社会发展规律看成是神意的体现，或者认为自然规律决定社会发展规律，这些规律观的缺陷是唯心主义和形而上学，尽管他们对社会规律的探讨都有一定的合理性，但都没能达到科学的地步，因而在说明和解释社会发展时就免不了矛盾和漏洞，难圆其说，更无法解释社会发展的内在必然性和发展趋势。马克思恩格斯对人类社会发展规律的科学揭示，为唯物史观的最终确立和科学的社会发展理论的创立打下了坚实的基础。

再次，更可贵的是，马克思恩格斯认为，人类社会形态虽然有一个从低级向高级发展的普遍规律，但不是其中每个形态和更迭顺序都是各个民族“普遍必经”的阶段。马克思恩格斯始终强调的是，各个民族的社会形态从低级向高级发展的规律是共同的，但具体的发展道路和模式是千差万别的。马克思认为，人类历史总是遵循社会形态演进的一般规律，但在不同民族、不同国家又有着特殊的表现形式，欧洲不同于亚洲，东亚又不同于西亚。不仅如此，有的国家和民族由于受特殊历史条件的影响，还会出现跳跃式的发展。马克思还对东、西方社会不同的发展历史、现状及向社会主义、共产主义过渡的途径、道路问题进行了分析，对整个社会发展过程中一些具体社会形态进行了研究。

总之，马克思恩格斯不仅揭示了人类社会发展的普遍规律，而且从人的本质活动的创造性出发，强调了人类社会发展模式和道路的多样性以及历史选择性。

3. 中国共产党对于揭示人类社会发展规律的探索

马克思主义关于人类社会发展规律的科学揭示为我们指引了前进方向。但马克思主义不是绝对真理，历史经验表明，即使是马克思主义经典作家所揭示的有关人类社会发展规律的基本原理及其认识方法，也必须结合新的历史、时代条件和实践要求加以新的阐述、运用和发展，才能真正具有生命力，真正引导社会朝正确方向发展。中国共产党在领导全国人民迈向现代化的过程中，高度重视对人类社会发展规律的科学把握。分别以毛泽东、邓小平、江泽民为核心的党的三代中央领导集体坚持以马克思主义为指导，以中国社会主义革命、建设和改革为实践舞台，对人类社会发展规律进行了艰辛的接力探索，把对人类社会发展规律的认识提高到了一个新的水平，并在中国特色社会主义现代化建设实践中一步步深化了其认识。在中国共产党的领导下，中国道路、中国模式、中国经验的成功探索有力彰显了中国共产党人在认识规律、把握规律、运用规律的基础上对深化人类社会发展规律的认识迈出了坚实步伐。

二、不断深化对三大规律认识的理论意义

中国共产党在领导人民进行社会主义革命、建设和改革的历程中，坚持把马克思主义与中国具体实际、时代特征和人民群众相结合，不断深化着对共产党执政规律、社会主义建设规律和人类社会发展规律的认识，在这一过程中取得了重大的理论和实践创新成果。可以说，在建设中国特色社会主义的前进道路上，不断深化认识三大规律具有十分重要的理论和实践意义。

（一）对三大规律认识深化的理论成果进一步丰富发展了马克思主义理论

与时俱进是马克思主义的理论品格。马克思主义经典作家从来不把自己的理论看成固步自封、一成不变的教条，他们反复强调马克思主义是“随时随地都要以当时的历史条件为转移”的“发展着的理论”，要根据时代和实践以及条件的变化进行完善，这是马克思主义创立160多年来始终保持蓬勃生命力的根本所在。马克思曾经说过，问题就是时代的声音。每个时代的人们在具体实践中都会面临许多新的问题，人类社会就是在不断提出问题、解决问题的过程中发展起来的。人类社会的历史进程受其内在规律的支配，而“问题只是在于发现这些规律”，以适应时代对发展的新要求。因为“理论只要说服人，就能掌握群众；而理论只要彻底，就能说服人。所谓彻底，就是抓住事物的根本。”① 要抓住事物的根本，就必须不断深化对事物的认识，使我们对理论的认识更加彻底。在把我国建设成为富强民主文明和谐的社会主义现代化国家进程中，中国共产党坚持解放思想、实事求是、与时俱进，根据我国社会主义建设新的要求、新的

① 《马克思恩格斯文集》第1卷，人民出版社2009年版，第11页。

实践和新的发展，着眼于对实际问题的深刻认识和有效解决，不断进行理论创新，不断丰富和发展中国特色社会主义理论体系的科学内涵，不断推进马克思主义中国化的新境界，不断增强中国特色社会主义理论自信、制度自信和道路自信，在理论上进一步深化了对共产党执政规律、社会主义建设规律、人类社会发展规律的认识，其理论成果进一步丰富发展了马克思主义理论。

（二）对三大规律认识深化的理论成果进一步丰富发展了中国特色社会主义理论体系

在党的十八大报告中，胡锦涛在阐述中国特色社会主义时，明确指出："中国特色社会主义，既坚持了科学社会主义基本原则，又根据时代条件赋予其鲜明的中国特色，以全新的视野深化了对共产党执政规律、社会主义建设规律、人类社会发展规律的认识，从理论和实践结合上系统回答了在中国这样人口多底子薄的东方大国建设什么样的社会主义、怎样建设社会主义这个根本问题。"[①] 胡锦涛的这一重要论述，首次将中国特色社会主义与三大规律紧密联系起来。什么是社会主义、怎样建设社会主义，建设什么样的党、怎样建设党，实现什么样的发展、怎样发展这三个重大理论和实践问题，是中国共产党人在社会主义现代化建设进程中，不断地探索并从理论和实践上进行的创造性回答，是中国共产党不断深化对共产党执政规律、社会主义建设规律、人类社会发展规律这三大规律认识的内在要求和必然结果。创造性地回答这三大理论和实践问题与深化认识这三大规律，是中国共产党人至今的全部理论和全面实践。

不断丰富和深化共产党执政规律、社会主义建设规律、人类社会发展规律的认识，是中国共产党巩固执政地位的要求，是中国社会主义现代化建设的要求，是中国维护世界和平促进人类共同发展的要求，是时代给中国共产党人提出的重大理论课题。面对21世纪党面临的机遇和挑战，以胡锦涛为总书记的党中央适时提出的科学发展观作为马克思主义中国化的

① 胡锦涛：《坚定不移沿着中国特色社会主义道路前进　为全面建成小康社会而奋斗》，人民出版社2012年版，第13页。

最新成果，继承了马克思主义与时俱进的理论品格。党的十七大以来，我们党坚持理论创新与实践创新相结合，不断深化对共产党执政规律、社会主义建设规律、人类社会发展规律的认识，不断对重大理论问题作出新的回答，取得了一系列新的重要成果，为科学发展观提供了坚实的科学理论基础，也为丰富和发展中国特色社会主义理论体系作出了重要理论贡献，彰显了科学发展观作为中国特色社会主义理论体系重要组成部分的地位和价值。

三、不断深化对三大规律认识的实践意义

（一）不断深化对三大规律的认识是指导中国特色社会主义实践的需要

深化对客观事物的认识，进行理论创新是因为实践需要。进一步深化对共产党执政规律、社会主义建设规律、人类社会发展规律的认识，必须以解决当代中国经济社会发展的实际问题为归宿。有效解决实际问题，是我们认识事物的最终目的。也就是说，进一步深化对共产党执政规律、社会主义建设规律、人类社会发展规律的认识，必须以当代中国的具体实际为出发点并以此来解决中国社会主义现代化建设进程中的现实问题。一切从实际出发，是我们认识事物的根本出发点。科学认识和完整把握共产党执政规律、社会主义建设规律、人类社会发展规律是中国共产党人把马克思主义基本原理与中国具体实际相结合的过程中，创造性地提出来的，要深化对这三大规律的认识，离不开中国的具体国情，离不开对中国特色社会主义道路的继续探索。列宁说过："问题在理论上的解决和实际的贯彻是有区别的。"① 要把解决当代中国社会主义现代化建设的实际问题，推动中国特色社会主义事业发展，作为不断深化对共产党执政规律、社会主义建设规律、人类社会发展规律认识的前提，离开了这个前提，我们对这三大规律的认识，就没有任何意义和价值。同时，要在解决实际问题的过程中，进一步深化对共产党执政规律、社会主义建设规律、人类社会发展

① 《列宁选集》第3卷，人民出版社1995年版，第780页。

规律的认识。只有这样，我们认识的理论成果，才能在实践中更好地指导社会主义现代化建设事业。

（二）不断深化对三大规律的认识，是发展中国特色社会主义事业的需要

进入新世纪以来，我国社会发展呈现出的一系列新的阶段性特征和一系列新情况新问题，表明社会主义建设道路是极为不平凡的，环境的复杂性以及问题的严重性，充满着认识的矛盾性和任务的艰巨性。要实现“到我们党成立100年时建成惠及十几亿人口的更高水平的小康社会，到新中国成立100年时基本实现现代化”的宏伟目标，就要求我们必须不断深化对共产党执政规律、社会主义建设规律、人类社会发展规律的认识，着力把握发展趋势，努力克服发展困难，全力破解发展难题，大力加快发展步伐，使中国特色社会主义实现又好又快发展。

深化对三大规律的认识，指导党不断加强自身建设，使党的执政方式进一步科学化，有利于党永葆先进性。苏东剧变的严酷事实表明：任何一个执政党，不管它资格多老，执政时间多长，过去多么强大，如果不注重自身建设，保持党的纯洁性，在长期执政中漠视人民利益，不能赢得最广大人民群众的支持，那就将不可避免地最终为人民所抛弃。正如江泽民所指出的：“历史和现实都表明，一个政权也好，一个政党也好，其前途与命运最终取决于人心向背，不能赢得最广大群众的支持，就必然垮台。”① 因此，“要全面加强和改进党的建设，努力提高党的凝聚力和战斗力，始终保持党和人民群众的密切联系，这样我们才能经得起各种风浪的考验，不断把建设有中国特色社会主义事业推向前进。”②

实践证明，正是通过加强自身建设，中国共产党成为社会主义现代化事业的坚强领导核心，成为不负于人民期待和历史重托的执政党。在社会主义初级阶段，作为社会主义事业领导核心的中国共产党，要领导人民推进社会主义现代化建设，实现国家富强、民族振兴、社会和谐和人民幸福

① 江泽民：《论党的建设》，中央文献出版社2001年版，第442页。
② 江泽民：《论党的建设》，中央文献出版社2001年版，第443页。

的中国梦，首先要求党的领导和执政方式要不断科学化。各种政党执政的经验显示，执政方式的科学化首先来源于对执政规律的深刻把握和自觉运用。科学发展观作为对三大规律认识深化的理论成果，始终站在时代前列，立足于党的执政环境和新的执政实践，运用马克思主义基本理论，并大胆借鉴国外政党执政的有益经验，不断深化对党的执政规律的认识，真正使党的执政方式建立在科学、务实、理性的基础上，使党的执政方式朝着进一步科学化的方向前进。

深化对三大规律的认识，有利于我们党实现自己的执政目标和完成历史使命。中国共产党自诞生之日起，就具有为实现中华民族伟大复兴而努力奋斗的强烈使命意识。中国共产党章程指出，党的最高理想和最终目标是实现共产主义。实现共产主义由此成为中国共产党执政的最高追求，也是最根本的执政使命。胡锦涛曾指出：“人心向背，是决定一个政党、一个政权盛衰的根本因素。马克思主义政党的理论路线和方针政策以及全部工作，只有顺民意、谋民利、得民心，才能得到人民群众的支持和拥护，才能永远立于不败之地。”① 在新的历史起点上，党要更好地肩负起自己的历史使命，必须搞好自身建设，提高党的建设科学化水平，必须进一步深化对三大规律的认识，掌握和运用这三大规律。只有这样，党才能更加有效地继续推进党的建设新的伟大工程，不断取得执政兴国进程中的各种成就，进一步提高党的执政能力，为实现自己的最终使命铺平道路。

深化对三大规律的认识，有利于指导中国特色社会主义取得伟大成就，推进中华民族伟大复兴的进程。一方面，成功的实践离不开科学的理论指导。我们党适应经济社会发展新阶段的新要求，在深化认识三大规律的重大理论成果科学发展观的指导下，坚持用改革、创新的办法来回答和解决当代中国实践进程中面临的新情况、新问题，成功应对来自国际金融危机的挑战、应对来自发展方式转变的挑战、应对来自国内社会急剧变革与转型压力的挑战，按照中国特色社会主义的总体布局，妥善处理经济社会实践中的一系列重大关系，坚持以人为本，总揽全局、统筹兼顾、协调发展，全

---

① 《十六大以来重要文献选编》（上），中央文献出版社 2005 年版，第 370 页。

面推进经济、政治、文化、社会、生态文明建设，取得了历史性伟大成就。

另一方面，面对大变革、大动荡、大调整的世界形势，我们党按照科学发展观的要求，立足于与世界的双向互动，深刻分析世界经济社会发展进程中的新变化，积极参与经济全球化进程，尊重各国在社会制度和发展道路上的自主选择，正确处理与世界各国关系，积极开展和平外交，与世界各国进行贸易往来、文化交流，共担生态保护责任，既汲取和借鉴人类文明发展的共同成果，也致力于世界的和平发展、共同发展。在科学发展观的指导下，中国的发展不仅使中国人民稳定地走上富裕安康的广阔道路，大大推进了中华民族伟大复兴的进程，而且为世界和平与发展、为人类文明进步作出了重大贡献。

第二节　科学发展观对共产党执政规律认识的深化

科学发展观从全局和战略的高度，进一步回答了我们党为谁执政、靠谁执政、怎样执政等重大理论与实践问题，不仅在实践中使党始终成为立党为公、执政为民，求真务实、改革创新，艰苦奋斗、清正廉洁，富有活力、团结和谐的马克思主义执政党，而且从理论上进一步总结了党的执政规律，赋予党的执政规律以新的时代内涵、时代气息，把对党执政规律的认识推进到了一个新境界。

一、科学发展观深化了对共产党执政本质的认识

本质是指事物本身所固有的基本属性，是区别于其他事物的根据。执政本质是由执政党的性质和宗旨决定的，是执政党执政的根本性问题，包括“为谁执政”和“靠谁执政”两个方面。执政本质是任何一个执政党执政必须首先明确的问题，对于认清执政目的、完成执政使命、实现长期执政具有重要的价值定位和导向作用。对执政本质的正确把握，是无产阶级政党巩固执政基础的前提。

执政本质是马克思主义关于党的建设思想的一个基本范畴，马克思恩格斯把实现“人的自由全面发展”作为共产党执政本质的追求。他们认为，

历史活动是群众的事业，人民群众是历史的创造者，是推动社会发展的根本力量。为了人民和依靠人民是马克思主义政党的根本政治立场，共产党人在取得无产阶级政权后，执政的最终任务是实现人的“不受限制的发展”，即自由全面发展，把为实现每个人的自由全面发展贯穿于共产党领导的无产阶级运动的始末，从而最终解放全人类。马克思恩格斯提出的实现每个人的自由全面的执政本质，既为共产党执政指明了方向，也明确了共产党执政的历史使命。只有完成了这一历史使命，人类社会才会从必然王国走向自由王国。但是，实现人的自由全面发展不是一朝一夕的事情，需要经过无数个阶段和无数代共产党人的执政努力。同时，共产党人对执政本质的认识也不是一成不变的，会随着执政实践和形势的发展变化而不断深化。

（一）新中国成立以来我们党对执政本质认识的发展

新中国成立以来，中国共产党通过不断总结执政经验而不断深化对自身执政本质的认识。早在新民主主义革命时期，毛泽东就提出了“从群众中来，到群众中去”的群众路线。建国初期，面临执政考验，毛泽东指出，党的执政权力是人民赋予的，党执政必须实现人民当家作主，为人民服务，对人民负责，党的干部必须做人民的勤务员。改革开放新时期，邓小平提出了“人民拥护不拥护、赞成不赞成、高兴不高兴、答应不答应”的党执政成效的评价标准。为加强党的建设，江泽民更是提出了“立党为公、执政为民”的执政本质思想。江泽民指出，党的根基在人民、血脉在人民、力量在人民。群众是真正的英雄，是历史的创造者，是决定我国前途命运的根本力量，因此，要把群众路线贯彻到党的全部工作之中，把实现好和维护好最广大人民群众的根本利益作为改革和建设的根本出发点。“我们党要始终代表中国最广大人民的根本利益，就是党的理论、路线、纲领、方针、政策和各项工作，必须坚持把人民的根本利益作为出发点和归宿，充分发挥人民群众的积极性主动性创造性，在社会不断发展的基础上，使人民群众不断获得切实的经济、政治、文化利益。”①

---

① 《江泽民论加强和改进执政党建设》（专题摘编），中央文献出版社2004年版，第51—52页。

从党的群众路线到群众评价标准再到“立党为公、执政为民”思想的提出，党的三代中央领导集体对党执政本质的认识在不断深化。

进入新世纪新阶段，面临新任务、新挑战、新考验，以胡锦涛为总书记的党中央适时提出了“以人为本”的科学发展观，把相信谁、依靠谁、为了谁，是否始终站在最广大人民的立场上，作为区分唯物史观和唯心史观的分水岭，作为判断马克思主义政党的试金石。这是对党执政本质认识的一次重大理论飞跃，从党的执政本质上继续深化了对共产党执政规律的认识。

（二）科学发展观深化了共产党“为谁执政”的认识

“为谁执政”体现了执政党的性质、宗旨，表明了执政党的执政目的，而执政目的就是政党执政所要实现的目标。“执政为谁”、“为谁执政”，这是任何政党执政后必须首先要解决的执政理念问题。对这一问题的不同回答，是区别政党不同性质的显著标志。由于政党所代表的阶级、阶层不同，执政的目的也有所不同。马克思恩格斯在《共产党宣言》中指出：“过去的一切运动都是少数人的，或者为少数人谋利益的运动。无产阶级的运动是绝大多数人的，为绝大多数人谋利益的独立的运动。”① 这深刻揭示了共产党领导的无产阶级运动的本质和价值追求，阐述了共产党领导的无产阶级运动的目标是实现人民群众的根本利益，共产党人所从事的一切活动，都始终代表人民群众的利益，丝毫没有自己的特殊利益。“立党为公、执政为民”是中国共产党人在革命、建设和改革进程中的庄严承诺和总结出来的执政本质，是人民群众利益观的深刻体现。正因为此，我们党的事业才不断从胜利走向胜利。

首先，科学发展观强调立党为公、执政为民。“立党为公”是中国共产党的指导原则，这种价值取向决定了中国共产党执政观的本质只能是执政为民，即其执政目的是为了中国最广大人民，为实现好、维护好、发展好最广大人民的根本利益。“执政为民”解决的是为谁执政的问题，其实质就是在党的领导下，由人民群众自己当家作主，而不是代替人民群众当

① 《马克思恩格斯文集》第2卷，人民出版社2009年版，第42页。

家作主，真正做到“权为民所赋，情为民所系，利为民所谋”，使人民群众在切身的政治生活中感受到自己是国家的主人。无论是“为谁执政”，还是“靠谁执政”，都充分体现了以人为本为核心的科学发展观，对共产党执政的本质进行了深化和拓展。

其次，科学发展观深化了对“以人为本”和“执政为民”的关系的认识。中国共产党的性质和全心全意为人民服务的宗旨决定了中国共产党在执政中必须始终坚持“以人为本”，真正做到“执政为民”。中国共产党的性质还决定了人民群众的利益始终是至高无上的，实现中国人民的根本利益是共产党人一切工作和奋斗的根本目标。以人为本的发展理念和立党为公、执政为民的根本要求，在理论上是相统一、相一致的，在实践中表现为坚持发展为了人民、发展依靠人民、发展成果由人民共享的理念。对此，党的十八大报告强调：“为人民服务是党的根本宗旨，以人为本、执政为民是检验党一切执政活动的最高标准。任何时候都要把人民利益放在第一位，始终与人民心连心、同呼吸、共命运，始终依靠人民推动历史前进。”① 可以说，中国共产党 90 多年来的一切奋斗，其执掌政权所做的一切工作，归根到底都是为了实现好、维护好、发展好最广大人民的根本利益。党中央适时提出科学发展观，并鲜明地提出以人为本的执政思想，表明了中国共产党的执政理念在坚持党的宗旨基础上实现了进一步的深化，是对马克思主义政党执政理念的丰富和发展。

再次，科学发展观以人为本的执政本质，就是党执政必须始终坚持全心全意为人民服务，必须切实维护人民的各项权利，促进人的全面发展。以人为本的执政本质，要求党必须把“以人为本”的具体要求落实到党和国家制定的各项路线方针政策中去，落实到各项执政行为中去，落实到实现全国各族人民利益、创造美好幸福生活的事业中去，不断推进中国特色社会主义伟大事业的建设进程。可以说，实现“以人为本”的执政本质，既是我们党要不断创新的重大理论问题，更是党要不断创新执政内容

① 胡锦涛：《坚定不移沿着中国特色社会主义道路前进　为全面建成小康社会而奋斗》，人民出版社 2012 年版，第 51 页。

的实践问题。

（三）科学发展观深化了共产党"靠谁执政"的认识

"执政靠谁"、"靠谁执政"，这是在明确"执政为谁"、"为谁执政"的执政理念问题之后，我们党必须解决如何执政的问题。"靠谁执政"关涉到我们党作为执政党的政治基础，党的执政基础内涵丰富，最重要的就是阶级基础和群众基础。科学发展观"以人为本"执政理念的提出深化了对党执政的政治基础的认识，科学发展观要求从党和国家兴衰存亡的新高度，来认识和巩固党的执政基础的重要性。我们应审时度势，与时俱进，求真务实，不断以科学的政治决策、正确的政治导向与良好的政治形象，以及扎实有效的群众工作，来不断巩固和拓展党赖以执政的政治基础。

任何一个政党执政都离不开它所赖于生存的阶级和群众基础。我们党在长期的革命实践中形成的"一切为了群众、一切依靠群众、从群众中来、到群众中去"的群众路线，使我们党较好地解决了"执政靠谁、靠谁执政"的问题。毛泽东指出，党的执政权力是人民赋予的，中华人民共和国的一切权力属于人民，人民是国家的主人。他认为："只要我们依靠人民，坚决地相信人民群众的创造力是无穷无尽的，因而相信人民，和人民打成一片，那就任何困难也能克服，任何敌人也不能压倒我们，而只会被我们所压倒。"① 邓小平也指出，党执政必须依靠群众，群众是力量的源泉，过去搞革命要依靠人民，建设社会主义同样要依靠人民，群众路线和群众观点是我们的传家宝，群众路线和群众观点在任何时候都不能丢，等等。毫无疑问，党的群众路线，是我们党的优良传统，是党的一切工作的生命线，是党的力量之源和胜利之本，它直接回答了党执政依靠谁的问题。但不容忽视的是，党内仍存在的个人主义、形式主义、官僚主义等脱离群众的现象一直在与党的群众路线相背离，不讲原则的个人主义、弄虚作假的形式主义和高高在上的官僚主义，严重破坏了党群、干群关系，严重败坏了党的形象，严重影响了党的威信。

① 《毛泽东选集》第3卷，人民出版社1991年版，第1096页。

在新的形势下，要深化认识党“靠谁执政”的重大问题，一方面要坚持党的群众路线，反对各种形形色色的个人主义、形式主义和官僚主义；另一方面更要创新党的群众路线，使党的群众路线赋予新的时代内容。如何更好地适应群众的新要求，如何更好地结合建设和改革新的实践，不断丰富、发展和创新党的群众路线，是党执政的一个重大现实课题。比如，如何在丰富党的群众路线内容上进一步创新，如何在改进领导群众方式方法上进一步创新，如何在有效解决群众问题、化解矛盾上进一步创新，如何在提高领导群众能力上进一步创新，使党的群众路线紧跟时代发展的要求，更具有时代性和发展性。所以，正确认识“靠谁执政”还必须妥善处理好各种利益主体的关系。

在领导中国现代化经济建设进程中，我们党紧紧依靠人民群众，坚持为人民群众谋利益的宗旨，经过艰苦卓绝的斗争，特别是三十多年的改革开放，党为人民群众谋取了令人瞩目的利益，人民群众的生活水平显著提高。但随着改革的不断深入，我国社会阶层发生了新的变化，“这些新的社会阶层中的广大人员，通过诚实劳动和工作，通过合法经营，为发展社会主义社会的生产力和其他事业做出了贡献。他们与工人、农民、知识分子、干部和解放军指战员团结在一起，他们也是有中国特色社会主义事业的建设者。”① 在兼顾不同阶层的具体利益的同时，必须把满足最大多数人的利益需求放在首位。既要做到在根本利益一致的前提下保护具体利益，更要防止由于保护具体利益而忽视甚至放弃人民群众的根本利益，调动一切积极因素，凝聚一切积极力量，从根本上巩固党的执政地位和阶级基础。

科学发展观“以人为本”的执政理念，就是鲜明地主张我们党执政所依靠的对象是最广大的人民群众；坚持执政为民，发展依靠人民，就是要树立人民群众是历史创造者的观念，尊重人民的主体地位，发挥人民群众建设中国特色社会主义事业的主体作用，调动人民群众发展先进生产力和创造先进文化的基础作用；要始终坚持走群众路线，密切联系群众，作

---

① 江泽民：《论党的建设》，中央文献出版社 2001 年版，第 513 页。

出发展决策要深入基层向群众问计，查找发展问题要沉下身子倾听群众意见，采取发展举措要广泛向群众请教，衡量发展成效要由群众来评判，从而得到广泛的坚实的群众基础和巨大的力量源泉；要切实转变工作作风，改进工作方法，了解民情、反映民意，使各项决策和工作能够体现人民的利益，最充分地调动人民群众投身建设中国特色社会主义伟大事业的主动性和创造性。

二、科学发展观深化了对共产党执政方式的认识

执政方式是现代政党制度的一个基本问题，是任何政党在取得政权后，都必须解决的一个重大实践问题。所谓执政方式，是政党运用执政权力对国家进行领导的手段和方法，其核心是政党与国家政权的关系问题。政党执政方式主要有三种类型：一是执政党通过国家政权机关的方式来实现对国家领导；二是执政党通过向国家政权机关发号施令的方式来实现对国家领导；三是执政党通过代替国家政权机关的方式来实现对国家领导。政党的执政方式是具体的，又是不断发展的。中国共产党执政以来，紧紧抓住“怎样执政”这个问题，紧密结合不同历史时期我们党所肩负的不同历史任务，围绕党如何引导、组织和带领人民实现政治、经济和文化纲领，不断创新执政形式、手段、方法和途径。科学发展观的以人为本、全面协调可持续的发展理念深化了我们党对执政方式的认识。

怎样执政，按照什么样的执政方式去妥善处理好党与国家政权的关系，实现党对国家事务的有效领导，既是一个需要不断思考和研究的重大理论问题，更是一个需要不断探索和改革的实践问题。党的三代中央领导集体围绕党政关系、党法关系、分权与集权关系等问题，不断改革和完善党的执政方式。通过党的三代中央领导集体对执政方式的探索与总结，我们党的执政方式越来越民主化、法制化、科学化，有力地促进了党的执政水平的提高。但是，我们也十分清醒地意识到，党的执政方式还存在着与社会主义市场经济体制不相适应、不相符合的地方。在对新形势下党所处的历史方位和所承担的历史使命清醒认识的基础上，为了不断巩固党的领导地位和提高党的执政水平，党的十六届四中全会提出要坚持“科学执

政、民主执政、依法执政”的执政方式，从而科学系统地回答了“怎么样执政”的问题。从“以党代政、党政不分”到“党政职能分开”，从“依法治国”、“以德治国”到“科学执政、民主执政、依法执政”，党执政方式的历史演变深刻反映了我们党在探索执政方式这一重大问题上的科学态度和求真务实精神。

“以人为本”实现科学执政、民主执政、依法执政，核心是要为人民执好政、掌好权，从党的执政方式上进一步把握了共产党执政规律。第一，科学执政、民主执政、依法执政是辩证统一的。科学执政是求执政的“真”，即执政的科学理念、科学制度、科学机制等；民主执政是求执政的“多”，即执政的群众基础、群众力量、群众需求等；依法执政是求执政的“程序”，即执政的制度构建、机制运行、法治保障等。科学执政、民主执政、依法执政密切联系，共同发生作用，推动执政方式的改革。只有实现“真”、“多”、“程序”的辩证统一，才能真正实现执政的整体功能。

第二，科学执政是前提，民主执政是本质，依法执政是保障。科学执政是马克思主义政党执政成功的前提条件，就是要用科学的态度来对待执政、科学的理论来指导执政、科学的制度来组织执政、科学的规律来推动执政、科学的标准来检验执政。它要求通过科学的制度来配置国家权力，通过科学的执政体制来提高执政效率，通过科学的方法来管理国家事务；要求建立健全科学的决策机制，推进决策科学化、民主化，科学制定和实施党的路线方针政策；要求坚持一切从实际出发，科学设计、组织、开展各项执政活动，努力使党的决策和执政活动符合客观规律，符合广大人民群众的愿望。

民主执政是马克思主义政党执政的本质要求，就是通过多种民主形式，实现为人民执政、靠人民执政的本质要求。要求健全各项民主制度，创新各种民主形式和手段，构建民主的体制机制，实现人民当家作主；要求坚持和完善民主集中制，以发展党内民主带动人民民主，推进社会主义民主政治制度化和程序化建设；要求保证民主选举、民主决策、民主管理、民主监督的有效实现，充分发挥人民群众的积极性、主动性、创造性；要求完善人民群众的政治参与机制，使人民群众享有更加广泛的知情权、表达权，反映群众的呼声与意愿；要求加强对权力运行的监督，保证把人民赋予的权力真正用来为人民谋利益。

依法执政是马克思主义政党执政的基本保障，关键是处理好党与法的关系，坚持依法治国、依法行政。要求加强党对立法工作的领导，完善把党的主张变成国家意志的法律程序，推进科学立法、民主立法，使党的路线方针政策在国家经济、政治、文化、社会生活各个领域得到贯彻实施；要求党在宪法和法律范围内活动，带头守法，带领群众守法，保证公正执法，使已有的制度和法律不因领导人的改变而改变，不因领导人的看法和注意力的改变而改变；要求党支持和保证国家权力机关依法行使职权，支持和领导政府依法行政，建立法治政府，积极推进司法体制改革，实现司法独立。

第三节　科学发展观对社会主义建设规律认识的深化

不断深化对社会主义建设规律的认识，是建设中国特色社会主义伟大事业的前提，是丰富和发展中国特色社会主义理论体系的需要。科学发展观紧紧围绕社会主义现代化建设的一系列重大理论和实践问题，坚持理论创新品格，从马克思主义世界观和方法论上把握了社会主义建设规律，科学回答了新世纪新阶段“实现什么样发展”、“怎样发展”等一系列根本问题，为科学制定和选择现代化建设的发展道路、发展模式、发展战略等提供了世界观指导。在不断推进马克思主义中国化的进程中，科学发展观深化了对社会主义建设规律的认识，从而推动了中国特色社会主义理论体系的丰富和发展。

一、科学发展观深化了对“实现什么样发展”的认识

科学发展观的全面协调可持续发展思想是在社会主义现代化建设进程中，在继承马克思主义社会发展理论和党的三代中央领导集体关于发展思

想的基础上，总结我国发展的实践经验与教训的前提下，逐步形成并不断丰富和发展的。全面协调可持续是科学发展观的基本要求，是对“实现什么样的发展”问题作出的科学回答，深化了对中国特色社会主义建设道路、发展模式和发展总体布局的认识。胡锦涛指出，全面协调可持续发展战略事关中华民族的长远发展，事关子孙后代的福祉，具有全局性、根本性、长期性。“我们要更好地坚持全面发展、协调发展、可持续发展的发展观……坚持在经济社会发展的基础上促进人的全面发展，坚持促进人与自然的和谐。”① 在党的十七大报告中，胡锦涛对全面协调可持续发展思想进行了全面而深刻的阐述，把其作为我国经济社会发展的指导方针。深入剖析这一科学思想的理论渊源，深刻把握其科学内涵，并用于指导实践，对于中国特色社会主义伟大事业，乃至全人类社会发展都具有重要的现实意义和深远的历史意义。

（一）形成了中国特色社会主义建设道路的新设计

发展道路问题，实际上是怎样实现又好又快地进行经济社会建设、推进现代化的问题。中国特色社会主义建设道路在当代中国的最终确立，既是历史发展的必然结果，也是我们党长期探索和艰难抉择的辉煌成果。早在20世纪40年代，毛泽东就指出中国社会的进步将主要依靠工业的发展。50年代，他提出要正确处理经济社会发展中的重大关系，走“农、轻、重”相结合的发展道路，目的是想加快国家发展，更快实现现代化。党的十一届三中全会后，邓小平总结历史的经验教训，提出了实行改革开放和坚持四项基本原则、物质文明和精神文明共同进步、抓住机遇加快发展既要有一定速度又要讲质量和效益、分“三步走”全面实现现代化建设的方针原则和战略思想，实现了对我国发展道路认识的一次飞跃。十三届四中全会以来，江泽民准确把握国际政治经济格局的深刻变化，提出“三个代表”重要思想，强调发展是党执政兴国的第一要务，坚持用发展的办法解决前进中的问题，提出发展社会主义市场经济、发展社会主义民主政治、发展社会主义先进文化等一系列战略思想，作出经济社会发展的

① 《十六大以来重要文献选编》（上），中央文献出版社2005年版，第396—397页。

一系列重大部署，进一步丰富了社会主义现代化建设的理论和实践。

党的十六大以来，以胡锦涛为总书记的党中央站在历史和时代的高度，总结国内外在发展问题上的经验教训，提出了科学发展观，创造性地回答“怎样发展”的问题，进一步丰富和发展了关于社会主义现代化建设道路的理论，体现了对社会主义建设规律的深刻把握和自觉遵循。过去人们出于各种原因片面理解了发展，如把“以经济建设为中心”理解为以单纯的经济增长为中心，把“发展是硬道理”理解为“GDP 增长是硬道理”。事实证明，我们必须走出追求单一经济增长的认识误区，注重人与人、人与社会、人与环境的和谐关系，确保社会的全面发展。而协调发展就是要统筹城乡发展、统筹区域发展、统筹经济社会发展、统筹人与自然和谐发展、统筹国内发展和对外开放，从而实现城乡、区域、工业和农业的协调发展，实现速度与结构、质量与效益相互协调的发展，实现公平与效率、改革与稳定的协调发展，促进发展的良性循环。可持续发展就是促进人与自然相和谐，实现经济发展与人口、资源、环境相协调，走生产发展、生活富裕、生态良好、社会和谐的文明发展道路，保证一代接一代地永续发展。科学发展观把全面协调可持续作为衡量发展的基本尺度，强调发展不仅要重视经济增长指标，而且要重视人文指标、资源指标、环境指标和社会指标，坚持把经济增长指标同人文、资源、环境和社会发展指标有机结合起来，为我们当代中国指出了一条又好又快的正确发展道路。

（二）成功实现了对中国特色社会主义发展模式的探索

长期以来，我国经济发展过多依赖于扩大投资规模和增加物质投入，这种高消耗、高污染、低效益的粗放型经济增长方式，导致部分地区生态环境遭到破坏，与资源环境的矛盾越来越尖锐，严重制约了一些地区经济社会的长远发展。要解决这个矛盾，就是要走科技含量高、经济效益好、资源消耗低、环境污染少、人力资源优势得到充分发挥的新型工业化路子，这就要创新发展模式。创新发展模式就要加快经济增长方式由数量规模型向质量效益型转变，由劳动密集型向科技密集型转变，由粗放型向集约型转变。要按照新型工业化道路的要求，坚持节约发展、清洁发展、安全发展，以实现可持续发展。要加大产业结构调整的力度，大力发展现代服务业，大力发展先进制造业、高科技产业，加快改革引发粗放型增长的体制和机制，转变政府职能，加快完善相应的法律和法规，从根本上改变干部政绩考核办法，彻底转变引发粗放型增长的动力机制。创新发展模式，就要大力建设创新型社会。胡锦涛明确指出，建设创新型国家，必须实施正确的指导方针，努力走中国特色自主创新道路；坚持把提高自主创新能力摆在突出位置，大幅度提高国家竞争力，深化体制改革，加快推进国家创新体系建设，创造良好环境，培养造就富有创新精神的人才队伍，发展创新文化，努力培育全社会的创新精神。创新发展模式，就要大力建设资源节约型与环境友好型社会，大力发展循环经济，提高资源使用效率，实现社会资源利用的最大化，在全社会形成节约资源的消费模式。就要建设环境友好型社会，注重环境保护，减少废物排放，实现人与自然的和谐相处，实现经济、环境和社会效益的有机统一。

（三）对中国特色社会主义事业总体布局进行了新拓展

中国特色社会主义建设总体布局的提出，反映了我们党对中国特色社会主义建设规律认识的进一步深化。社会主义现代化建设总体布局是在党的十二届六中全会决议中首次提出并加以论述的。邓小平指出，现代化建设不能搞单打一，要注意各方面综合平衡和协调并进。物质文明建设和精神文明建设都搞好，才是中国特色社会主义。针对一些地方忽视精神文明建设的倾向，他还提出了“两手抓、两手都要硬”的战略方针。党在社会主义初级阶段的基本路线中所包含的富强、民主、文明的目标，就是我们党对中国特色社会主义现代化建设总体布局认识的新成果。以江泽民为核心的党的第三代中央领导集体，进一步阐明了社会主义社会是以经济建设为中心的全面发展、全面进步的社会，明确提出要促进社会主义物质文明、政治文明、精神文明协调发展，促进人的全面发展，形成了包括经济、政治、文化建设“三位一体”的社会主义现代化建设总体布局的思想，丰富和发展了对中国特色社会主义现代化建设总体布局的认识。

党的十六大以来，以胡锦涛为总书记的党中央在提出科学发展观的基础上，进一步提出了构建社会主义和谐社会的战略任务和奋斗目标，从而使中国特色社会主义现代化建设的总体布局更加明确地由社会主义经济建设、政治建设、文化建设“三位一体”，发展为社会主义经济建设、政治建设、文化建设、社会建设“四位一体”，党的十八大又进一步完善发展为包括“生态文明建设”在内的“五位一体”。这是对中国特色社会主义现代化建设总体布局的认识更加清晰和完整，是对社会主义建设规律认识的新飞跃。

第一，“五位一体”总体布局的提出使社会主义现代化建设的目标、任务更加明确，更加全面。这一布局涵盖了经济、政治、文化、社会以及人和自然的各个方面，是更高层次、更高要求的目标和任务。第二，“五位一体”总体布局的提出，反映了我们对中国特色社会主义经济、政治、文化、社会和生态建设之间相互关系认识的深化。正如胡锦涛指出的，我们要通过发展社会主义的生产力来不断增强和谐社会建设的物质基础，通过发展社会主义民主政治来不断加强和谐社会建设的政治保障，通过发展社会主义先进文化来不断巩固和谐社会建设的精神支撑，同时又通过和谐社会建设来为社会主义物质文明、政治文明、精神文明、生态文明建设创造有利的社会条件。第三，“五位一体”总体布局的提出，为我们从更广阔的视野来审视和处理现代化建设的各种问题提供了新的更为完整、更加科学的坐标体系。它并不只是量的增加，实际上是一种整体性思考方式和理念的确立，从而把治国理政的视野拓展到经济、政治、文化、社会和生态等各个方面，并运用经济、法律、行政、政策和道德等手段，统筹各种社会资源，综合解决社会协调发展、社会全面进步的问题。第四，“五位一体”的战略布局赋予了中国特色社会主义发展战略新的时代内涵。就是要推进生产力和生产关系、经济基础和上层建筑、人与自然相协调，推进经济建设、政治建设、文化建设、社会建设和生态文明建设的各个环节、各个方面相协调，推进经济发展和人口、资源、环境相协调，实现经济社会更好更快、永续发展。当前，全国人民努力推进全面建成小康社会，就是自觉遵循中国特色社会主义建设规律、实践“五位一体”总体发展战略布局的生动体现。

二、科学发展观深化了对发展目的的认识

科学发展观以“以人为本”的发展理念回答了“为谁发展”的问题，深化了对中国特色社会主义发展目的的认识。发展目的是科学发展观的本质和核心问题，社会主义现代化建设的目的就是不断满足人民日益增长的物质文化生活的需要，这也是与我们党的性质和宗旨以及执政目的相统一的。

我们党对于社会主义发展目的的认识也是一个不断深化的过程。在党的八大上，以毛泽东为核心的第一代中央领导集体指出全党全国的主要任务是集中力量发展社会生产力，实现国家工业化。党的十一届三中全会后，以邓小平为核心的第二代中央领导集体，提出社会主义的本质是解放生产力，发展生产力，消灭剥削，消除两极分化，最终达到共同富裕。以江泽民为核心的党的第三代领导集体，把代表最广大人民群众的根本利益作为一切工作的出发点和归宿，从而使社会主义发展目的的思想得到了进一步的丰富和发展。

进入新世纪新阶段，以胡锦涛为总书记的党中央，锐意进取谋发展，勇于破解发展难题，适时提出科学发展观等一系列重大战略思想，从而丰富和发展了对社会主义发展目的的认识。“以人为本”是科学发展观的核心和本质，它深刻地回答了“为谁发展”的问题。胡锦涛把相信谁、依靠谁、为了谁，是否始终站在最广大人民的立场上，作为区分唯物史观和唯心史观的分水岭，作为判断马克思主义政党的试金石。科学发展观继承和发展了马克思主义关于人民群众是历史发展的主体和“人的自由全面发展”的思想，强调以人为本。这里的“人”，不是抽象的人，不是某个人、某些人，而是广大人民群众，要把不断实现好、维护好、发展好最广大人民的根本利益作为经济社会发展的出发点和归宿。在中国特色社会主义建设中，坚持以人为本，就是要以实现人的全面发展为目标，从人民群众的根本利益出发，谋发展，促发展，不断满足人民群众日益增长的物质文化需要，切实保护人民群众的经济、政治和文化权益。始终坚持尊重人、理解人、关心人，充分尊重群众的主体地位和主动精神，相信群众，

依靠群众。解决好人民群众生活中的突出问题和困难，多做得人心、暖人心、稳人心的好事实事，想群众之所想，急群众之所急，满腔热情地为群众服务，保证人民群众共享改革发展的成果。

首先，明确提出了以人为本，深刻回答了“为谁发展”的问题，使中国经济社会发展的目的更明确。坚持以人为本，就是以最广大人民的根本利益为本，坚持发展为了人民、发展依靠人民、发展成果由人民共享，把满足人的全面需求和促进人的全面发展作为经济社会发展的根本目的和根本动力。其次，科学发展观使实现社会主义发展目的的思路更加清晰。全心全意为人民服务，始终是中国共产党的根本宗旨。代表最广大人民的根本利益，始终是中国共产党开展各项工作的出发点和落脚点。

在中国革命、建设和改革开放的各个历史时期，中国共产党始终把发展经济以满足人民日益增长的物质文化需要作为目的。发展生产力和满足人民的需要是辩证统一的。经济发展是改善人民生活的基础，当经济发展到一定水平，就必须把人和社会的发展放在更重要的位置；人民物质文化生活的改善又会进一步促进经济社会的发展。在社会主义初级阶段，必须坚持以经济建设为中心，大力解放和发展社会生产力，不断提高人民物质文化生活水平，提高全体人民的科学文化和道德素质。正是如此，科学发展观根据我国经济社会发展的新要求，在坚持以经济建设为中心的同时，把促进人和社会的发展作为基本要求，使中国特色社会主义建设的目标更加明确。

三、科学发展观深化了对建设主体的认识

建设中国特色社会主义是一项伟大事业，中国共产党肩负着实现中华民族伟大复兴的历史重任。以胡锦涛为总书记的党中央根据时代发展变化和形势需要，适时提出以“以人为本”为核心的科学发展观，在科学把握社会主义现代化建设要实现什么样的发展的基础上，进一步深刻认识到中国特色社会主义建设伟大事业的主体力量、依靠力量是谁，也即“靠谁发展”。

马克思主义唯物史观认为，推动社会生产力发展和社会关系革命的都

是人民群众。人民群众既是能动地认识和改造社会客体的主体，又是最终实现自身解放和发展的价值主体。马克思指出，“人是人的全部活动和全部状况的基础”①。社会是由人组成的，人是社会的承载者，是社会发展的主体力量。人的主体性突出地表现为人的积极性、主动性和创造性，人的主体性活动是创造历史的本源性、主导性力量。唯物史观告诉我们，人民是历史的真正创造者。“历史什么事情也没有做”，“其实，正是人，现实的、活生生的人在创造这一切，拥有这一切并且进行战斗”，“历史不过是追求着自己目的的人的活动而已。”② 正是作为先进生产力中最活跃、最革命因素的人民群众，创造了社会物质财富和精神财富，推动了人类社会的发展。马克思恩格斯认为，社会发展史不但是生产发展的历史，还是物质资料生产者本身的历史。人民群众既是社会的主体，也是发展的主体。人民群众创造历史，同时推动历史前进。离开人和人的活动，社会生活、历史发展、社会发展规律，乃至社会历史范围内的一切，都无从谈起。这是发展的逻辑，也是历史的逻辑。

作为马克思主义政党，90 多年来，中国共产党所处的历史方位、所担负的历史使命在不断变化，但却始终坚持马克思主义的唯物史观，坚持人民群众的历史主体地位，认为人民是历史发展的真正动力。毛泽东开拓性地把马克思主义的唯物史观和中国的实际相结合，确立了党的群众路线，形成了丰富的人民主体思想，是中国共产党人正确对待群众的世界观、价值观和方法论，成为我党的一切工作的根本路线。毛泽东指出：“人民，只有人民，才是创造世界历史的动力。”③ 改革开放以来，邓小平坚持以保证人民当家作主为根本，以调动人民积极性为目标，大力扩大社会主义民主，着力保障人民各项权益，大大增强了人民群众的积极性和创造性，人民群众成为中国特色社会主义事业坚强的主体力量。一是把“人民拥护不拥护”、“人民赞成不赞成”、“人民高兴不高兴”、“人民答应不答应”作为我党制定各项方针、政策的出发点和归宿，从而创造性

---

① 《马克思恩格斯文集》第 1 卷，人民出版社 2009 年版，第 295 页。

② 《马克思恩格斯文集》第 1 卷，人民出版社 2009 年版，第 295 页。

③ 《毛泽东选集》第 3 卷，人民出版社 1991 年版，第 1031 页。

地发展了使人民主体性得以实现的条件和形式。二是充分认识到人民群众的创造性。他指出改革中的许许多多的东西，都是由群众在实践中提出来的："农村改革中的好多东西，都是基层创造出来的，我们把它拿来加工提高作为全国的指导。"① 并进一步强调，社会主义事业是否能成功，"从一定意义上说，关键在人"②。江泽民高度重视人民群众的主体地位和作用，拓展了人民群众的外延，充分发挥他们在社会主义现代化建设中的主动性和创造性。随着社会主义市场经济建设的深入发展，我国的社会阶层构成发生了新变化，出现了新兴的社会阶层。江泽民指出这些新兴的社会阶层人员也是中国特色社会主义事业的建设者。

新世纪新阶段，为使中国特色社会主义建设事业快速而稳健地发展，改进和加强党的领导，胡锦涛又着重指出，人民群众是党的力量之源和胜利之本，必须尊重人民群众的主体地位，发挥人民群众的首创精神，最广泛地调动人民群众的积极性、主动性和创造性，为社会主义现代化建设凝聚强大的力量，进一步深化了对人类社会发展主体力量的认识。第一，把人民群众的主体作用提高到发展的核心价值上来认识。以人为本的科学发展观，坚持了马克思主义关于人民群众是历史的主体的唯物史观。以人为本中的"人"就是指最广大的人民群众，"以人为本"从根本上回答和解决了当代中国特色社会主义建设"靠谁发展"的重大问题，凸显了人的主体地位和要求。一方面，"靠谁发展"的问题，就是要求尊重人民的历史主体地位，即要把坚持尊重社会发展规律与尊重人民主体地位结合起来，密切联系群众，始终相信群众，紧紧依靠群众，最大限度地凝聚人民群众的智慧和力量，最大限度地把全社会的发展积极性引导到科学发展上来，形成推动科学发展的强大合力。另一方面，认清了"靠谁发展"的问题，也就明确了发展的最终目的，解决了"为谁发展"的问题，即要求从人民群众的根本利益出发谋发展、促进发展，切实保障人民群众的各项合法权益，让发展的成果惠及全体人民，促进经济社会和人的全面协调

① 《邓小平文选》第3卷，人民出版社1993年版，第382页。

② 《邓小平文选》第3卷，人民出版社1993年版，第380页。

发展。第二，充分发挥人民的首创精神，不断总结人民群众的实践经验。胡锦涛指出，中国特色社会主义事业是亿万人民群众的伟大事业，任何时候、任何阶段都必须发挥人民的首创精神，充分调动他们的主观能动性和创造性。历史经验证明，人民群众的创造精神发挥得好的时期，也就是党的事业蓬勃发展的时期；人民群众的创造精神发挥得不好的时期，也就是党的事业延误甚至遭受损失的时期。第三，善于总结人民群众创造的新鲜经验。实践证明，我们党所作出的任何一项改革决策，都不是想象而来的，都是从人民群众的实践经验中总结、提炼和概括出来的，都是凝聚了广大人民群众的智慧和力量。第四，坚持问政于民、问需于民、问计于民。坚持倾听群众意见，最大限度地集中全社会全民族的智慧和力量，从人民的实践创造中汲取营养，丰富和完善党的各项主张，使我们的事业获得最广泛最可靠的群众基础和最深厚的力量源泉。

四、科学发展观深化了"怎样发展"的认识

"怎样发展"实质是关涉到经济社会建设的方法选择问题。科学发展观紧扣我国国情，指出在社会主义现代化建设进程中，根本方法是统筹兼顾。统筹兼顾是马克思主义的根本方法论，它在方法论上进一步深化了对社会主义建设规律的认识，以及怎样建设和发展社会主义现代化事业，即"要正确认识和妥善处理中国特色社会主义事业中的重大关系，统筹城乡发展、区域发展、经济社会发展、人与自然和谐发展、国内发展和对外开放，统筹中央和地方关系，统筹个人利益和集体利益、局部利益和整体利益、当前利益和长远利益，充分调动各方面积极性"①。统筹兼顾体现了唯物辩证法全面的、联系的和发展的观点，体现了两点论与重点论相统一的原理，是我们党治国理政历史经验的宝贵总结。

马克思主义认为，任何事物都是发展变化的，又是相互联系的。因此，要认识客观世界，必须从事物的整体出发，用全面的发展的联系的观

---

① 胡锦涛：《高举中国特色社会主义伟大旗帜 为夺取全面建设小康社会新胜利而奋斗——在中国共产党第十七次全国代表大会上的讲话》，人民出版社 2007 年版，第 16 页。

点去认识和把握事物以及发展变化，不能用片面的静止的孤立的观点去认识和把握事物的发展。这就是统筹兼顾根本方法的基本内涵。只有坚持统筹兼顾的方法，才能使我们的主观认识和判断符合客观实际，才能使我们的各项具体工作符合发展的要求。

统筹兼顾是我们党的事业取得胜利和成功的一条宝贵经验。无论是在革命时期，还是在社会主义建设时期，我们党都十分重视统筹兼顾的方法。在社会主义现代化建设中深入贯彻落实科学发展观，关键是要运用统筹兼顾的方法，正确认识和妥善处理中国特色社会主义事业中的重大关系，既要从全局的高度，统筹谋划社会主义建设，又要从具体工作着手，协调好各方面的关系，大力推进，重点突破，既要把握现代化建设的主要矛盾和矛盾的主要方面，又要兼顾次要矛盾和矛盾的次要方面，使社会主义现代化建设更加符合科学发展观的要求。可以说，科学发展观中的统筹兼顾思想是在社会主义现代化建设进程中，以胡锦涛为总书记的党中央在总结我国改革与发展的实践经验与教训的前提下，遵循马克思主义中国化的历史与逻辑，坚持马克思理论品质与时俱进的结果，不断深化和拓展经济建设的根本方法。自党的十六届三中全会提出“五个统筹”思想，到党的十七大在“五个统筹”的基础上，进一步提出要“统筹中央和地方关系，统筹个人利益和集体利益、局部利益和整体利益、当前利益和长远利益，统筹国内国际两个大局。”统筹兼顾的根本方法在推动着中国特色社会主义伟大事业不断发展，又在中国特色社会主义伟大事业进程中不断提升、丰富和完善，体现了党对社会主义建设根本方法认识的深化。

为实现经济社会的科学发展，我们必须深刻理解和准确把握科学发展观统筹兼顾思想的内涵，在工作中要做到总揽全局、协调各方、统筹谋划、兼顾全面，充分调动一切积极因素，妥善处理各种利益关系，不断推进社会主义现代化建设。毫无疑问，统筹兼顾是一个富有实践品性的哲学命题，具体体现了马克思主义哲学的辩证特性。我国社会主义经济建设的各个方面本身就是相互联系、相互作用的整体。这种整体效应和功能要得以发挥，必须坚持统筹兼顾。执政者“依据每个具体地区的历史条件和环境条件，统筹全面，正确地决定每个时期的工作重点和工作秩序，并把这种决定坚持地贯彻下去，务必得到一定的结果，这是一种领导艺术”①。

首先，统筹兼顾体现了一种以人为本的至上理念。唯物史观认为，社会历史运动是合客观规律性和合主体目的性的统一。马克思指出，“历史”并不是把人当作达到自己的工具来利用的某种特殊的人格，“历史”不过是追求着自己目的的人的活动而已。基于科学发展观的人本维度思考，统筹兼顾体现了这种价值取向。其次，统筹兼顾是一种理性建设思维。在新的历史条件下，以胡锦涛为总书记的党中央，审时度势，高瞻远瞩，根据时代特点，在科学发展的高度上提出了构建社会主义和谐社会等一系列重要战略思想和发展目标。这是党在新时期的理论创新和实践创新，一种执政理念和执政方式的变革，是对社会主义本质的进一步思考；进而是对我国社会主义建设规律的探索和认识，是对共产党执政规律、人类社会发展规律认识的深化。再次，统筹兼顾是一种无产阶级政党的执政伦理，反映的是一种政治道德问题。马克思主义是充满道德感召力的价值理论体系，它以对资本主义的伦理道德批判为始，科学地预设了一个“人的自由而全面发展”的共产主义远景。中国共产党是马克思主义政党，其执政理念是立党为公、执政为民，这充分体现了党执政伦理的理性自觉。也就是说，我们党执政应当树立大局意识、全局观念，应当以广大人民群众的根本利益、全局利益、长远利益为关注点，即一切工作的出发点和落脚点都是最广大人民群众的根本利益。最后，统筹兼顾是实现社会主义共同富裕的具体途径。最终实现共同富裕是社会主义的本质要求，要实现共同富裕这一目标，必须坚持统筹兼顾这一根本方法。这是始终保持社会主义本质与科学发展观高度一致性的要求。正如胡锦涛所指出的，统筹兼顾是我们处理各方面矛盾和问题必须坚持的“重大战略方针”和“科学有效的工作方法”。只有坚持“统筹兼顾”方法论的自觉，才能使“统筹兼顾”的方法论意义更加凸显，才能更好地推进社会主义现代化建设事业科学发展。

① 《毛泽东著作摘编》，中央文献出版社 2003 年版，第 110、321 页。

第四节　科学发展观对人类社会发展规律认识的深化

马克思主义认为，人类社会的发展同自然界一样，也是有规律可循的。社会存在决定社会意识，物质资料的生产方式是社会发展的最终决定因素，生产力和生产关系的矛盾、经济基础和上层建筑的矛盾运动是社会发展的根本动力。社会发展规律是普遍规律和特殊规律的有机统一，各国社会发展道路和发展模式呈现出多样性。马克思恩格斯对人类社会发展规律的科学揭示包含了社会发展动力论、社会发展主体论、社会形态理论、人类社会发展道路的多样性和历史选择性等理论。马克思主义对人类社会发展规律的认识，是一部不断发展深化的历史。在继承党的三代中央领导集体对人类社会发展规律认识成果的基础上，以胡锦涛为总书记的党中央在建设中国特色社会主义现代化的伟大实践中又创新、深化发展了对人类社会发展规律的认识，提出了科学发展观。作为新世纪新阶段指导中国特色社会主义事业的根本观点和根本方法，科学发展观既为马克思主义关于人类社会发展规律的认识增添了新的内容和新的表现形式，又为进一步认识人类社会发展规律创造了条件和奠定了理论基础，对指导中国特色社会主义事业及推进世界的和平发展具有重要的历史意义。

一、科学发展观深化了对人类社会发展价值目标的认识

社会的发展有它内在的价值指向和目标追求，这种价值目标决定了社会发展是为了什么、是为谁而发展的，也决定了社会制度的先进与否。在这层意义上，社会发展价值目标又关系到发展价值观。发展价值观是人们对于社会发展的性质、方向与目标的价值判断和理性把握，是通过对发展的深刻观察和理解，为人类提供一种能充分表达发展的目的和伦理属性的价值理念，它回答的是依靠谁而发展、为谁而发展，也就是发展的基础、目的等问题。如果不能形成科学合理的发展价值观，就不能准确把握社会发展的实践，就不能准确认识发展实践深层次的价值问题。

社会发展的价值目标问题，是关于社会发展所要满足需求的问题以及为谁而发展和怎样发展满足需求的问题。唯物史观指出，实践是人从事的自主自觉的活动。人的实践活动不是无目的的，而往往是一种趋利避害的行为，具有为人的性质，是人的自我肯定的方式。也就是说，人类实践活动的目标是一种有利于自身的运动变化。这也正是社会发展所必然具有的价值内涵。马克思主义认为人类社会发展的终极价值目标应是实现人的自由而全面发展，马克思恩格斯早在《共产党宣言》中就明确指出，未来的共产主义社会“将是这样一个联合体，在那里，每个人的自由发展是一切人的自由发展的条件”①。马克思主义高扬人的主体地位，确立了人的全面发展和彻底解放的崇高价值目标。改革开放以来，我们党在大力发展经济的同时，也注重人的发展。邓小平指出发展人亦即实现人的现代化，使人成为适应改革开放时代需要的“新人”，并提出了“三个有利于”标准，强调要以人民群众是否满意作为衡量我们工作的根本标准。江泽民根据我国经济社会发展的情况，适时提出了“促进人的全面发展”思想，并提出了“两个历史过程”相统一，即社会的全面发展与人的全面发展过程相统一的思想。新世纪新阶段，以胡锦涛为总书记的党中央紧握时代脉搏，认准社会发展规律，明确提出了“以人为本”的科学发展观，为马克思主义关于人类社会发展终极价值目标——人的自由而全面发展理论注入了崭新的时代内涵。

衡量一个社会的进步与发展，最为根本的价值标准当然是这个社会能否很好地满足民众的生存需求，是否坚持了社会发展目标上的以人为本。科学发展观坚持“以人为本”为核心，就是要以实现人的全面发展为目标，从人民群众的根本利益出发谋发展、促发展，不断满足人民群众日益增长的物质文化生活需要，切实保障人民群众的经济、政治、文化和生态权益，让发展的成果惠及全体人民。要实现这一发展价值目标，就要做到“发展为了人民”、“发展成果由人民共享”。具体地看，“发展为了人民”，体现了促进人的全面发展的社会主义本质要求，反映在发展目的和

① 《马克思恩格斯文集》第2卷，人民出版社2009年版，第53页。

本质上就是为了更好地满足人民的利益和需要，反映了我国社会主义现代化建设从注重经济的增长与效率的提高，向更加注重人的发展转变。而“发展成果由人民共享”，则体现了社会主义共同富裕和不断满足人民日益增长的物质文化需要的奋斗目标，为实现人的全面发展创造物质条件。在收入分配上，坚持社会主义初级阶段的分配制度，既鼓励通过诚实劳动、合法经营，合理拉开收入差距，又逐步缩小居民收入差距，防止贫富悬殊、两极分化，使人民收入水平与经济发展水平相适应，为人的生存和发展提供经济支柱。同时，要求政府和社会共同努力，建立与社会生产力发展水平相适应的教育、就业、公共医疗卫生以及社会保障体系，保障实现人的全面发展。可以看出，科学发展观“以人为本”思想，就是把促进人的全面发展作为社会主义社会的基本价值取向，把促进人的全面发展作为衡量社会发展的根本尺度，作为社会发展的目标追求，作为党的根本宗旨和党领导发展的根本政治理念。

坚持“以人为本”，进一步体现了尊重社会发展规律和尊重人民群众主体地位的一致性。马克思主义认为，人是历史活动的主体，人的主体性活动是创造历史的本源性、主导性力量，生产力发展、生产关系变革和社会进步都最终体现在人类文明程度的提高上，落实在人的自由而全面的发展上。科学发展观强调发展是第一要务，强调发展为了人民、发展依靠人民，尊重人民主体地位，尊重人民创造历史的活动，发挥人民首创精神，保障人民各项权益，促进人的全面发展，党和国家一切工作的出发点和落脚点都是为了最广大人民的根本利益，是基于对人类社会发展规律的客观把握，体现了对马克思主义人类社会发展的终极价值目标认识的深化。

总之，以人的自由全面发展和最大幸福为最高价值，以民生幸福为中国特色社会主义发展的价值目标，以物质文明、精神文明、政治文明、生态文明相互促进为社会主义发展的价值创造路径，科学地回答和解决为谁而发展，发展什么和如何发展的根本问题，确立起了以人的自由全面发展和幸福实现为核心理念的社会发展价值目标论，这是人类社会发展理论的创新，标志着我们对人类社会发展理念的认识达到了一个新的境界。

二、科学发展观深化了对人类文明发展多样性的认识

人类文明的丰富性和多样性思想，是唯物史观理论体系中的瑰宝。马克思主义不仅揭示了人类社会发展的普遍规律，而且从人的本质活动的创造性出发，强调了人类社会发展模式和道路的多样性以及历史选择性。马克思主义认为，社会发展的一般规律在各国各民族的不同历史环境和条件下会有不同的表现形式，这就使得各个国家和各个民族的发展道路呈现出丰富性和多样性。马克思恩格斯指出，人类社会形态有一个从低级向高级发展的普遍规律，但不是其中每个形态和更迭顺序都是各个民族“普遍必经”的阶段。他们始终强调的是，各个民族的社会形态从低级向高级发展的规律是共同的，但具体的发展道路和模式是千差万别的。马克思还通过对历史环境、社会制度以及民族文化的差异性揭示文明的多样性，他指出，由于不同的文明都有自身存在的特殊生态环境，有着自己独特的内容和形式，因此各国都只能选择适合自己个性的发展道路，各民族文明应该相互尊重。

新世纪新阶段，人类文明的多样性、独特性和交融性正以前所未有的景象展示在人们的面前。以胡锦涛为总书记的党中央领导集体立足于世情、国情、党情的深刻变化，坚持与时俱进的马克思主义理论品质，在继承马克思主义关于人类文明丰富性多样性理论的基础上，对“一球多制、长期共存”的世界格局，世界多极化、全球化和新科技革命发展的基本趋势，运用马克思主义的立场、观点和方法，考察和分析新世纪世界经济社会发展进程中的新变化新情况，表达阐述了中国共产党人所倡导的世界秩序观：“共同分享发展机遇，共同应对各种挑战，推进人类和平与发展的崇高事业，事关各国人民的根本利益，也是各国人民的共同心愿。我们主张，各国人民携手努力，推动建设持久和平、共同繁荣的和谐世界。”①同时，我们党深刻把握当代中国同世界日益紧密的关系，统筹国际国内两

---

① 《深入学习实践科学发展观活动领导干部学习文件选编》，中央文献出版社、党建出版社 2009 年版，第 331 页。

个大局，以全球战略思维谋划自身发展，承认文明多样性的事实，自觉处理好全球化与本土化的关系，以一种平等的眼光正确对待世界上各具特色的多样性文明并与之积极对话和沟通，抵制文化霸权主义和文化殖民主义，推动世界文明在相互交流中求同存异和取长补短，坚持走和平发展道路，奉行互利共赢的开放战略，维护世界文明多样性，推动共建和谐世界。胡锦涛强调只有以文明多样性和发展模式多样化为基础，人类社会发展才能拥有不竭的创新活力。这充分体现了我们党解决当代中国与世界关系的根本思路，又为人类解决当代的发展矛盾提供了新借鉴、新思路，顺应了人类社会发展进步的新趋势，丰富和发展了马克思主义唯物史观，从世界文明多样性的视角深化了对人类社会发展规律的认识，对于促进人类文明的共同进步和人类社会的共同发展具有重要的历史价值和现实意义。

在人类社会发展历史上，从来没有也不可能会出现唯一的文明类型，许多类型的文明构成一个地球文明共同体，形成一幅多样性的文明画卷。各民族和国家都在不断创造本民族和本国的文明成果，并彰显出顽强的个性和丰富的多样性。世界文明在多样性中求生长、求发展、求贡献。

从世界文明多样性的视角把握人类社会发展规律，既要坚持马克思主义关于人类社会发展规律的基本原理，又要准确把握当前世界范围内社会主义与资本主义发展的新变化，尊重世界文明多样性，认同世界各民族文明都为人类社会发展所作出的贡献。每一种文明在推动本民族和本国发展进步的同时，也在从不同的方面、不同的领域推动人类社会向前发展，为人类社会发展作出自己的积极贡献。世界文明多样性的发展过程与人类社会的发展过程是统一的，相互促进的。世界文明多样性的存在，表明各种文明之间具有统一和共同存在的特性，为此，必须加强和促进多样性世界文明的交流，在交流中实现共同发展。对待不同的文明，正视世界文明的差异性，既要做到相互尊重和理解，又要做到相互学习和借鉴，坚决反对人为的制造和扩大各种文明之间的矛盾与冲突，特别是不能排斥和压制其他文明的发展，不能否定其他文明存在的价值和贡献。

人类文明发展至今，应该达成这样一种共识，即所有文明都是平等的，都应受到同样的尊重。不同文明通过对话增进相互了解，通过交流实现共同发展。“各国文明的多样性，是人类社会的基本特征，也是人类文明进步的动力。我们应该尊重各国的历史文化、社会制度和发展模式，承认世界多样性的现实。世界各种文明和社会制度应该而且可以长期共存，在竞争比较中取长补短，在求同存异中共同发展。在当今世界上，我们提倡‘和’。”① 尊重世界文明的多样性是和谐世界理念的思想前提。当前，各种文明之间随着人类社会发展进程的加快，日益呈现出开放性、交流性。正是各国文明的多样性和开放性，才形成了世界的丰富多彩。各国创造的文明有自身的特点，世界上不可能也不应该只有一种价值观念、一个发展模式、一种社会制度，人类文明的进步和发展是不同文明交流、借鉴、融合的结果。

正是基于对世界文明多样性的深化认识，胡锦涛在十七大报告中指出，当代中国同世界的关系发生了历史性变化，中国的前途命运日益紧密地同世界的前途命运联系在一起，共同分享发展机遇，共同应对各种挑战，推进人类和平与发展的崇高事业。一是继续同发达国家加强战略对话，增进互信，深化合作，妥善处理分歧，推动相互关系长期稳定健康发展；二是继续贯彻与邻为善、以邻为伴的周边外交方针，加强同周边国家的睦邻友好和务实合作，积极开展区域合作，共同营造和平稳定、平等互信、合作共赢的地区环境；三是继续加强同广大发展中国家的团结合作，深化传统友谊，扩大务实合作，提供力所能及的援助，维护发展中国家的正当要求和共同利益；四是继续积极参与多边事务，承担相应国际义务，发挥建设性作用，推动国际秩序朝着更加公正合理的方向发展；等等。

三、科学发展观深化了人类社会发展道路的认识

普遍意义上，社会发展道路亦是发展模式，是指为了实现社会发展目标而选择和实行的发展方式、方法与道路的统一体，它是由主体、客体和工具等要素组成的完整系统，具有合规律性、多样性、系统性、互补性、动态性等特征。社会发展道路反映着社会发展规律和人对于社会的认识与

① 《江泽民文选》第3卷，人民出版社2006年版，第523—524页。

改造能力，是实现社会发展目的的中介手段。社会发展道路不是从来就有的，也不是凝固不变的，是在社会运行的过程中产生、并且随着社会实践的发展而发展的。发展道路或发展模式的灵魂是发展观，有什么样的发展观，就有什么样的发展道路。

“世界上没有放之四海而皆准的发展道路和发展模式，也没有一成不变的发展道路和发展模式。”① 因此，找到适合本国国情的社会发展道路至关重要。19 世纪 40 年代，马克思恩格斯创立了科学社会主义理论，揭示了社会发展模式的多样性，为我们正确认识、评价各种社会主义发展道路提供了理论指导。20 世纪 80 年代末苏东剧变的经验教训，以及进入新世纪越南、古巴、老挝社会主义事业建设取得的新成就，呈现出的新气象，又给我们国家建设中国特色社会主义提供了实践借鉴。

新中国成立以来，中国共产党人就对怎样建设新中国，对社会主义发展道路进行了艰辛探索，从最初的借鉴苏联模式到坚定走自己的发展道路，历经风雨 60 多年，最终凝聚成了中国特色的社会主义发展道路，并取得了举世瞩目的成就。新中国成立初期，毛泽东提出的关于社会主义两个阶段的思想、社会主义社会矛盾学说、“四个现代化” 宏伟目标等社会主义发展模式和目标，为改革开放后中国发展道路的形成奠定了理论和实践基础。改革开放新时期，邓小平坚持从中国的实际出发，围绕“怎样建设社会主义”，提出了“必须把马克思主义的普遍真理同我国的具体实际结合起来，走自己的道路，建设有中国特色的社会主义。”② 邓小平关于社会主义本质理论、社会主义初级阶段理论以及党在社会主义初级阶段的基本路线和基本纲领、社会主义市场经济理论、社会主义民主政治理论、“一国两制” 与和平统一祖国、独立自主的和平外交政策等等，勾勒出了一个具有中国特色的发展模式的基本框架，标志着中国特色社会主义发展道路的初步形成。世纪之交，江泽民对中国特色社会主义发展道路进行了卓有成效的创新，进一步明确回答了中国特色社会主义的发展道路、

① 胡锦涛：《坚持改革开放推进合作共赢——在博鳌亚洲论坛 2008 年年会开幕式上的演讲》，《人民日报》2008 年 4 月 13 日。

② 《邓小平文选》第 3 卷，人民出版社 1993 年版，第 2—3 页。

发展阶段、发展战略、根本目的、根本任务、发展动力、依靠力量、国际战略等一系列重大问题，使中国特色社会主义发展道路进一步完善和具体化，为中国共产党在实践中不断地完善中国特色社会主义发展道路开辟了广阔的前景。

进入新世纪新阶段，以胡锦涛为总书记的党中央领导集体面对国内外发展形势的变化，面对改革开放出现的新问题和新情况，提出了科学发展观等一系列重大战略思想，创造性地回答了发展中国特色社会主义的一系列重大理论和实践问题，为发展中国特色社会主义进行了新的战略部署，为中国特色社会主义发展道路注入了新的科学内涵。在党的十七大报告中和纪念党的十一届三中全会召开30周年大会上，胡锦涛将中国发展创造性的经验概括为“十个结合”，这十个方面的发展经验，也就是中国特色社会主义现代化的和平发展道路模式的总结，归结到一点，就是把马克思主义基本原理同中国具体实际相结合，走自己的路，建设中国特色社会主义。

首先，从国内发展形势看，要坚持把发展作为党执政兴国的第一要务，坚持以经济建设为中心，主要依靠自己的力量来壮大社会主义经济，不断满足人民日益增长的物质文化需求，努力建设社会主义和谐社会。从对外来讲，要高举和平、发展、合作、共赢的大旗，坚持独立自主的和平外交政策，坚持对外开放和积极参与经济全球化进程，在平等互利的基础上发展与世界各国的关系，将自身利益与世界各国的利益紧密结合起来，将中国的发展繁荣融入地区和世界发展繁荣之中。

其次，坚持统筹国内国际两个大局。胡锦涛强调，既要坚持独立自主，又要积极参与全球经济，统筹好国内发展和国际竞争两个大局，为世界和平与发展的崇高事业作出重要贡献。当今世界，机遇和挑战共存。和平与发展仍是时代主题，求和平、谋发展、促合作已经成为时代的潮流，世界大局朝着和平与发展的方向发展，但也出现了各种力量重新分化组合、各种利益重新分配的错综复杂的国际局势。从国内来看，一方面，社会主义改革和发展的前景更为广阔，社会主义呈现蓬勃生机；另一方面，新的问题和矛盾伴随着改革的深入更加复杂，改革和发展面临的形势和挑战更加严峻。因此，能否正确统筹好国内和国际这两个大局，事关中国特色社会主义伟大事业的发展，事关世界和平与发展的大势。要站在国际大局的这个高度，审视中国的改革和建设问题，树立世界眼光，强化战略思维，把握世界发展潮流，利用好一切对中国发展有利的环境和机遇，积极参与世界经济发展与竞争，借鉴世界发展经验，促进中国特色社会主义的发展。要立足国内大局这个出发点，掌握发展的主动权，牢牢把握经济建设这个中心，坚持改革开放，不断解放和发展生产力，提高综合国力，提高我国的国际竞争力和抵御风险能力，妥善应对并有效化解来自外部的各种挑战。

再次，坚持走中国特色新型工业化道路。胡锦涛强调，每个国家都有自己的国情和特点，实现工业化必须从国情出发，走中国特色新型工业化道路，坚持以信息化带动工业化，以工业化促进信息化，坚持走科技含量高、经济效益好、资源消耗低、环境污染少、人力资源优势得到充分发挥的新型工业化道路。党的十七大明确指出，要加快转变经济发展方式，提高自主创新能力，完善社会主义市场经济体制，坚持走中国特色新型工业化道路。走中国特色新型工业化道路，一是要把提高自主创新能力、建设创新型国家始终作为国家发展战略的核心。二是要把加快转变经济发展方式、推动产业结构优化升级作为国民经济发展紧迫而重大的战略任务。三是要把建设资源节约型、环境友好型社会放在工业化发展战略的突出位置。四是要把拓展对外开放广度和深度、提高开放型经济水平作为工业化发展的外部条件。

最后，还必须坚持走中国特色政治发展道路。胡锦涛指出，人民民主是社会主义的生命，发展社会主义民主政治是我们党始终不渝的奋斗目标。为此，胡锦涛指出，要从我国的历史文化传统等国情出发，不断推进政治体制改革，坚持中国特色社会主义政治发展道路。党的十七大对中国特色社会主义政治发展道路的内涵进行了概括：坚持党的领导、人民当家作主、依法治国有机统一，坚持和完善人民代表大会制度、中国共产党领导的多党合作和政治协商制度、民族区域自治制度以及基层群众自治制度，不断推进社会主义政治制度自我完善和发展。在实际中，要把握好两个方面：一是坚持渐进式民主发展道路。渐进式民主发展道路是在保持社会稳定的前提下，对现行政治制度进行有计划、有步骤的自上而下或自下而上的改革。二是坚持党内民主带动人民民主。作为长期执政的党，党内民主的状况直接影响和决定着人民民主的状况，是人民民主的助推器。人民民主能否充分发展，关键取决于党内民主的推进程度和水平。以扩大党内民主带动人民民主，是发展中国特色社会主义民主政治的有效途径。

可以说，中国特色社会主义发展道路经历了一个具体的历史过程，涉及发展道路、发展战略、发展重点、发展布局、发展环境等诸多方面。当前，一个愈加趋于合理和完善的、与西方模式和苏联模式截然不同的而又充满活力的中国发展模式生动地展现在世人面前，为人类社会发展提供了一种崭新的道路选择。

四、中国特色社会主义道路与人类文明发展的康庄大道

正如马克思对未来共产主义社会美好前景所作的伟大预言一样，中国特色社会主义伟大事业正呈现出人类文明发展的这一光明未来。近代以来，中国社会各阶级仁人志士不断寻求救国救民的道路均以失败告终，原因归根到底是没有找到正确的道路。历史告诉我们，只有社会主义才能救中国，只有中国特色社会主义才能发展中国。当前，必须深刻认识中国特色社会主义道路对人类社会发展的重大意义，中国特色社会主义道路以其所取得的巨大成就显现了这条道路完全符合人类文明发展的康庄大道。

何谓中国特色社会主义道路，当代中国共产党人为此作出了卓越有效的探索和实践，期间战胜了许多困难和挑战。自十一届三中全会以来，我们党在改革开放的进程中逐渐深化了对中国特色社会主义道路内涵的认识。党的十七大对中国特色社会主义道路的内涵作了明确概括，指出：“中国特色社会主义道路，就是在中国共产党领导下，立足基本国情，以经济建设为中心，坚持四项基本原则，坚持改革开放，解放和发展社会生产力，巩固和完善社会主义制度，建设社会主义市场经济、社会主义民主政治、社会主义先进文化、社会主义和谐社会，建设富强民主文明和谐的社会主义现代化国家”。党的十八大又将“社会主义生态文明”纳入其

中，进一步拓宽了中国特色社会主义道路的内涵。可以看出，中国共产党人对中国特色社会主义道路的不断探索和理论总结，高度体现了我们党对坚持走这一道路的自觉和自信。

20 世纪 80 年代末至 90 年代初期，世界社会主义运动出现严重挫折。东欧剧变、苏联解体，使许多人对世界社会主义的前途命运充满疑问和困惑。世界多极化在曲折中发展，经济全球化迅猛推进，同时，世界的发展充满矛盾：全球化与国家主权的矛盾，发达国家与发展中国家的矛盾，经济发展与生态危机的矛盾，不同文明之间的冲突矛盾，等等。

正是上述这些变化，使西方的一些理论家掀起一股反马克思主义、反社会主义、反历史唯物论的浪潮，出现了所谓的马克思主义过时论调。这就给我们党提出具有时代性挑战的理论与实践难题，即在社会主义与资本主义并存的特殊历史条件下，怎样看待马克思主义揭示的人类社会发展的基本规律？怎样在与资本主义的对比中坚持社会主义信念？怎样深化对社会主义必然代替资本主义这一社会发展规律的认识？这不仅关系到中国特色社会主义道路的前途和命运，而且关系到世界社会主义的前途和命运。

以胡锦涛为总书记的党的中央领导集体，自觉承担历史使命、主动把握历史大势，站在时代发展的高度，运用马克思主义的基本原理，对人类社会发展规律进行了新的探索，集中全党智慧提出了科学发展观。科学发展观植根于中国改革开放的全新实践中，反映了当代世界和中国发展变化的新要求，不仅揭示了社会主义的发展规律，也代表了中国共产党人对人类社会发展规律认识的新成果。科学发展观站在时代发展的全新方位上，以马克思主义的世界视野观察当今世界的新变化，对社会主义发展的历史进程、资本主义发展的历史进程、经济全球化和世界多极化趋势，世界文明的多样性，各国发展道路的多样性等问题都给予了科学回答，为苏东剧变以后社会主义低潮时期的社会主义国家坚定社会主义信念，坚持走本国特色社会主义道路，提供了理论指导，增强了信心。

改革开放 30 多年来，特别是进入 21 世纪，我国致力于社会主义现代化建设的探索实践，经济社会发展取得新的巨大成就：社会生产力快速发展，综合国力大幅提升，人民生活明显改善，国际地位和影响力显著提高，社会主义经济、政治、文化、社会、生态文明和党的建设取得新进步，谱写了中国特色社会主义事业的新篇章。尤其在科学发展观指引下，我国现代化建设成就斐然，举世瞩目，正如党的十八大报告指出："十年来，我们取得一系列新的历史性成就，为全面建成小康社会打下了坚实基础。我国经济总量从世界第六位跃升到第二位，社会生产力、经济实力、科技实力迈上一个大台阶，人民生活水平、居民收入水平、社会保障水平迈上一个大台阶，综合国力、国际竞争力、国际影响力迈上一个大台阶，国家面貌发生新的历史性变化。人们公认，这是我国经济持续发展、民主不断健全、文化日益繁荣、社会保持稳定的时期，是着力保障和改善民生、人民得到实惠更多的时期。"

第一，中国特色社会主义发展道路，给中国乃至世界带来了历史性的重大变化。改革开放 30 多年来中国特色社会主义发展道路的实践，取得了伟大的成绩，使中国人民的精神面貌发生了历史性的变化。通过解放思想，冲破了传统观念的束缚，极大地调动了广大人民群众的主动性和创造性；通过解放和发展生产力，彻底改变了我国经济社会落后的状况，展现了充满生机、繁荣昌盛的好形势，表现出了社会主义制度的无穷魅力。从 1978 年美国《时代》杂志"他们的目标几乎不可按期实现、甚至不可能实现"的质疑，到 2008 年"当奥运会主火炬点燃时，世界见证了一个确凿无误的事实。中国回来了——在荣誉的光环下"的高度评价，充分表明中国特色社会主义道路给我们国家带来的历史性重大变化。

第二，中国特色社会主义发展道路，显示了社会主义制度文明的巨大优越性。在国际上面对苏东剧变所带来的世界社会主义运动低潮的严峻考验，在国内面对突如其来的自然灾难和国际金融危机，中国特色社会主义制度战胜了来自政治经济社会领域和自然界的各种困难和挑战，显示出了强大的号召力、凝聚力和生命力。

第三，中国特色社会主义发展道路，为人类社会发展作出了重要贡献。中国特色社会主义解决了世界上 1/5 人口的发展问题，就是对世界、对人类社会发展作出的最大贡献。中国特色社会主义道路的成功，不仅让中国人民走上了富裕的道路，增强了走社会主义道路的决心和信心，而且引起了世界各国的高度关注，吸引了世界人民的目光。人们开始反思社会主义与资本主义制度优越性问题，一些学者纷纷研究中国的发展模式和发展经验，认为对广大发展中国家发展本国经济的吸引力而言，无疑“北京共识”超越了“华盛顿共识”，对中国特色社会主义道路给予了极大的认同感。同时，中国特色社会主义的发展经验对世界上的许多国家，特别是发展中国家的发展有着重要的启示，为这些国家发展提供了一种崭新的模式，为这些国家走适合本国国情的发展道路树立了坚定的信心。

第四，中国特色社会主义的发展为世界和平与发展、为人类文明进步作出了重大贡献。在积极发展生产力，提高综合国力的同时，以胡锦涛为总书记的中央领导集体还深刻分析和科学判断世界经济社会发展进程中的新变化，积极参与经济全球化进程，尊重各国在社会制度和发展道路上的自主选择，正确处理与世界各国关系，积极开展和平外交，与世界各国进行贸易往来、文化交流，共担生态保护责任，既汲取和借鉴人类文明发展的共同成果，也为世界的和平发展、共同发展作出了巨大贡献，走出了中国特色的和平发展道路，赢得了世界的关注与认可。

总而言之，中国特色社会主义道路的成功实践充分证明了马克思关于人类社会发展规律普遍性和各国发展道路多样性相统一理论的正确，中国特色社会主义发展的目标是建设富强、民主、文明、和谐的社会主义现代化国家，在本质上代表了人类社会文明进步的方向。中国改革开放的伟大历程和中国特色社会主义的成功实践，使这种符合人类社会发展规律的现代化进程得到了实践的验证。可以说，中国特色社会主义道路的成功实践，顺应了人类社会发展规律，引领了人类社会发展趋势，推动了人类社会进步。中国经验、中国道路既为人类解决当代的发展问题提供了新借鉴和新思路，为世界社会主义国家的发展指明了前进方向，也为各国选择本国发展道路提供了重要启示。

参考文献

[1]《马克思恩格斯文集》第1卷，人民出版社2009年版。

[2]《马克思恩格斯文集》第2卷，人民出版社2009年版。

[3]《马克思恩格斯文集》第3卷，人民出版社2009年版。

[4]《马克思恩格斯文集》第4卷，人民出版社2009年版。

[5]《马克思恩格斯文集》第5卷，人民出版社2009年版。

[6]《马克思恩格斯文集》第7卷，人民出版社2009年版。

[7]《马克思恩格斯文集》第8卷，人民出版社2009年版。

[8]《马克思恩格斯文集》第9卷，人民出版社2009年版。

[9]《马克思恩格斯文集》第10卷，人民出版社2009年版。

[10]《列宁专题文集·论马克思主义》，人民出版社2009年版。

[11]《列宁专题文集·论辩证唯物主义和历史唯物主义》，人民出版社2009年版。

[12]《列宁专题文集·论社会主义》，人民出版社2009年版。

[13]《马克思恩格斯全集》第1卷，人民出版社1956年版。

[14]《马克思恩格斯全集》第2卷，人民出版社1957年版。

[15]《马克思恩格斯全集》第4卷，人民出版社1958年版。

[16]《马克思恩格斯全集》第30卷，人民出版社1995年版。

[17]《马克思恩格斯全集》第23卷，人民出版社1972年版。

[18]《马克思恩格斯选集》第1卷，人民出版社1995年版。

[19]《马克思恩格斯选集》第2卷，人民出版社1995年版。

[20]《马克思恩格斯选集》第 3 卷，人民出版社 1995 年版。

[21]《列宁选集》第 3 卷，人民出版社 1995 年版。

[22]《列宁全集》第 42 卷，人民出版社 1987 年版。

[23]《毛泽东选集》第 3 卷，人民出版社 1991 年版。

[24]《毛泽东选集》第 4 卷，人民出版社 1991 年版。

[25]《毛泽东文集》第 7 卷，人民出版社 1999 年版。

[26]《毛泽东文集》第 8 卷，人民出版社 1999 年版。

[27]《邓小平文选》第 2 卷，人民出版社 1994 年版。

[28]《邓小平文选》第 3 卷，人民出版社 1993 年版。

[29]《江泽民文选》第 3 卷，人民出版社 2006 年版。

[30]《十三大以来重要文献选编》（中），人民出版社 1991 年版。

[31]《十三大以来重要文献选编》（下），人民出版社 1993 年版。

[32]《十四大以来重要文献选编》（上），人民出版社 1996 年版。

[33]《十五大以来重要文献选编》（上），人民出版社 2000 年版。

[34]《十五大以来重要文献选编》（下），人民出版社 2003 年版。

[35]《十六大以来重要文献选编》（上），中央文献出版社 2005 年版。

[36]《十六大以来重要文献选编》（中），中央文献出版社 2006 年版。

[37]《十六大以来重要文献选编》（下），中央文献出版社 2008 年版。

[38]《十七大以来重要文献选编》（上），中央文献出版社 2011 年版。

[39]《十七大以来重要文献选编》（中），中央文献出版社 2011 年版。

[40]《毛泽东著作专题摘编》（上），中央文献出版社 2003 年版。

[41]《科学发展观重要论述摘编》，中央文献出版社、党建读物出版社 2008 年版。

[42] 江泽民：《论党的建设》，中央文献出版社 2001 年版。

[43] 江泽民：《论科学技术》，中共中央党校出版社 2001 年版。

[44]《江泽民论加强和改进执政党建设》（专题摘编），中国文献出版社 2004 年版。

[45] 江泽民：《在千年首脑会议分组讨论会上的发言》，《人民日报》2000 年 9 月 8 日。

[46] 胡锦涛：《坚定不移沿着中国特色社会主义道路前进　为全面建成小康社会而奋斗——在中国共产党第十八次全国代表大会上的报告》，人民出版社 2012 年版。

[47] 胡锦涛：《在庆祝中国共产党成立 90 周年大会上的讲话》，人民出版社 2011 年版。

[48]《中国的发展亚洲的机遇——胡锦涛在博鳌亚洲论坛 2004 年年会开幕式上的演讲》，《人民日报》2004 年 4 月 25 日。

[49]《学习和运用建设社会主义的成功经验　坚持好发展好中国特色社会主义道路——胡锦涛在中共中央政治局第十七次集体学习时强调》，《人民日报》2004 年 12 月 3 日。

[50] 胡锦涛：《在省部级主要领导干部提高构建社会主义和谐社会能力专题研讨班开班仪式上的讲话》，《人民日报》2005 年 2 月 20 日。

[51] 胡锦涛：《坚持改革开放推进合作共赢——在博鳌亚洲论坛 2008 年年会开幕式上的演讲》，《人民日报》2008 年 4 月 13 日。

[52]［德］乌尔里希·贝克：《风险社会》，何博闻译，译林出版社 2004 年版。

[53]《中华人民共和国国民经济和社会发展第十二个五年规划纲要》，人民出版社 2011 年版。

[54] 赵智奎主编：《“三个代表”与中国共产党执政规律》，四川人民出版社 2006 年版。

[55] 祝黄河：《科学发展观与当代中国社会发展实践》，人民出版社 2008 年版。

[56] 严书翰：《科学发展观与马克思主义社会发展理论》，《中国井冈山干部学院学报》2013 年第 3 期。

［57］祝黄河、张吉雄：《科学发展观：马克思主义社会发展理论的最新成果》，《社会主义研究》2006 年第 4 期。

［58］党联民：《马克思主义发展观中国化的最新理论成果》，《理论学习》2007 年第 2 期。

［59］庄前生：《科学发展观：马克思主义发展理论的新境界》，《马克思主义研究》2006 年第 1 期。

［60］靳义亭：《科学发展观：马克思主义发展观的新境界》，《河南社会科学》2005 年第 2 期。

［61］姜建成：《科学发展观：马克思主义发展观的时代性标志》，《学习论坛》2007 年第 5 期。

［62］李克敏：《科学发展观与马克思主义社会发展观》，《马克思主义与现实》2006 年第 4 期。

［63］徐鸿武、魏宛斌：《科学发展观对马克思主义社会发展理论的继承、创新和发展》，《红旗文稿》2008 年第 22 期。

［64］黄志恒：《科学发展观是与时俱进的马克思主义发展观》，《中共南宁市委党校学报》2004 年第 3 期。

［65］张昌林：《科学发展观：对马克思主义发展观的继承与创新》，《广西社会科学》2004 年第 12 期。

［66］颜军：《科学发展观：马克思主义发展观的传承与发展》，《理论月刊》2010 年第 3 期。

［67］郭星云：《科学发展观对马克思主义社会发展理论的继承和丰富》，《安阳师范学院学报》2009 年第 1 期。

［68］韩振亮：《科学发展观是与时俱进的马克思主义发展观》，《思想理论教育导刊》2006 年第 3 期。

［69］张华军、何忠国：《科学发展观的哲学基础》，《中共青岛市委党校青岛行政学院学报》2004 年第 3 期。

［70］庞元正：《论科学发展观的哲学基础》，《中共中央党校学报》2008 年第 5 期。

［71］谭扬芳、金碧辉：《试论科学发展观对唯物史观的继承和发

展》，《江南大学学报》2009 年第 4 期。

[72] 李崇富：《论科学发展观的哲学基础》，《马克思主义研究》2006 年第 1 期。

[73] 江旋：《马克思主义社会发展理论与科学发展观》，《学理论》2010 年第 25 期。

[74] 石仲泉：《马克思主义中国化与世界眼光》，《中共中央党校学报》2011 年第 2 期。

[75] 赵丰：《论马克思主义关于发展理论的新成果》，《人民论坛》2013 年第 6 期。

[76] 潘盛洲：《全面建成小康社会决定性阶段的新机遇新挑战》，《求是》2012 年第 23 期。

[77] 龚群：《中国协商民主与西方协商民主的本质区别》，《红旗文稿》2011 年第 8 期。

[78] 魏礼群：《加快构建中国特色社会主义社会体制》，《人民日报》2013 年 7 月 8 日。

[79] 黄承梁：《生态文明建设的重要意义和战略任务》，《人民日报》2012 年 8 月 20 日。

[80] 张士义：《中国共产党对执政规律的深化及启示》，《党建研究》2004 年第 4 期。

[81] 叶晓楠：《努力走向社会主义生态文明建设新时代——专访山东省生态文明研究中心主任黄承梁》，《人民日报》（海外版）2012 年 11 月 23 日。

后　记

本书是由我作为首席专家主持的国家社科基金重大招标项目“十七大以来科学发展观的新发展研究”的研究成果之一。

作为整个课题研究系列成果的总论，本书紧紧围绕党的十七大以来科学发展观的新发展这一核心命题，从理论、实践、规律三大视角，以历史、现实、未来为基本线索，对“科学发展观对马克思主义发展理论的新发展”、“科学发展观对党的三代中央领导集体发展思想的新贡献”、“科学发展观在当代中国经济社会实践中的新发展”和“科学发展观对三大规律认识的丰富和发展”等四大问题进行了总体性的框架建构和纲要性论述。

本书由我提出写作提纲，在子课题组全体成员讨论修改的基础上确定写作提纲。参加本课题研究及写作的同志包括王员教授、博士，李正兴副教授、博士，郜志刚博士，段建斌博士和博士生谢中和。全书最后由我负责审稿、统稿和定稿。

衷心感谢课题组的全体成员。从课题的研究、结题到书稿的写作，他们都自始至终参与并付出了辛勤的劳动。

本书在写作过程中，参阅和借鉴了同行的一些研究成果，我们已尽可能在“脚注”和“主要参考文献”中列出，如有疏漏，敬请谅解。本书的出版得到江西师范大学江西省高校高水平学科（马克思主义理论）建设项目的资助。人民出版社政治编辑一部主任张振明为本书的顺利出版付出了心血，在此一并致以诚挚的谢意。

由于作者水平有限，书中的不足与错谬，恳请专家、同行、读者批评指正。

祝黄河

2014年2月

责任编辑:刘彦青
版式设计:胡欣欣
责任校对:赵立新

图书在版编目(CIP)数据

十七大以来科学发展观新发展研究论纲/祝黄河 著.
-北京:人民出版社,2014.9
ISBN 978-7-01-013695-0

Ⅰ.①十… Ⅱ.①祝… Ⅲ.①社会主义建设模式-研究-中国
Ⅳ.①D616

中国版本图书馆 CIP 数据核字(2014)第 143474 号

十七大以来科学发展观新发展研究论纲
SHIQIDA YILAI KEXUE FAZHANGUAN XIN FAZHAN YANJIU LUNGANG

祝黄河 著

人民出版社 出版发行
(100706 北京市东城区隆福寺街 99 号)

北京汇林印务有限公司印刷 新华书店经销

2014 年 9 月第 1 版 2014 年 9 月北京第 1 次印刷
开本:710 毫米×1000 毫米 1/16 印张:16.25
字数:241 千字 印数:0,001-2,000 册

ISBN 978-7-01-013695-0 定价:35.00 元

邮购地址 100706 北京市东城区隆福寺街 99 号
人民东方图书销售中心 电话 (010)65250042 65289539